김창숙 문존

심산사상연구회

성균관대학교 교수들이 중심이 되어 심산心山 김창숙金昌淑 선생의 정신과 사상을
연구함을 목적으로 1978년에 결성되었다.
그동안 전후 8회에 걸친 학술발표회를 통해 23편의 연구보고가 있었으며,
『心山 金昌淑의 思想과 行動』(大東文化研究叢書 3, 1986) 등의 연구논문집과 심산 정신을 알리는
출판물을 여러 차례 간행했다.
아울러 '심산상'을 제정하여 저술과 실천면에서 심산 정신에 부합되는 분을 선정해 수상하였고,
연극·전시회·강연회 등의 활동을 꾸준히 이어가고 있다.

김창숙 문존

1판 1쇄 발행 2001년 3월 1일
1판 8쇄 발행 2016년 10월 30일

저　자 | 김창숙
편　자 | 심산사상연구회
펴낸곳 | 성균관대학교 출판부

등록 | 1975년 5월 21일 제 1-0217호
주소 | 03063 서울특별시 종로구 성균관로 25-2
전화 | (02) 760-1252~4
팩스 | (02) 762-7452
홈페이지 | http://press.skku.edu

ⓒ 2001, 심산사상연구회

ISBN 89-9786-262-8 02300
정가 15,000원

심산 김창숙 유영(遺影)

▼ 성균관 대성전 앞에서 졸업기념 사진을 찍다. (가운데 나란히 한복을 입고 앉아 있는 심산 선생과 백범 김구)

▲ 성균관대 총장 시절. 심산 집무 모습

심산 선생이 성균관대학교 총장시절 신입생에게 전했던 자필 훈사(訓辭) ▼

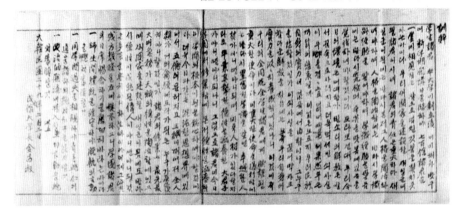

故 金昌淑社會葬엄수

깊이빛날遺德기리며…

"九泉서도 使命을 …"

敎育融和等 品誦를 …

"그 精神이 한 …"

朴正熙議長 追念辭

＜金昌淑옹 고별식장＞

8日 金曜日

勇 · 아 · 름 · 보

前室 딸 며느리

새벽 잠길은 탄…「첫

改嫁한 지 …

仁川港南쪽서
高射砲 實彈射擊

軍紀릴로리 지항 도둑

聯合參謀 서一同 의議官 軍需物資 流出드 鑑源

反共 …

▲ 성균관대학교 인문사회과학캠퍼스에 세워진 심산 선생 동상

김창숙 문존

心山思想研究會 엮음

성균관대학교
출 판 부

위대한 조국애와 투철한 선비 정신으로 일생을 살다 가신 심산 김창숙 선생은 길이 이 땅에 숭고한 한 인간상을 심어 놓았으며 동시에 성균관대학교의 근대 대학 창설자 및 초대 총장으로 우리 나라 대학 교육의 발전에 그 이념과 방향을 정립해주신 구원(久遠) 의 사표(師表)이기도 하다.

선생의 유고(遺稿)는 1973년 국사편찬위원회에서 한국사료총서 (韓國史料叢書) 제18집 『심산유고(心山遺稿)』로 간행되었고 1979년 선 생의 탄신 100주년을 맞이하여 다시 여러 제자들의 노력과 대동문 화연구원의 협조로 『국역 심산유고(國譯 心山遺稿)』가 출판되었다. 그 후 심산사상연구회에서는 『국역 심산유고』에서 선생의 시(詩)와 산문(散文)과 자서전(自敍傳)을 가려 뽑아, 따로 한길사의 『한국근대 사상가선집(韓國近代思想家選集)』의 하나로 출판하게 하여, 일반 국 민과 대학생들에게 널리 알려지기도 하였다.

이번에 심산사상연구회에서는 대학생들의 교양 도서로 삼기 위해, 위의 선집의 내용을 더욱 보충하고 교정하여 독자적으로 '김창숙 문존(金昌淑 文存)'이라는 이름의 단행본을 만들게 되었다.

선생의 시는 종래 일반 문집에서 볼 수 있는 음풍농월(吟風弄月)식 시구를 거의 찾아볼 수가 없고 오직 겨레와 나라를 걱정하는 충정에서 우러나온 것뿐이며 그것도 추상적인 것이 아니고 하나하나 구체적인 문제를 다룬 것들이다. 말하자면 선생의 시 하나하나는 우리나라 현대사(現代史)의 단편(斷片)들이다. 이러한 시의 경향은 산문에서 더욱 두드러지게 나타난다. 산문은 서간(書簡)·제문(祭文)·비문(碑文)할 것 없이 모두가 애국애족의 기록 그대로이다. 유감스러운 것은 이 책의 면수(面數) 관계로 선생의 시와 산문을 다 싣지 못하고 극히 일부분에 해당한 것만을 골랐을 뿐이다.

선생의 자서전은 73세 때에 집필한 것으로, 원래 명칭은 「벽옹 73년 회상기(躄翁 七十三年 回想記)」이다. 벽옹이라는 말은 앉은뱅이라는 뜻인데, 선생이 일제하에서 오랫동안 감옥 생활을 하던 중 두 다리가 마비되어 자유롭게 거동을 못했으므로 벽옹이라는 별호를 사용한 것이다. 이 자서전은 상·중·하의 3편으로 되어 있는데 일제시대 국내·국외에서의 민족 독립운동의 이면사(裏面史)이며 8·15 해방 후의 정치적 대립과 혼란에 관한 생생한 기록들이다. 특히 이 자서전에서 선생의 선명한 의리관(義理觀)에 기준을 둔 인물의 평가와 사실의 서술은 독자에게 깊은 감명과 강렬한 인상을 줄 수 있을 것이다.

끝으로 이 시와 산문과 자서전을 통하여 심산 선생의 불굴의 기백(氣魄)과 올바른 생활 태도가 젊은 세대의 의지(意志)로 계승되

고 모든 정치인 그리고 지식인의 본보기가 될 수 있기를 바라마지
않는다.

成均館大學校 心山思想研究會

김창숙 문존 心山思想研究會 엮음

사진으로 보는 심산
책머리에 / 3

2 부 산문(散文)

3
부

부
록

심산(心山) 김창숙(金昌淑) 의 생애와 사상

제1부 시(詩)

앵두꽃 핀 창살 옆에

옥중(獄中)에서[1]

감옥의 창살 답답하여
잠 못 이루는데
때는 또 앵두꽃
난만한 계절
삼춘(三春)이 얼마나 남았는고
한 병(病)에 여러 해를 누워
어리석은 혼(魂)은 매양
요산(遼山)을[2] 넘어 가는데

---

1) 1927년 대구 감옥에서.
2) 독립운동을 하던 중국 땅을 가리킴.

돌아가는 꿈은 자주
낙수(洛水)3)가에서 놀라 깨네
우습다, 겹겹의 그물 속에
어떻게 몸을 떨쳐
저 날아가는 배
탈 수 있으리

앵두꽃 핀 창살 옆에 —安昌浩와 呂運亨에게4)

앵두꽃 핀 창살 옆에
서리처럼 비치는 달빛
문득 이 광노(狂奴)
감상(感傷)을 일으키네

벽 하나 사이에 있는 친구
한 세상이 막힌 것 같으니
누구를 대하여
이 심회를 기울이리

---

3) 낙동강. 心山의 고향쪽을 말함.
4) 心山이 형이 확정되어 대전 감옥으로 이감된 후, 한 때 서울에서 이감되어
　온 島山 安昌浩·夢陽 呂運亨과 함께 대전옥에 있었다.

고문(拷問)하는 자들에게[5]

조국의 광복을
도모한 지 십여 년
가정도 목숨도
돌아보지 않았노라.

뇌락(磊落)한 나의 일생
백일(白日)하에 분명하거늘
고문을 야단스럽게
벌일 필요가 무엇이뇨

변호사를 사절함[6]

병든 이 몸 구차히
살기를 구하지 않았는데

---

5) 1927년 6월, 上海에서 체포된 心山은 大邱로 압송되어 日人 및 조선인 형
사들에게 혹독한 고문을 당한다. 이때 종이와 붓을 청해 써 보였던 시. 이하
獄中詩 4편은 『心山遺稿』의 詩卷에는 실려있지 않으나, 自敍傳인 「躄翁七十
三年回想記」에 들어 있으므로 이를 골라 여기에 싣는다. 이 책의 自敍傳・中
편 참조

어찌 알았으리, 달성(達城)의 옥에

갇혀 해를 넘길 줄

어머님 돌아가시고 자식도 죽어

집이 망했으매

노처와 자부의 울음소리

꿈결에도 소스라치네

기구한 사방득(謝枋得)은

도피한들 즐거운 곳 어디이며

강개한 문천상(文天祥)은

죽어도 영광을 얻었도다[7]

인간의 운명 하늘에 매였으니

병든 이 몸 구차히

살기를 구하지 않노라

병든 이 몸 구차히

살기를 구하지 않았는데

어찌 알았으리, 달성의 옥에 누워

신음하고 있을 줄

---

6) 1928년 여름 대구 감옥에서. 처음으로 면회가 허락되자 변호사 金用茂·孫
致殷 등이 변호하기를 간청하므로 이 시를 써주었다. 그 후 金完燮이 재삼 변
호하기를 간청했으나, 心山은 "나는 대한 사람으로 일본 법률을 부인한다. 일
본 법률론자가 대한인 김창숙을 변호할 수 있겠는가? 나는 포로다"라고 거절
하며 이 시를 일러주었다. 12월, 14년 징역을 선고받았으나 공소 권유도 뿌리
치고 대전 형무소로 이감되었다.

7) 謝枋得과 文天祥은 중국 南宋 말기에 몽고와 싸워 패전을 거듭하면서도 끝
까지 굴하지 않고 절개를 지킨 충신.

풍진 세상 실컷 맛보아
이가 시린데
야단법석 떠는 인심
뼛골까지 오싹하게 하네

포로 신세의 광태(狂態)
어찌 욕되다 이르리오
바른 도리 얻어야
죽음도 영광인 줄 알리라
그대들의 구구한 변호 사양하노니
병든 이 몸 구차히
살기를 구하지 않노라

옥리(獄吏)에게 절하기를 거절하며[8]

7년 세월 이미
죄수로 몸져 누웠으나
나의 본 자세를 지킴은

---

8) 1933년 大田 감옥에서. 心山은 계속 옥의 규칙을 거부하는 것으로 투쟁해왔
   는데 신임 典獄이 굳이 절하기를 강요해 처벌을 가하므로 이 시를 써서 주고
   거절했다.

나쁘지 않았어라
머리를 조아리고 무릎을 꿇으라니
어찌 차마 말하랴
분통의 눈물이
창자를 찢는구나

최남선의 일선융화론(日鮮融和論)을 보고[9]

지난 기미년
독립을 선언하던 날
의(義)로운 외침이
육대주(六大洲)에 진동터니
굶주린 개 도리어
원식(元植)을 위해 지저귀도다
양의사(梁義士)의 비수를 들 사람[10]
어찌 다시 없으랴

---

9) 대전 감옥에서 典獄이 여러 전향자들의 성명서를 보여주고, 마침내 崔南善
   의 책 『日鮮融和論』을 읽고 감상을 써 내라고 강요하므로 心山은 책을 찢고
   이 시를 써서 던졌다.
10) 梁槿煥 의사가 친일파 閔元植을 찔러 죽인 사실을 말함.

내 어찌 차마 말하랴¹¹⁾

내 어찌 차마 말하랴
옛 우리, 삼한(三韓)나라
눈물이 뿌려질 제
간담도 떨리어라
묻노니 이천만 동포여
무슨 낯이 있기에
좋은 강산(江山)이라
즐겨 노는가

눈을 들어 바라보라
거센 파도 몰아쳐
하늘에 맞닿은 것을
구멍난 배에 실려
울부짖는 소리
한창인데

어기여차
배젓는 일
사공에게 맡기련만

---

11) 自註 : 河聖權(名, 經洛)이 보내온 시에 화답함.

두려웁구나
삿대 잡은 자들
남의 손에 넘겨줄가를

설날 새벽에[12]

십년 연루(燕樓)[13]에서
아홉 번 죽을 뻔한 몸이
어떻게 또 이 봄을
맞이하는가

처는 늙어, 무슨 일로
산중에 가고
아이는 병이 들어
바닷가에 누웠구나[14]

옛 나라 의관(衣冠)은

---

12) 1936년 心山이 假出獄하여 대구에 있을 때 지은 시다.
13) 燕은 北京. 燕樓 云云은 중국의 망명 생활을 상징적으로 말한 것임.
14) 이때 둘째 아들[燦基]이 병으로 울산에서 휴양 중이었다. 뒤에 重慶에 있는
임시정부와의 비밀 연락을 위해 중국으로 탈출했다가 그 곳에서 죽었다.

눈물만 남았는데
풍악 소리 요란한 곳
뉘 집이란 말인가

까막거리는 등불 아래
억지로 술잔을 드니
백가지 감회에
잠 못 이루네

단재(丹齋)를 애도하여[15]

1

들으매 그대의 시신(屍身)을
금주(金州)의 불로 태웠다 하니
이 땅의 정기 그대와 함께
모두 거두어졌도다
옥루(玉樓)[16]의 수문(修文)[17]으로

---

15) 自註 : 단재 申采浩가 旅順 옥중에서 순사하여 친구 徐世忠 등이 시신을 화
    장하여 그 재를 수습해 청주 고향에 장사 지냈다고 한다.
16) 천상의 옥황 상제가 있는 곳의 집 이름.
17) 천상 玉京에서 文翰을 담당하는 벼슬.

그대는 잘 갔네만
항아리 속에 갇힌
하루살이 같이
뒤에 죽는 사람들
이 부끄러움 어찌하랴

2

들으매 그대 여친(旅櫬)18)이
청주(淸州)로 돌아왔는데
오직 한 줌 재로
수구(首邱)19)에 묻혔도다
묻노니 그대의 혼백도
따라 돌아왔는가
그대는 아마 앞서 간
보로(溥老)20)를 따라 놀겠지

---

18) 객지에서 사망하여 고향으로 돌아오는 영구.
19) 여우가 죽을 때 북쪽 언덕으로 머리를 두고 죽는다는 데서 유래하여 고향으로 돌아와 묻힘을 뜻함.
20) 溥齋 李相卨은 독립운동의 원로로서 露領의 沿海州에서 사망하였는데 임종 때 동지들에게 화장을 부탁하였다. 丹齋의 화장을 이와 결부시킨 것이다.

도산(島山)이 찾아와서

어제 단재(丹齋)의 혼을
통곡해 보냈더니
오늘 뜻밖에 도산이 찾아왔네
넘어질 듯 부여안고
말문을 열지 못하는데
눈물만 비오듯
입술을 적시네
심은후(沈隱侯)21)의 송별시를
다시 외우며
짐짓 손을 잡고
떠나지를 못하네

꾀꼬리는 벙어리가 되고—朴善卿의 방문을 받고

쓸쓸한 산방(山房)에22)

---

21) 宋나라 사람. 늙은 친구를 이별하면서 시를 지어 회포를 말한 일을 가리킴.
22) 1936년 봄, 가출옥한 심산은 병을 요양하기 위해 혼자 울산 백양사에 가 있
　　었음.

병 들어 누웠는데
옛 벗을 반기는 청안(靑眼)[23]
문득 빛이 나네

즐겁다. 이 술잔에
나물을 씹는 낙이여
이 험난한 세상
만나기조차 어렵구나
나무 끝 잠잔 이슬에
꾀꼬리는 벙어리가 되고
하늘 끝 나는 수레에
고니[鵠]만 홀로 돌아오네

십리 송정(松亭)에
바람이 울리는데
해가 추우니
이제 서로 의지해 지나세

---

23) 뜻에 맞는 사람을 반갑게 대하는 눈빛. 반대는 白眼.

손덕부(孫德夫)를 기다리며[24]

풍월담(風月潭)에 비가
이미 지나갔는데[25]
해인사(海印寺)에 도롱이[蓑]가
어이 그리 더딘가[26]

서쪽을 바라보매
발자취 소리 없으니
병든 사람의 눈에
눈물이 어리네

꿈에 지은 시[27]

장군의 사당

---

24) 이름은 厚翼, 심산의 사돈이며 학문적인 후배. 심산이 백양사에 있을 때 주
   로 외부와의 접촉 및 연락을 주선하고 있었음.
25) 自註 : 退溪 선생이 趙月川과 더불어 風月潭에 놀기를 약속하였는데 비가
   내려 모이지 못했다.
26) 自註 : 南冥 선생이 成東洲와 더불어 1년 뒤 해인사에서 만나기로 약속했는
   데 그때를 당해서 남명 선생이 비를 무릅쓰고 가니 동주가 막 도착해서 도롱
   이를 벗고 있었다.

대숲 사이에

무슨 일로 서생(書生)이

잔들고 통곡하는가

바다에 맹세하고

산에 맹세함이[28)

어느 곳이던고

동쪽의 고래는

날마다 하늘 높이

물결을 뿜는데

밤에 앉아[29)

높게 솟은 저 성산(星山)

뾰죽한 칠봉(七峰)

그 곳의 우리 밭은

---

27) 自註 : 丙子(1936)년 10월 밤 꿈에 金振宇군과 서로 손을 잡고 해변의 어느
   대숲 속에 이르러 옛 사당을 배알했는데, 이 충무공 사당이었다. 사당 앞에 술
   잔을 부어놓고 통곡하고 이 시를 읊었다. 꿈을 깬 뒤에 그 시가 그대로 기억되
   기에 이에 옮겨 놓는다.

28) 충무공의 詩에 "바다에 맹세하니 고기와 용이 움직이고 산에 맹세하니 풀과
   나무도 안다[誓海魚龍動, 盟山草木知]"는 글귀가 있음.

29) 自註 : 丁丑(1937)년 2월 9일 돌아가신 아버님의 제삿날 밤에 고향을 생각하
   며 지은 詩.

누가 갈거나
아, 돌아가고 싶은 마음
펼 길 없어라

높게 솟은 저 성산
창창(蒼蒼)한 사월(沙月)
뽕나무와 가래나무[30]
누구 있어
정성껏 보살피리
아, 돌아가고 싶은 마음
미칠 듯 해라

높게 솟은 저 성산
쭈뼛한 동강(東岡)[31]
그 누대(樓臺)
누가 살며
문을 열 건가
아, 돌아가고 싶은 마음
걷잡을 수 없어라

높게 솟은 저 성산

---

30) 뽕나무와 가래나무를 父祖가 심은 것이라 하여 공경한다는 故事가 있음(『詩經』).
31) 山 이름. 心山의 선조 金宇顒의 號. 東岡은 이를 취한 것.

희맑은 청천(晴川)32)
그 사당은 누구 있어
지키고 제사하리
아, 돌아가고 싶은 마음
안타까워라

높게 솟은 저 성산
물 부딪는 하강(下岡)33)
샘과 바위 누구 있어
굽어보며 올라가리
아, 돌아가고 싶은 마음
조이는 듯 해라

높게 솟은 저 성산
험준한 직현(直峴)34)
소나무와 잣나무
누구 있어 손질하리
아, 돌아가고 싶은 마음
찌르는 듯 해라

---

32) 東岡 金宇顒을 主享하는 晴川書院이 있는 곳.
33) 역시 山 이름. 心山의 부친 金護林의 號. 下岡은 이를 취한 것.
34) 心山 부모의 묘가 있는 곳.

넋이여 돌아오라──一松 招魂辭[35]

제산(鯷山)은 우뚝 솟고
제수(鯷水)는 깊어
그 정기(正氣) 모인 곳에
넘이 나시니
아, 정기야 길이 남아
쓰러질 줄이
넋이여 돌아오라
춤을 추면서

요동(遼東)이라 누런 티끌
검은 바람에
더욱 더 청청(靑靑)하던
일송(一松)의 모습
아, 그 일송마저 이제
넘어졌나니
넋이여 돌아오라
애처롭기도

북경(北京)의 루(樓) 차갑고

---

35) 一松은 金東三의 號. 경북 안동 출신. 독립운동가로 중국(만주)에서 활약하다가 왜경에게 잡혀, 서대문 감옥에서 죽었다. 韓龍雲 등이 神溪寺에 모시고 가 화장을 하였다.

저자 어둔데
문천상(文天祥)36)가고 나니
북풍에 비릿내 풍겨
아, 하늘도 취하여서
안 깨는 기색
넋이여 돌아오라
머물지 말고

신계(神溪)는 목메이고
한수(漢水) 슬픈데
한 치의 땅
묻을 곳 없어
다비(茶毘)에 부치다니
아, 나라 찾을 그날
다가오리니
넋이여 돌아오라
주저치 말고

---

36) 中國 宋나라 末期에 蒙古의 侵略에 끝까지 抵抗하여 나라를 회복하려 하다
가 몽고에 잡혀 온갖 懷柔를 뿌리치고 의롭게 죽었다. 독립운동을 하다가 왜
경에게 잡혀 獄死한 一松을 文天祥에게 비유한 것임.

그대 무덤 위에 -鄭乃益³⁷⁾을 추도하여

1

뜨건 피 끓이며
나라 일 통곡하던 날
장한 포부 대붕(大鵬)은
펄펄 날아
바람을 타고
요동(遼東)땅 만리 하늘을
가로질러 끊었다네

2

금대(金埰)³⁸⁾에서 만난 때가
도리켜 생각나네
보고 또 보아도
옥(玉)이라 빛이 났네
늙은이는 타산석(他山石)³⁹⁾

---

37) 이름은 守基, 北京大學 재학중에 心山을 따라 독립운동에 헌신한 사람.
38) 북경 朝陽門 밖에 있는 대.
39) 『詩經』에 "他山之石 可以攻玉"이라 했다. 내가 돌과 같이 쓸모 없어도 玉을 가는 데는 쓰임이 있다는 뜻.

사양치 않아

마침내 그대 큰 그릇 되어감을

마냥 기뻐했다네

3

세한송백(歲寒松栢)[40] 먼 기약

마음으로 허여(許與)함

더욱 깊었고

오랠수록 견고하여

진실로 쇠를 끊었네[41]

나는 아노라

그대의 일편단심

물과 불로도 녹일 수 없었음을

4

달성(達城)[42] 감옥에

---

40) 『論語』에 "歲寒然後 知松栢之後彫也"라 했다. 즉 시련을 견디어내는 節義
   를 뜻함.

41) 『周易』 繫辭에 "二人同心 其利斷金"이라 했다. 두 사람 사이의 견고한 우
   정관계를 뜻한다.

42) 대구. 1927년 心山이 압송되어 대구 감옥에 와 있을 때 鄭守基도 투옥되었다.

갇힌 선비
구름처럼 많아도
모두들 그대를
우러렀다네
하늘서 내려온
무앙(巫陽)43)의 부름은
무슨 연유로 이리도 빨라
부질없이 이 몹쓸 앉은뱅이
거친 울음 한단 말가

5

그대 운명할 적에
눈을 감지 않았다 하니
영특한 혼(魂)
적막히 무덤에서 울겠네
무덤 위에 홀연히
긴 무지개 일어나니
이 바로 그대의
열렬(烈烈)한 정기이리

---

43) 옛 전설 속의 神醫의 이름. 蘇軾의 『潮州韓文公廟碑』에 韓退之를 데리러 간
   天帝의 使者로 표현되어 있음.

세한송백(歲寒松栢) — 襄子善 만사

관음산(觀音山) 바라보며

소나무 계수나무

사이를 찾아가니

산(山) 사람이 앞에 나와

말을 거네

이 속에 숨어사는

선비 하나 있으니

스스로 좋아하여

칠십이 되었다오

더럽혀지지 않기

바로 처녀라

집에는 강호(江戶)44)의

책력이 없고

손에는 신시(神市)45)의

역사가 있다오

산문(山門)을 두드리니

맑은 바람이 일었네

---

44) 일본 東京의 옛 이름. 즉 일본을 가리킴.

45) 『三國遺事』 古朝鮮條에 桓雄天王이 太白山頂에 내려와 神市를 이루었다
고 했음. 즉 우리나라를 상징하는 말.

높직한 갓 쓰시고
마루를 바삐 내려
반기시던 그 어른
굳이 붙들어
당신의 거처에 묵게 하시고
닭 잡아 접대하는 정성
의리 어찌 그리 높으신가

도망다니는 이 몸
믿을 곳 있어
정녕 기뻤네
밝게 비친 두 사람의 마음
활연히 눈을 마주하고
정녕(丁寧)한
세한송백의 그 기약
범상한 사람이
어찌 알까
생각하면 어제 일처럼
그 말씀 아직도
귓가에 쟁쟁한데
알 수 없는 것은 사람의 일
거룩하신 그 덕의(德儀)
이제 볼 길이 없으니
서쪽 바람에

만(萬) 줄기 눈물
관천(觀川) 물가에 뿌려지네[46]

나의 꿈이 뒤숭숭하여[47]

나의 꿈이 뒤숭숭하여
팔방이 어두운데
두억시니[夜叉][48]
뿔난 개[角�犬]들
다투어 소리지르네.
다만 보이는 건 뿌우연 먼지
하늘에 차오르고
그 가운데 칼산[刀山]이
눈앞에 가파르다.
홀로 서서 갈팡질팡

---

46) 自註 : 乙丑(1925)년에 내가 고국으로 잠입해 들어와 公의 집에 10여 일을
　　머물렀다. 그때 公에게 詩 한 마디를 지어드렸는데 그 詩에 "예전에 行路難을
　　들었더니 지금 보니 길이 칠흙같군요. 우연히 觀音山에 올라 활연히 밝은 달
　　을 맞았나이다"라는 한 귀절이 있었다. 그래서 그때의 사실까지 아울러 서술해
　　언급한다.
47) 自註 : 俛宇先生의 「夢搖搖詩」에 차운하여 金剛山人에게 부치고 겸하여 終
　　南靑年에게도 보인다.
48) 귀신의 한가지.

동서(東西)가 어디인지

이 내 마음 짓찧이는 듯.

게다가 주린 호랑이

길 가운데 버텨 있으니

범 잘 치는 풍부(馮婦)[49]도

대들기가 어렵구나.

열 걸음에 아홉 번

넘어졌다 다시 일어나며

맵고 시고 쓰고 잔 것들

남김 없이 다 겪었다.

숨이 하늘에 닿아

궁궐 아래 이르니

큰 물이 한창

뚝을 무너뜨리고 넘쳐 흐른다.

큰 물을 막을 방책은 없고

내 몸을 가로놓아 뉘었네

허지만 이 작은 몸으로야

무너지는 물결을 어이 줄이리오

한(恨) 되는 것은

신우(神禹)의 도끼로[50]

용문산(龍門山)[51]에 올라가

---

49) 『孟子』盡心篇에 馮婦라는 사람이 범을 잘 잡는 사람이라 했음.

50) 夏나라 임금 禹는 9년 홍수 때 도끼로 산을 잘라 물길을 내었다 한다.

51) 夏나라의 禹가 도끼로 끊어냈다는 산.

통쾌하게 산을 자르지 못한 것.
가슴을 치며 탄식하다
이어서 통곡하니
깊은 밤은 멀고 멀어
정히 어둡고 캄캄하다.
이때 유래 모를 밝은 달
홀연히 품속에 들어오니
웬 사람이 크게 소리치며
달려와 손을 잡네.
부여 안고 기뻐 뛰며
내닫는 앞길에
바른 법도(法道) 잃지 말자
다짐하였네.
함께 삿대를 잡고
어기여차 배저어
잠깐 사이 저쪽 언덕에 닿아
큰 배에서 내리니
언덕 위엔 환호와 박수
돌아보니 동쪽 난간(欄干)에
아침해가 올라오네.

하늘은 거칠고 — 李聖少[52] 만사

추위를 견딘 열 길 잣나무
퇴계수(退溪水)가에 높직하더니
어느 저녁 하늘
바람이 사나와
제일 윗가지를
부러뜨렸네

어제는 일송(一松)[53]을 울었고
오늘 아침엔 성소(聖少)를 우니
참다운 벗
먼저 보내는 내 울음
하늘은 거칠고
땅도 늙는구나

---

52) 이름은 源泰. 안동 사람으로 退溪의 후손.
53) 金東三의 호

밤을 새우며 — 李東廈와 함께

답답한 나그네 시름
스스로 눅이지 못하는데
아내와 자식들은
헛되이 한유(閑遊)한다
또 불평이네

뗏목 타고 해외(海外)로 떠날 것[54]
아직도 생각하건만
어찌 기약했으랴
병 앓으며 구름 사이에
누울 줄을
해[歲] 저물어 간
깊은 산엔
잔나비만 홀로 우는데
바람 많은 높은 나무에
어떻게 새가 돌아왔느냐

서로 만나 의기(意氣)로
밤을 새우며

---

54) 『論語』에서 孔子가 "道가 행해지지 않는지라 뗏목을 타고 바다를 떠간다면 나를 따를 자는 由일 것이다"라고 했다.

깊은 술잔 정겨운 대화
낯을 한번 풀어 보세

원단(元旦)[55]

하늘가에 떨어져
죽지 못한 몸
어느덧 세 번
백양사(白楊寺)의 봄을 보네

북녘 땅 서울에는
뭇 귀신이 울고
남쪽 시골 풍습은
큰 나자(儺者)가 성을 내네[56]

묻노니 너 앉은뱅이여[57]
당(堂)에 처박혀 길이 누운

---

55) 1938년 설날 아침.
56) 나자는 惡鬼를 쫓는 구실을 하는 方相氏. 경상도 지방의 正初 民俗의 하나.
57) 心山은 모진 고문과 심한 옥살이 끝에 다리를 못쓰게 되자 '앉은뱅이 늙은
이[躄翁]'라 自號함.

앉은뱅이여
시동(尸童)도 아니고 부처[佛]도 아닌
너는 무엇을 하는게냐

꿈은 심양(瀋陽)으로

1

긴 밤 고적하게
잠 못이루고 앉아
지난 일 생각하니
창자가 끊어지는 것 같네

아무리 이마 위에
쇠바퀴가 굴러도
한 숨이 붙어 있으면
어찌 나의 마음 꺾일까

2

머리털은 모지라지기만 하는데
마음은 어찌 길어지는가
꿈은 때때로
심양(瀋陽)으로 가네

씩씩하게 싸우는 여러 동지를
탈없이 지내는가
부질없는 이 앉은뱅이
홀로 방황하기만 하네

3

세계는 어둡고 어두워
지금 한밤중인데
짐승 울고 귀신 휘파람 불어
사람을 놀라게 하네

옥죄고 움츠러진 하늘 땅 사이
이몸 장차 어디로 돌아갈고
귀가 있어도 귀머거리 되고
입이 있어도 벙어리 되었네

4

나그네 등잔불 아래
애꿎은 가을비 소리
한스럽다, 이 세월
가기를 재촉하네

말 부쳐 보내노니
유유히 지내면서 스스로 그르친 사람들
일생의 값진 노력
때 놓치지 말게나

나의 뼈를 어디에

나의 뼈를 어디에

나의 병은 어찌
그리 고질인가
나의 목숨은 어찌
그리 끈질긴가
살자 하니, 뗏목을 타고
떠나갈 바다도 없구나
죽자 하니, 묻혀질
산도 하나 없구나
내 죽거든 나의 뼈를
티끌 세상에 두지 말고

한 횃불로 태워

모진 바람에 날려

푸른 물에 부치라

내 살아서 부처와

아무 관계 없었거니

내 죽어 어찌

왜놈의 풍속 좇으랴만[1]

보재(溥齋)와 일송(一松)을 따라

표연히 두 세계 사이에

노닐고 싶어서일세[2]

패강(浿江) 서풍(西風) — 島山 安昌浩 만사

한스럽다, 관서(關西) 오백 년

숱한 호걸들이

어둠 속에서 울었구나

풍운(風雲)이 때마침

기남자(奇男子)를 보내니

팔도(八道)의 아이들도

---

1) 自註 : 佛門에서는 화장을 하는데 왜놈의 풍속도 다 화장하는 까닭에 하는 말.
2) 自註 : 溥齋 李相卨과 一松 金東三은 모두 화장했기에 하는 말.

큰 이름 외고 있네

사직(社稷)이 망할 즈음
왜인(倭人)들 교만 떨자
조각배로 하와이에 피를 토했다
나라를 건지자면
흥사(興士)해야 한다고
높은 단(壇)에서 우이(牛耳)를 잡고
분분한 지저귐을 진압했거니[3]

기미(己未) 3월에
일만 우뢰가 터지자
뭇 웅크리고 있던 사람들
자결(自決) 소리에 놀랐네
상해(上海)에서 크게 모여
영수(領袖)로 추대하니
일시(一時)의 여망(輿望)
님에게로 모였도다[4]

풍상(風霜)에 자빠지고

---

3) 自註 : 公이 일찍이 美洲에 건너가 동지들과 함께 光復을 도모하면서 興士團을 창립하였으므로 하는 말.
4) 自註 : 기미년에 우리나라 사람들이 民族 自決 主義로 獨立을 선언하고 上海에 모여 임시정부를 조직할 적에 公을 추대하여 勞動總長을 삼았다.

엎어진지 십여년

그대의 수염 나의 머리털

흰 빛이 어지러웠지

마침내 원수의 손에 떨어져

같이 남관(南冠) 쓰고5)

눈물이 옷깃에 가득하였네6)

지난 해 남쪽으로

나를 찾아 위로할 적에7)

손을 잡고 말없이

눈물만 흘리었지

주름처럼 겹겹한 속마음을

다 내풀지 못하고

갈림길에 다달아

헤어지기 차마 어려워

아, 어려워 했지

나라의 원수 갚지 못하고

대유(岱遊)8)의 길 바삐 떠나니

패강(浿江) 서풍(西風)에

---

5) 여기서는 獄에 갇힘을 말함. 晋나라 軍府에 鄭나라에서 바친 남방 楚人의
冠을 쓴 초인 죄수가 있던 데에서 유래한 말.『左傳』에서 나왔다.

6) 自註 : 내가 島山과 함께 上海와 北京에서 고생을 같이 하고 그 후에 다시
大田 옥중에 같이 拘囚를 당했다.

7) 自註 : 島山은 나를 達城 병상으로 찾아 왔다.

8) 『列仙傳』에 어느 사람이 신선이 되어 岱山으로 갔다는 데에서 유래한 말로
死去를 뜻함.

골목마다 울음이 슬프건만
영남의 병든 부로(俘虜)는
끈질겨 죽지 아니하네
몸을 백(百)으로 해도
속(贖)하기 어려운데9)
아, 이 회포 어이 할거나

중양일(重陽日)에 — 韓龍雲에게 전하여 보냄

우습다, 가짜 연명(淵明)이
국화(菊花) 철에
병들어 누웠구나
율리(栗里)10)는 어디메냐
부질없이 술주시(述酒詩)11)만 읊는구나.

우습다, 가짜 천상(天祥)이
절식(絶食)하기 몇 번인가.

---

9) 『詩經』秦風 黃鳥篇에 "만일 속할 수만 있다면 사람들 그 몸을 백으로 하리라[如可贖兮 人百其身]"는 말이 있는데, 이는 秦穆公을 따라 殉葬되는 子車氏 세 자제의 훌륭함을 너무나 애석하게 여긴 내용이다.
10) 陶淵明이 살았던 마을.
11) 陶淵明이 지은 詩.

시시(柴市)12)가 어디메냐
부질없이 정기시(正氣詩)13)만 읊는구나.

우습다, 가짜 휘원(輝遠)14)이
할복(割腹)할 때를 멀리 기다리네.
모리(某里)15)가 어디메냐
부질없이 화엽시(花葉詩)16)만 읊는구나.
우습다, 가짜 여해(汝諧)17)가
백면(白面)으로
시대를 아파하네.
거북선은 어데 두고
부질없이 서해시(誓海詩)18)만 읊는구나.

우습다, 가짜 열경(悅卿)19)이
산방(山房)에 홀로 앉았네.
풍악(楓嶽)은 어디메냐
부질없이 표염시(表鬓詩)만 읊는구나.

---

12) 文天祥이 죽은 곳.
13) 文天祥이 지은 詩.
14) 桐溪 鄭薀의 字. 병자호란 때 淸나라와 講和가 이루어지자 칼로 割腹하였다.
15) 경남 居昌에 있는 桐溪의 은둔지.
16) 桐溪가 지은 詩.
17) 李舜臣의 字.
18) 李忠武公이 지은 詩. "誓海魚龍動 盟山草木知"라 하였다.
19) 金時習의 字. 그는 "削髮逃塵世 留鬓表丈夫"라 하였다. 이를 表鬓詩라고
    傳한다.

자조(自嘲)

조국이 없으니
무슨 낙으로 살며
집이 없으니
죽어 어디로 돌아가나
무슨 일로
주리면 밥을 찾고
무슨 마음으로
추우면 옷을 구하는가
사도 죽도 못하는 몸
웃다가 또 탄식하노라

해후(邂逅) —李定基 군에게

뽕나무 밭이
푸른 바다가 되는
세상 일 참으로 많은데
해후(邂逅)하여 서로 이끎이
우연은 아니구나

석 자 거문고[三尺琴] 속

천고(千古)의 뜻 깊고 깊어

다른 사람 알기를

허락치 않는다네

어머님 제삿날에

가슴을 도려내는 슬픈 생각에

선영(先塋)을 찾아드니

어머님의 부르시는 목소리

세 번이나 들리네20)

예법(禮法)에 벗어난 자식21)

살아도 면목 없고

원수와 더불어

참고 살자니

아픔이 가슴에 차네

---

20) 自註: 돌아가신 어머님이 임종하실 때 昌淑을 세 번이나 부르시더니 드디어 유연히 숨을 거두셨다 한다.

21) 自註: 어머님께서는 庚申년 정월 7일에 별세하셨고 그때 나는 廣東에 있었는데 집안 사람들이 이 소식을 전해줄 수 없었다. 그 뒤 3월 4일에 上海로 갔더니 한 친구가 「滿洲日報」의 어머님의 별세 기사를 가져와 보여주었다. 나는 그때 병들어 누워 있었고 또 독립운동 중이라 예측할 수 없는 터이어서 급히 돌아올 수가 없어 상주 노릇을 못했다.

갈수록 육아(蓼莪)[22]의 감개

깊어만 지는데

높으신 혼령

행여 내 곁에

임해 주실까

알겠노라, 오늘 저녁

제사를 모시는 자리에

아내의 많은 눈물이

더욱 옷깃을 적시는 것을[23]

승로(承老)를 장가 보내며[24]

너의 첫 울음이

겨우 백일 남짓했을 때

풍운이 졸지에 들끓어

나는 멀리 길을 떠났었지[25]

---

22) 돌아가신 어머니를 추모하는 시. 『詩經』에 나옴.

23) 自註 : 나는 절에 있고 자식은 잡혀가서 모두 제사를 모실 수가 없었고 아내
홀로 향리에 있다가 집안 사람들을 모아놓고 제사를 대신 모셨으니 생각하면
아내의 심정이 더욱 말못할 것이다.

24) 承老는 心山의 아들.

25) 自註 : 巴里長書를 가지고 내가 海外로 갈 때 承老는 태어난 지 겨우 100여
일밖에 안 되었다.

도야지 송아지처럼

저대로 자라도록 버려두고

문득 한스럽구나

가업(家業)이 너무 성글어졌음이

차랑차랑한 너의 머리칼

열 살 남짓에

달성(達城) 비바람을 헤치고

옥(獄)속의 나를 찾았을 때

문을 제치고 곧장 달려들어

나의 옷 잡아끌고

울음을 터뜨렸지

천륜(天倫)이 정히 성글지 않음을

비로소 믿었느니라26)

너의 두각 우뚝하여

이제 약관(弱冠)이

넉넉한 나이

명가(名家)의 숙녀(淑女)를

맞으러 가는데

병든 아비는 함께 가지 못하고

아직도 어리석은 내 자식

---

26) 自註 : 戊辰(1928)년 가을 내가 대구 감옥에서 內子와 만났을 때 承老의 나
   이 열한 살이었는데, 문을 열어제치고 바로 들어와 내 옷을 잡아끌며 울었다.
   곁의 獄吏들도 모두 눈물을 흘리었다.

예(禮)에 성글까 두렵기만 하구나

너의 앞길은 멀고 멀어
만리(萬里)가 넘는데
법도대로 따라가
앞수레의 뒤집힘을
경계할지라
공업(功業)을 성취한 날
장차 보리라
너희들의 복된 모습을

그믐날 밤에[27] 朴善卿·孫德夫와 더불어

세상 밖 신령스러운 산에
별다른 천지가 있는데
허연 머리 세 늙은이들
한 술잔 앞에 모였네
우리 인생
삼천리(三千里)

---

27) 自註 : 除夜에 善卿과 德夫가 술을 가지고 찾아 왔는데 중들이 매우 不親切
했다.

좁고 좁은데

무슨 일로 육십 년

유유하게 보냈는가

고맙고도 반갑게

벗들이 좋이 모였는데

어찌 알았으랴

완고한 중[僧]의 냉대를

강을 격하고

맑게 소리 부르니

오늘 저녁이

그 어떤 저녁인가

신정(新亭)으로 머리 돌려[28]

눈물을 또 흘리네

맑은 꿈─宋舜佐·李見可 두 분에게

맑은 꿈 빈번히

학수(鶴岫) 남쪽[29]을 도는 것은

---

28) 東晉 때 豪士들이 '新亭'에 모여 북쪽을 바라보며 中原 땅이 오랑캐에 의해
함몰된 것을 슬퍼했다는 故事가 있음.

그리워하는 그 사람이
지초 캐는 고장[採芝鄉]에
있기 때문이라네

책상 머리엔
천권의 책
손에는 줄 없는
거문고[無絃琴]30)하나

나는 앉은뱅이
백발을 재촉하나
무어 상심하랴
그대는 귀머거리
좋다 나쁘다 떠드는 소리
꺼려할 까닭 없네

제수(濟水) 서쪽31)의
옛 벗도 잘 있는지
어느 때나
세 사람 둘러 앉아
다시 술잔 건네 볼거나

---

29) 宋舜佐가 사는 곳.
30) 도연명이 어루만지며 즐겼다는 거문고.
31) 李見可가 사는 곳.

천도(天道)는 밝고 밝아—李崇卿[32]에게

우습다 뜬 인생이

스스로 한가롭지 못해

흰 머리로 공연히

옛 젊음만

꿈속에서 생각했더니

깊은 술잔 우연히

첩첩 산중에서 나누네

돌아가는 기러기는 무심히

해 아래서 우는데

놀란 삽사리는 무슨 일로

바위 사이에서 짖는가

손바닥 뒤쳐 구름 만들고[暢翻雲]

손바닥 엎어 비 만드는 것[覆雨][33]

괴이적게 여기지 말라

천도(天道)는 밝고 밝아

갔다가 다시 돌아오는 것

---

32) 이름은 壽祺, 경북 칠곡에 거주.

33) 唐나라 杜甫의 詩 「貧交行」에 "翻手作雲覆手雨 紛紛輕薄何須數"라 하였
으니 變態無常함을 두고 하는 말.

유의사(劉義士)에게[34]

잠깐 사이 세상이
흔들려 뒤집히니
허둥지둥 무릎 꿇는
경박한 꼴들
비분강개 흰 머리
끊어진대도
헌신짝 같은 황금에
칼을 들었네

큰 물을 혼자 막을

---

34) 自註 : 경북 仁同 사람. 경술국치 뒤에 일본의 恩賜金을 거절하였고 또 납세
를 거절하여 왜경에게 잡혀 대구 감옥에서 갖은 고초를 받았으나 끝내 굴하지
않았다. 뒤에 금오산에 들어가 은거하였다. 劉公은 강개하여 의기가 있었으나
은거하였으므로 이름이 당대에 그리 많이 알려지지는 않았다. 천하의 대란을
만나자 크게 탄식하여, "사람이면서 짐승같으니 이것을 참고 구차히 사는 것은
치욕이다"라고 했다. 그리고 왜인으로부터 恩賜金으로 협박을 당하면 "원수가
내게 무슨 은혜가 되겠느냐, 죽어도 받지 못하겠다" 했다. 왜인이 납세를 독촉
하자 "나라가 망했으니 세금낼 의무가 없다"고 했다. 왜인은 마침내 옥에 가두
고 온갖 수단을 다해 위협했으나 공은 도리어 크게 꾸짖으니 義는 더욱 늠름
하고 기개는 더욱 높았다. 왜인들도 끝내 뜻을 뺏을 수 없음을 알고 그 결박을
풀어 내보내면서 "한 조각의 조선이 여기에 있다"고 했다 한다. 아! 공이 잡혀
갈 때는 죽을 것이 이미 결정난 것이나 다름없었으니, 그러면서도 형장에서 죽
지 않은 것은 천명이라 할 것이다. 공은 일단 죽기로 작정했다가 뜻을 못 이루
고 금오산 探薇亭 밑에 숨어 살아 죽도록 일신을 지킬 계략을 세우니 또한
吉冶隱의 풍도를 배운 이라 아니할 것인가? 晦山의 隱人 김창숙은 이 소식을
듣고 슬퍼서 뒤쫓아 그 獄中吟에 次韻해 솟아나는 눈물을 표하는 바이다.

힘이 없어서
망국의 한(恨) 노래하며
홀로 우신 님이여

금오산(金烏山)엔
가을에도 세금 없거니
그 마을은 판도(版圖) 밖의
성(城)이라 하리

잠 안 오는 밤에

나그네 회포
울울(鬱鬱)한데
누굴 향해서 펼쳐 볼고
책상 위에 책을 잡고
펼쳤다 덮었다 한다

아내는 천리 밖에서
유리(流離)에 시달리고
아들 놈은 두 해가 넘도록
고문(拷問)에 울부짖네

어지러운 시대에
이 한 몸 편안함이
급하다 하겠는가
곤궁한 길에
의리 그르칠까
오히려 두렵구나

한밤에 등잔 불 돋우고
누웠다 일어났다 하며
떨어지는 눈물
금할 수 없네

아구탄(餓狗歎)

잔상스럽다
주린 개여
무얼 하자고
꼬리를 흔드느냐
먹고 남은 뼉다귀
던져준다 기뻐하지만
살이 찌면 반드시

때려서 죽이리라

또 한 해를 보내며[35]

깊고 깊은 사슴들의 놀이터
이 동천(洞天)에
옛 친구 찾아와
불등(佛燈) 앞에 누웠네.

도소(屠蘇)[36]가 어찌
산가(山家)의 물건이냐
정삭(正朔)은 또한
하씨의 해[夏氏年][37]가 아닌 것을.
상전벽해(桑田碧海)의 우리 인생
남은 것은 모지라진 머리털 뿐
바람에 떠도는 부평초의
오늘 저녁은

---

35) 自註 : 섣달 그믐밤에 尹武錫君이 찾아 왔기에 함께 읊다.
36) 歲初에 마시는 약술. 일년 동안의 邪氣를 없애준다 하며 소년부터 먼저 마심.
37) 寅月로 歲首를 삼는 夏曆으로서 우리나라에서 전통적으로 써 온 음력이 곧
    그것이다.

어느 해에 빌었던가.

그대에게 청하노니
금릉(金陵)38)을 향해 가지는 말게
호사(豪士)가 어찌
줄줄 눈물이나 흘릴 건가.

홍벽초(洪碧初)에게39) — 벽초가 시를 보내왔기에 화답해 부친다

1

동쪽 조수(潮水)와 서쪽 태풍이
건곤(乾坤)을 흔드는데
긴 밤 뿔난 개[角犴]
창귀[倀]들이
잡답(雜遝)하여 소란스럽구나.
아침 해 맑고 밝을
때를 기다리면서

---

38) 중국의 古都인 南京. 東晉 때 豪士들이 이곳 新亭에 모여 中原 땅이 오랑
   캐에 의해 함몰됨을 탄식하고 눈물을 흘렸다. 다만 王導만은 국토 회복을 위
   해 힘을 다할 뿐이라 하여 우는 것을 나무랐다.
39) 碧初는 洪命熹의 號.

그대여
한수(漢水) 울타리 밖에서
깊이 누워 있으라.

2

파해가는 도박판에
마지막 승부
칠치(漆齒)의 뭇 아이들40)
정히 시끄럽구나.
신골(神鶻)이 그 때를 즈음하여
바야흐로 분발해, 치리니
쌍날개를 어찌 오래도록
장안에 거두고 있으리오

3

나는 아노라
그대의 밝고 빛나는 마음
천 근이나 무거운 짐을

---

40) 일본 사람을 가리킴. 옛날 일본 사람들이 이빨에 검은 옻칠을 하고 있었기
   때문.

양 어깨에 짊어지고
칼 같은 봉우리
험난한 벼랑 길에
백번을 넘어져도
다시 설 것을.

4

한 세상에 같이 나서
마음도 같아
천리에 그대를 생각하여
이 정회(情懷)
어이 하리.
원커니, 요괴한 기운
말끔히 걷히는 날
자주 자주 손을 이끌고
좋이 서로 찾으세.

문득 떠오르는 생각

병든 사람 깊숙이
백운(白雲) 숲에 누웠지만
기다리고 있노라
좋은 세상 기쁜 소식을

살아서 순하고 죽어서 편할진대
어찌 죽고 삶을 한탄하랴
깊숙이 묻힌 채
상제(上帝)의 굽어보심
잊지 않으리.

외로운 소나무
곧게 솟아
하늘에 닿을 기색
푸르른 개울 물
멀리 흘러
바다에 이를 듯

다행히도 산 송장이
구경하는 곳엔
맑은 바람, 개인 달빛이

가슴속을 찾아주네

빛나는 눈동자—李鳳魯[41] 만사

구름에 치솟아
훨훨 나는 고니
피 땀 흘리며
힘차게 달리는 총마(驄馬)
웅혼한 그의 포부
조금도 펼치지 못했으니
조국의 운명을 통곡하노라.

두터운 정의감
무릎 굽히지 않았고
무서운 용기
눈 돌린 적 없었다.
원수들의 고문 두려워하랴
담소하는 큰 소리
감옥을 흔들었네.

---

41) 이름은 萬壽. 北京大學 재학생으로, 鄭守基와 함께 心山을 도와 독립운동
에 활약하였음.

황하(黃河) 맑으리라는
소식은 없고
영박(嬴博)42)에는
늙은이만 남았도다.

그대는 저승에 가서도
빛나는 눈동자
분루(憤淚)로 부릅떴으리.
속세에서 잠꼬대하는 이 몸
하늘 세계로 간
그대가 부럽구려.

눈물을 씻고
가슴속을 헤쳐 보이던 밤
어깨를 나란히
목에 칼을 썼을 때
생사를 같이 하자
맹세하였지.

이 세상 참된 벗 잃고 나니
나의 인생 곁달린
혹처럼 되었네.

---

42) 중국 춘추시대 齊나라에 있던 地名. 吳나라 延陵의 季子가 齊나라에 사신
으로 갔다가 그의 장남이 죽어 이 부근에 매장했음.

그대의 영혼은
밝게 있으리니
나의 이 슬픔을 아시는지 모르시는지.

장송가 부르며
한바탕 통곡하니
미어지는 이 가슴
미칠 것만 같구나.
병든 이 몸 죽을 날
멀지 않았으니
저승에서나 우리 서로
반가이 만나보세.

그대 마음 내 마음—다시 洪碧初에게

벽초의 얼굴
본 적 없으되
벽초의 마음
잘 알고 있네.
만나보지 못함이
무슨 한 되리오

그대의 마음 곧
내 마음인 것을.

창씨탄(創氏歎) [43)

아름다워라
우리 무궁화 강토
백두산, 산의 조종(祖宗)
기상(氣象)도 장엄하다.
땅은 비록 동쪽에 치우쳐있으나
결곡진 생김새는
중국 산하(山河)에
겨룰만 하네.

신조(神祖), 단군께서
나라 정하신 이래

---

43) 自註 : 듣자니 총독부에서 朝鮮民法을 새로 제정하여 우리들의 고유한 성씨
를 버리고 왜놈의 제도를 따라, 이를테면 西原이니 寺內니 伊藤이니 하는 것
과 같이 바꾸게 하고 여자가 출가하면 반드시 지아비의 氏를 따르게 한다고
한다. 6개월을 기한으로 그 안에 각자가 당국에 신고해야 하고 이것을 위반하
는 자는 엄벌한다고 한다. 아! 오랑캐의 풍속으로 우리나라를 변화시킴이 이에
이르러 극도에 달하였구나. 이 노래를 지어 비분을 토하노라.

일월(日月)은 화려한
기폭(旗幅)에 빛나고
효제(孝悌)는 방패
충신(忠信)은 보습[犂]
예의는 다반(茶飯)으로
질서가 발라
백성이 화합했네.
항용 쓰는 말
공맹(孔孟)이요
항용 부르는 노래
영함(韺咸)44)이라
태평 세월 오천 년 문물
그 얼마나 빛났던고

세상 어느 덧 크게 달라져
당인(黨人)이 다투어
시기하더니
세도 부리는 권흉(權兇)
나라의 운명 손아귀에 넣고
선량한 사람들을
모조리 베어버렸구나.
강상(綱常)은 두엄으로 돌아가고

---

44) 둘 다 옛 樂名.

풍교(風敎)는 날로 흉상스러워지는데
역적들 마침내 발호(跋扈)하고
나라 팔아 마음껏
배 채우는구나.
대문을 열어
도적에게 읍(揖)하고
항구 열어
도적배를 맞이하더니
어느 덧 우리 종사(宗社)
담을 쌓고
원수가 통감(統監)으로 왔구나.

놈들의 성질, 본래 경망해
하루 강아지 날뛰듯하고
놈들의 풍속, 본래 오랑캐라
어깨에 걸린 옷
추한 짐승 같구나.
기공(朞功)의 근친으로
서로 부부되어
개나 산양(山羊)처럼 음탕하고
수숙(嫂叔)이 목욕하며
희롱하는 손짓거리
사람의 윤기(倫紀)
이미 문란하지만

뻔뻔스럽게도 다투어
회학(詼謔)질 하네.
성(姓)은 없고 씨(氏)만 있으니
뉘라서 돌과 옥, 분별하리
이것이 대화족(大和族)[45] 신성(神聖)하여
평범과는 다르다는 것인가.

비좁은 삼한(三韓)땅
승냥이며 이리가
제멋대로 달음질치네.
흉악스런 폭력으로
위협과 고문, 날마다 늘고
성(姓)을 갈아
신첩(臣妾)을 삼으니
자물쇠로 잠그고
또 자귀로 찍는구나.
성(姓)을 없애
말과 소를 만들고
목사슬 씌워
자갈을 물렸구나.
독살스럽게도
온 세상 바꾸려는 듯

---

45) 일본 민족의 별칭.

민심의 흉흉함
두려워하지 않네.

오직, 죽지 못한 이 부로(俘虜)
원한으로 사니
다리는 있으되
걸을 수 없고
입이 있으되
완전히 봉해져 버렸구나.
슬프다, 원숭이가 아니라
나무에 서식할 수 없고
두더지가 아니니
땅을 뚫고 살 수도 없네.
내 돌아갈 곳 없어
수부목(水浮木)처럼
떠돌아 다니다가
우연히 바닷가 한 구석
함월산(含月山) 속으로 왔구나.
처자(妻子)는 빈번한
옥바라지에 염증을 내고
친구는 편지조차
끊어버렸네.
우습다, 방구석 앉은뱅이
그래도 귀신과 불여우의

참언(讒言)이 두렵도다.

눈을 들어 바라보니

바다에 둘러싸인

우리 강토

미쳐버린 조수가

밤낮으로 철썩이는구나.

요황(瑤皇)46)이 아직도

깊이 취해 있으니

어떻게 진중한 편지를

드릴 수 있으리.

부질없이 주(周)나라 과부와 같은

근심을 품었으나47)

더불어 수작할 사람은

아무도 없구나.

병든 몸 쓸개는

찢어질 듯 하고

흘리는 눈물

짧은 적삼을 적시누나.

두루미에 차있는 술을

---

46) 玉皇上帝를 가리킴.

47) 周나라에 한 길쌈하던 과부가 자기의 부족한 씨줄 걱정은 하지 않고 오로지 周나라가 망하여 화가 자기에게 미치게 됨을 두려워하였다는 고사가 있음. 즉 자신보다 국가를 근심한다는 뜻.

억지로 끌어당겨
서너 잔을 스스로
따루어 마시노라.

죽은 아내를 생각하며

도망쳐 고향으로 돌아오니
낯선 나그네인 양 쓸쓸하기만
무너진 창가에 쓰러져 누웠으니
집안에는 남은 양식이 없구나

당신은 나를 버리고 떠나갔으니
병든 이 몸 그 누가 살펴주리
당신이 옆에 있는 것 같아 불러보았지만
눈을 들어보니 홀연 간 곳이 없구려

파계승(破戒僧)을 조롱함

우습도다
공문(空門)의 설법승(說法僧)
자비(慈悲)로운 중생 구제
너희 언제 했더냐
복 비는 여인네
음흉하게 속이고
온몸에 감싼 비단
사치도 유난해라

손에는 도살(屠殺)의 칼을 쥔 채
부처님을 일컫고
눈은 고무레정(丁)자를 모르면서
화엄(華嚴) 능엄(楞嚴)을 외네
지금 만일 영산회(靈山會)48)를 베푼다면
조달(調達)49)이 활개치며
상좌(上座)로 올라갈걸

---

48) 釋迦가 靈鷲山에 있으면서 설법하던 모임.
49) 提婆達多를 가리킴. 석가의 사촌 아우로 욕심과 시기심이 많아 석가를 없애
고 스스로 부처가 되려했다.

서화담(徐花潭)의 시에 차운(次韻)함

구름과 천둥처럼
본래의 뜻
경륜에 있었건만
병도 많은데다 어찌하여
가난마저 겹쳤는고

해외에 나간 일은 오로지
나라에 보답하려던 것
감옥에 오래 갇힘도
몸을 닦기에
어찌 해로울손가.

말을 삼가하지 않아
세사에 어울리기 어렵지만
배움엔 의혹이 없어야하니
신(神)에게까지 묻고자 한다.
세상이 바야흐로
한밤중에 묻혔으니
이제 누구를 좇아
옛 도리를 말하리.

당인탄(黨人歎)

내 들었노라, 이조 중엽에
동·서 두 당파 있었단 말
그 뒤 당론이 더욱 갈리어
둘이 나뉘어 드디어 넷 되었네
처음엔 모두 제 좋은 사람 아부하여
같은 패 편들고 다른 패 헐뜯더니
마침내 정쟁(政爭)이 날로 치열해
시끄럽게 서로를 배척했도다

그로부터 군자는 믿을 곳 없어
서로 이끌어 물러나니
소인배 더욱 춤추며 기뻐해
다투어 나아가 거리낌없어라
국시(國是)는 일정하게 세워지지 않고
어지러운 싸움만 아이들 장난 같았네
이 때에 조정론(調停論) 일어났으니
그 분은 바로 숙헌(叔獻)50)씨라

조정론 아무런 보탬 안되고

---

50) 栗谷 李珥를 가리킴.

필경은 그 자신도 한데 섞였네

창과 창이 맞부딪치고

마구 죽이기 일로 삼았네

시대가 갈수록 파쟁은 더욱 심해

동인은 남·북(南北)으로 갈리고

서인은 노·소(老少)로 대립되었네

남인들 청·탁(淸濁)으로 나뉘어지고

북인들 대·소(大小)로 벌어졌네

서인들 산림(山林)과 공훈(功勳)으로 다투고

북인들 골(骨)과 육(肉) 서로 비방하였네

남인엔 병·호(屛虎)의 시비가 있고

서인엔 호·락(湖洛)의 논쟁 있었네

아비가 전하고 아들은 이어받아

대대로 보기를 원수처럼 했어라

가슴속 깊은 병 더욱 악화해

나라를 망칠 빌미가 되고

마침내 왜놈의 노예가 되니

천추에 씻지 못할 한스러운 일

해방의 우렁찬 종소리에

깊은 잠 홀연히 깨어났는데

이때라 기회 엿본 온갖 거간꾼

제 세상 만난듯 설쳐대었네

육십여 개 많은 당파들

제각기 들고 나온 높다란 깃발

나의 옛 친구 삼주공(三洲公)[51]은
민중당(民衆黨)하겠다고 몸소 나서서
나더러 당수되라 추대했지만
나는 한 번 웃었을 뿐
헌신짝 버리듯 외면하였네
나의 동지 백범옹(白凡翁)은
한독당(韓獨黨) 만들어 기세 떨치는데
내 그때 진심으로 걱정하면서
옥석(玉石)을 가리기 충고하였네

벽초(碧初)는 나의 편벽 조롱하더니
스스로 차지했다, 민독당(民獨黨) 당수
소앙(素昻)은 나의 고집 어리석다 하더니
스스로 걸터앉았다, 사회당(社會黨) 당수
얄미울손 남로당(南勞黨)
음흉한 소련을 조국인양 우러러하고
두려울손 자유당(自由黨)
낮도깨비 떼지어 함부로 날뛰고
놀라울손 민주당(民主黨)
턱없이 자기 과장 요란스럽고

---

51) 李基元, 韓溪 李承熙의 아들.

가소로울손 군소(群小)당들
하는 짓거리 점점 더 괴상하구나

아, 이 세상 모든 당인(黨人)
그대들 목적한 바 권세와 이익일 뿐
나는 원래 당이 없으니
일찍부터 버려진 사람
버려진다 한(恨)할 바 아니고
오직 원하노니 정의로운 죽음
굶주림 헐벗음 두렵지 않거니와
발 자르고 코 베어도 무섭지 않네
나는 나의 지키는 것 따로 있으니
당인(黨人)들이여, 나를 원망치 마시오

통일은 어느 때에

김유신[1]

삼국시대의 역사를
읽을 적마다
이름난 장수로
흥무왕(興武王)[2]을
생각하지만

---

1) 自註: 新羅史를 읽고 김유신이 당나라의 군사를 끌어들여 고구려를 멸망시킴으로써 압록강을 경계로 동쪽은 신라, 서쪽은 당나라로 귀속시켜 만주땅이 다시는 우리 영토가 되지 못하게 한 것을 한탄함. 이른바 삼한을 통일한 그 공로는 비록 크다 할지라도 그 부끄러움은 어찌 가히 말하겠는가.
2) 김유신을 가리킴. 그가 죽은 뒤 신라 興德王 10년에 興武大王에 추존됨.

당시의 동족 상쟁은
고구려 땅을
당나라에
떼어주었네
이보다 한스러운 것
또 어데 있을까

백범(白凡)·단재(丹齋)를 그리며―병상에서

백범(白凡)은
흉탄 앞에 쓰러지고
단재(丹齋)는
수문랑(修文郞)[3]으로 멀리 갔네.

가련할손, 홀로 남은
심산(心山) 노벽자(老躄子)
여섯 해 삼각산(三角山) 아래
몸져 누웠도다.

---

3) 天上의 玉京에서 文翰을 담당하는 벼슬.

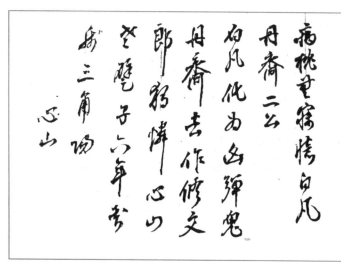

▲ 백범과 단재를 그리며

협박을 사절하다[4]

심산(心山) 벽자(躄子)는

---

4) 自註 : 庚寅(1950) 6월 25일 공산군이 38선을 넘었고 26일에는 서울이 함락
되었다. 얼마 안 되어 吳世昌·金奎植·趙素昂·柳東悅·趙琬九·安在鴻
등이 공산군의 營門으로 나아가서 항복했고 계속해서 서로 자수 성명서를 발
표했다. 나는 그때 淸一病院에 누워 있었는데 하루는 공산군의 기관에서 姜柄
昌·朴宇鍾·李在洙 등을 파견하여 나의 병상까지 찾아와 자수 성명서를 발
표하라고 협박했다. 나는 나라에 도의가 없을 때는 말을 공손하게 하고 행동을
정중하게 한다고 하는 뜻에서 좋은 말로 거절했다. 그랬더니 그 후에 다른 사
람이 또 와서 협박을 했다. 그것이 일곱 차례에 이르렀고, 가면 갈수록 협박은
더 심해졌다. 그래서 내가 그들에게 "내 나이 이미 71세로 벌써 늙도록 살았
다. 이제 비록 죽는다고 할지라도 맹세코 너희들의 협박에 나의 고집을 꺾지는

늙어갈수록 점점 더 고집스러워
홀로 지키는 그윽한 정절
처녀와도 같구나.

한 오리의 터럭이라도
어찌 화복에 흔들리랴
저들에게 맡기노니
이마 위에서 쇠수레 돌리기를.

폭격소리를 들으며—6·25 亂時에

연이은 은빛 날개
하늘 덮어 지나가는데
문득 밝은 한낮에
벼락불이 빗기네

멀리서 날아온다
솔개가 나래쭉지를 치는 듯
급하게 내려온다

않겠다"라고 하고 절구 한 수를 지어 그들에게 내밀어 보이고 이로써 나의 불
굴의 뜻을 분명히 하였다.

기러기가 모래밭에 앉는 듯
한강물 끓어올라
물기둥 천 길 솟고
북악산 무너내려
연기 만가(萬家)를 덮네

아, 어이하랴
배달 민족 문명의 이땅
순식간에 상전(桑田)이
벽해(碧海)로 변할 줄이야

도시는 잿더미가 되고 ─ 1950년 여름

쌩쌩 나는 비행기
온 하늘 덮어
밤낮없이 맹렬히
폭격하네

뉘라서 알았으랴
미·소 간의 패권 다툼
남과 북에

원한의 단서 열게 할 줄을

효창 공원에 통곡함[5]

1

효창 공원에
스산한 바람 불고
처절한 비 내리는데
통곡하며 부르노라
일곱 선열의 영혼을.

땅속에 묻힌 말라버린 뼈
일찍이 무슨 죄를 졌기에
멋대로 공병대의
괭이 아래 파헤쳐지는가.

---

5) 自註 : 丙申(1956년) 5월. 듣자니 이승만 대통령이 공병대에 명하여 효창 공
원에 있는 白凡 金九・石吾 李東寧・晴虛 曹成煥・東庵 車利錫・尹奉吉・
李奉昌・白貞基 등 일곱 열사의 묘를 파내고 운동 경기장을 개설한다고 한다.
이 시를 都下 각 신문에 게재하여 온 국민들에게 알렸다.

2

저 남한산(南漢山)
저 탑골 공원을 보라
하늘을 찌르는 동상이
사람의 넋을 빼앗는구나.

독재의 공과 덕이
지금은 이렇듯 높을지나
두고 보시오
상전(桑田)과 벽해(碧海)
일순간에 뒤집힐 것을.

경무대에 보낸다[6]

아아, 우남(雩南) 늙은 박사여
그대 원수(元首)로 앉아
무엇을 하려는가

---

6) 自註: 李承晩 박사가 반민족자 崔南善의 죽음에 弔辭를 지어 그를 지극히
칭찬했다. 나는 그것을 읽고 몹시 분개하여 古詩 한 편을 경무대에 던졌다. 그
리고 『대구매일신문』에 이 시를 발표했다.

고금 성현(聖賢)의 일
그대는 보았으니
응당 분별하리
충역(忠逆) 선악 갈림길을

진실로 올바른 세상
만들려거든
우선 역적(逆賊)들
주살(誅殺)하라
생각하면 일찍이
삼일 독립 선언 때
남선(南善) 이름 떠들썩
많은 사람 기렸지
이윽고 반역아(反逆兒)
큰 소리로 외쳐
일선융화(日鮮融和) 옳다고
슬프다, 그의 대역(大逆)
하늘까지 닿은 죄
천하와 나라 사람
다 함께 아는 바라

그대 원수(元首)의 대권(大權)으로
차노(此奴)7)를 비호터니
노제(路祭)에 임해선

애사(哀詞)를 보냈도다
충역 선악의 분별에
그대는 어그러져

나라 배신, 백성 기만
어찌 다 말하랴
이 나라 만세의 부끄러움
박사 위해 곡(哭) 하노라

남녘의 소식 —河毅卿에게 주는 시

북녘에 구름과
안개 어두운데
남녘의 소식은
아득하여라

두 녘에서
서로 그리워
한(恨) 하노니

7) '이 종놈'이란 뜻

그 누가 이 심정

알아 주리오

통일은 어느 때에[8]

조국 광복에 바친 몸

엎어지고 자빠지기

어언 사십 년

뜻한 일 이미

어긋나 실패하고

몹쓸 병만 부질없이

오래 가네.

눕히고 일으킴

사람 손 필요한데

숨찬 증세 이상하게

오히려 끌고

가마에 실려서

---

8) 自註 : 서울에서 병으로 가마에 실려 星州 沙月里로 왔으나 옛집은 이미 기
울어지고 무너져 몸 둘 곳이 없었다. 마을 안의 여러 일가들이 나를 晴川書院
에 들도록 인도하고 방 하나를 치워 거처하게 하였다. 쇠약한 몸으로 병상에
누우니 온갖 감회가 층층으로 나와, 古詩 한 편을 지어 여러 일가에게 보이다.
丁酉(1957)년 겨울.

고향에 돌아오니
언덕과 돈대에는
잿빛 연기 가렸도다.

옛 보금자리
꾸부려 찾아드니
무너진 벽엔
서까래 몇 남았고
병든 이 내 몸
돌아갈 곳 없어
선조 사당 앞을
어슷거리니
가을 풀에 묻힌 사당
마음 아파
눈물 절로 흐르는데
일가들 바삐 나와
청천(晴川)으로 인도하네.

서당은 황폐하여
처량해 있고
빈 집엔 박쥐
멋대로 나는데
계집 아이 평상의 먼지 쓸고
사내 녀석 헤진 자리 정돈하세.

방 하나 조금 밝아
책상 펴기
그런 대로 좋고
어떤 사람 술병 차고 와
위로함이 자못
친절하건만.

불켜고 혼자
누워있노라니
병든 몸 아픔을
견딜 수 없네.
평생 겪은 일
돌이켜 생각하니
온갖 감회에
근심만 태산같네.

천하는 지금
어느 세상인가
사람과 짐승이 서로들 얽혔네.
붉은 바람, 미친듯
땅을 휘말고
태평양 밀물, 넘쳐서
하늘까지 닿았네.

아아, 조국의 슬픈 운명이여
모두가 돌아갔네
한 사람 손아귀에.
아아, 겨레의 슬픈 운명이여
전부가 돌아갔네
반역자의 주먹에.

평화는 어느 때나
실현되려는가.
통일은 어느 때에
이루어지려는가
밝은 하늘 정녕
다시 안 오면
차라리 죽음이여
빨리 오려므나.

반귀거래사(反歸去來辭)[9]

돌아갈꺼나!

---

9) 중국 晋나라의 유명한 陶淵明의 「歸去來辭」를 次韻하여 지은 것. 陶淵明이
   시골로 돌아가 田園 生活을 즐기는 것과는 반대로 心山은 시골에 돌아왔으나

전원(田園) 이미 황폐한데
어디로 돌아가나.

조국 광복에 바친 몸
뼈가 가루된들 슬플까마는
모친상(母親喪) 당하고도
모른 이 마음
되돌리지 못할 불효(不孝)
눈물에 우네.
이역만리(異域萬里)
갖은 풍상 다 겪으면서
나날이 그르쳐가는
대업(大業) 탄식하다가
문득 크디큰
모욕을 받아
죄수의 붉은 옷
몸에 걸치니
고생을 달게 받아
후회 없지만
행여 도심(道心)
쇠해질까 걱정했노라.

끝내 조국의 현실을 잊지 못하는 심정을 읊은 것이다.

쇠사슬에 묶여
눈앞에 두고도
못 가던 고향
앉은뱅이 되어서야
옥문(獄門) 나서니
쑥밭된 집안
남은 거란 없어
농사 아니 지으니
무엇 먹으며
빚을 수도 없는 술
어찌 마시리.
친척들도 그 모두
굶주리는 꼴
솟구치는 눈물에
얼굴 가리고
아내도 집도
없어진 지금
어느 겨를 일신의
안정 꾀하리.

음험하기 짝이 없는
못된 무리들
고향에도 날뜀을
봐야 했어라.

해방되어 삼팔선(三八線)
나라의 허리 끊고
그 더욱 슬펐기는
동족을 죽인 무덤
더욱이 안타깝긴
모략받아 죄없이
죽어간 사람들
하늘 우러러
하소연 하기로니
그 누가 돌아오리
아, 죽어가는
병든 이 몸
아무리 둘러봐야
한 치의 땅도 없네.

돌아갈꺼나!
돌아가 세상과의
연(緣) 끊을거나
세상 멸시하는 것
아니지만
부귀 영화
너 뜻 아니어라
몸은 늙었어도
마음은 아직 창창해

나라 일 안타깝네.
옛 일꾼들 불러봐도
오지 않으니
서녘 들[西疇]에 밭갈 일
누구와 상의하리.
물결에 몰아치는
바람 사나워
외로운 배
노(櫓)마저 꺾이었고나.

저기 저 치솟은 건
무슨 산인고
머리 두고 내가 죽을
고향 쪽 언덕.
강대(岡臺)를 그리면서
못 가는 세월
물 같이 흐름은
빠르기도 해라.
안타까이 청천(晴川)10) 냇물
손에 떠 들며
목 늘여 어정이느니
늘그막에 편히 좀

---

10) 위의 岡臺와 함께 心山의 고향 沙月里에 있는 先祖의 遺蹟地.

쉬었으면 싶어도
비웃고 조롱하는
나쁜 무리들
내 고향에
머물지 못하게 하니
아, 어찌 마음 조여
갈 곳 몰라 하는고

남북을 가르는
흑풍(黑風) 회오리
화평을 이룩할
기약도 없네
저기 저 사이비(似而非)
군자(君子)들
맹세코 이 땅에서
쓸어버리리
길에서 죽기로니
무슨 한이랴
가만히 외어보는
위후(衛侯)의 억시(抑詩)11)
백일(白日) 같이
밝은 이 마음

---

11) 『詩經』 大雅의 抑은 나라가 망해가는 꼴을 안타까워 하며 周의 厲王을 풍
자하고 자신도 경계한 衛 武公의 詩라고 전한다.

귀신에게 물어봐도
떳떳하리라.

아들에게[12]

내 아들이 차를 끈다고
세상 사람 모두가
비웃고 조롱하네
다시 그 아비를 비방하여
거짓 꾸밈, 잘 하게
자식을 가르쳤다 이르네
비웃고 헐뜯은들
무엇을 상심하랴
편안한 마음으로
생업에 종사하라
가정의 생계를
돌보는 이 없다면
하루 아침 당장에

---

12) 自註 : 아들이 서울에서 운전에 종사했는데 사람들이 모두 그것을 비웃고 또
    그 아비가 아들에게 운전을 가르친 것은 속임수에서 나온 것이라고 헐뜯으니
    진실로 가소롭도다.

망하고 말 것이라
옛적에 연암(燕巖)공은
전(傳)을 지어 기렸다.
예덕(穢德) 선생을
너희들 조금도 슬퍼하지 말라
천한 직업 그것이
바로 천직이니라

우언(寓言)

산이 텅 비니
바람은 대를 꺾고
빈 바다 넓으니
물결은 하늘 뒤집네
가련하구나
초막에 사는 객(客)
홀로 단주요(斷酒謠)를
읊고 있네

비바람 치는 밤 －南里 曹國鉉에게

무등산(無等山) 바라보다
꿈속에서 보았네
익호객(翼虎客)[13] 그를.

그 생김 생김
파리해, 매화 같았고
그 품은 뜻 굳기가
돌 같았지.

그 사람 용천검(龍泉劍)
어루만지며
비바람 치는 밤에
큰 소리로 노래하였네.

그대를 위하여
한 잔 가득 따르노라
용감히 싸우는 자
어찌 자취 없으랴.

---

13) 金德齡 장군을 가리킴.

한사일부가(漢師一夫歌)¹⁴⁾

뉘라서 말했던가 서울이 좋다고
나는 싫어하노라 노린내 나는 낯선 사람들
뉘라서 말했던가 요즘 세상 좋다고
나는 미워하노라 그릇된 양풍(洋風)

해방이 되고 나서
한 사람 돌아오자 춤추며 기뻐했고
한 사람 욕심부터 삼선(三選)을 도모하니
그의 독재 너무도 포학했다

이른바 행정부라 일컫는 곳
오로지 한 사람에 묶이어지고
이른바 사법부라 일컫는 곳
한 사람 손아귀에 죄다 들어가고

이른바 민의원이라 일컫는 곳
매양 한 사람의 들러리가 되고
이른바 경찰이라 일컫는 것
한 사람 칼날만 쳐다보고

---

14) 漢師는 漢陽, 즉 서울을 말함. 一夫는 모든 권력을 쥐고 있는 한 사람, 곧
李承晩 博士를 가리킴.

이른바 자유당이라 일컫는 것
모두가 한 사람이 잡아 쥐고
이른바 민주당이라 일컫는 것
움직이기만 하면 한 사람께 찍혔다

한 사람이 한 번 성내고 호령하면
만 백성이 온통 넋을 잃는다
한 사람이 천하를 바꾼다 해도
뉘 감히 나서서 바른 말 하리

한 사람이 벼슬 팔기 좋아하니
반역자들 모두가 승진 발탁되고
한 사람이 뇌물문(門) 열어 놓으니
공공연히 청탁이 활개친다

큰 벼슬아치 꺼리는 일 없으니
작은 벼슬아치 무엇 두려워하랴
도둑질하는 놈들 도시에 가득 차서
대낮에도 멋대로 죽이고 약탈한다

부잣집 개들 고기로 배불리는 데
가난한 집 아이들 날로 구렁에 쓰러지네
국가는 나날이 오그라들고
민족은 나날이 파리해진다

남북은 어느 때나 평화로우랴
백성은 어느 때나 즐거워지랴
아, 슬프다! 한 사람 세상
만 가지 경륜 모두 틀려 버렸네

천운이 진실로 이와 같으니
부질없이 술잔만 다시 기울이네
크게 취해 이 노래 지어 부르며
한바탕 통곡하다 한바탕 껄껄 웃노라

태학(太學)은 수선(首善)인데
―성균관 명륜당이 친일파 민족 반역자에게 점거된 것을 한탄하여

1

태학(太學)은 원래
수선(首善)의 곳이라
양주(楊朱) · 묵적(墨翟) 물리치는
성스런 마당
성인의 덕 만세토록
면면히 흘러
인의(仁義)를 앞세우고

지금껏 나아갔도다

2

성균(成均)은 원래
육영(育英)의 터전
의젓하고 엄숙해라
성현(聖賢)의 후예들
사서(四書) 육경(六經)
바른 길 열려 있는데
이단자(異端者) 끌어다
앞장서게 하다니

3

국자감(國子監) 바뀌어
도깨비 굴 되고 보니
날뛰는 반민도배(反民徒輩)
구름처럼 모였어라
늙은이의 굳은 뜻
굽히지 않았거늘
올빼미 개구리를

어찌 좇고 따르랴

객을 사절함[15]

올해 나이
여든 셋
우국 우민 그 충정
한 꿈에 그쳤으니

이제부터 세상사(事)
말하지 아니 하리
순국 선열 뒤따라
저승에 놀고지고

---

15) 自註 : 이때 국회엔 악법이 많이 제정되고 정부는 이 악법을 강행하여 국민
을 괴롭히고 있었으므로 늙은이는 문을 닫고 손을 사절했음.

회상 잡초(回想 雜抄)

통영(統營)의 원문(轅門)[1]

바람 따라 산과 바다
두루 노닐어
오늘은 동남(東南)의 땅
끝을 보노니
장군[2] 이미 가신 곳
깃발만 남고
도둑 떼 새로 설치니
변방(邊方) 어이 지킬까

---

1) 통영에 있는 三道水軍統制使의 轅門.
2) 李忠武公을 말함.

검은 구름 아득한 저기
돛배 외로이 가고
햇볕 밑 아지랑이
자욱이 흘러
빈 난간 어정이며
가슴 아파라
가야산 북녘
아득한 내 고향
아, 가고 싶구나

세병관(洗兵館)

용화산(龍華山) 아래
바다 하늘에 닿으니
만리 밖까지 트이는 시야(視野)

원망하듯 시름하듯
고동소리 일고
아득히 오가는 돛단배들

황폐한 성(城)

대낮에도 요기(妖氣) 이는데
고도(孤島)에는 검은 구름
저녁 짓는 연기

병기(兵器) 씻고 노래하고
춤추던 이곳
차가운 달만 걸려
애를 끊어라

충렬사(忠烈祠) [3]

바닷가 이 먼 기슭
누구 위해 찾아왔나
충무공(忠武公) 사당 앞
울창한 나무 그늘
그 공훈 그 충성
길이 청사(靑史)에 빛나고
나라의 포상(褒賞)
윤음(綸音)도 찬란해라

---

3) 李舜臣 장군을 모신 사당. 統營에 있음.

모래밭엔 오랑캐 뼈
군데군데 보이고
지금도 열사(烈士)의 가슴
울렁이건만
왜놈의 침략이 예같은 오늘
황천에 계신 님 오실 수 없어
눈물로 이 옷깃
다시 적시네

강한루(江漢樓) 에서

어떻게 하면
저 고래 무찔러서
바다 잔잔케 하랴
공연히 칼을 잡고
불러본다, 슬픈 노래
노량(露梁) 싸움 한(恨) 남긴 채
장군 가신 뒤
강한(江漢)에는 오늘도
호기(灝氣) 서려라

만하정(挽河亭)

벗들과 진종일
고성(孤城)에 머무르니
이 눈[眼], 이 가슴
한층 더 맑네
큰 물결이야 종각(宗慤)⁴⁾ 따라
깨뜨리련만
웅장한 시(詩) 누구 있어
중선(仲宣)⁵⁾을 뒤이을까
지금은 쓸쓸한 진터이어도
예전에는 번화하던
우리 통제영(統制營)!
술에 취해 사람들 돌아서는데
석양(夕陽)의 풍물(風物)은
그림만 같네

---

4) 중국 남북조시대 사람. 어렸을 때 그 숙부가 뜻을 묻자, "원컨대 長風을 타
   고 萬里의 물결을 깨뜨리고 싶다"고 하였다.
5) 중국 魏나라의 시인 王粲의 字.

수항루(受降樓)에서

회고의 정 못 이기어
굳이 이곳 서성이며
판도교(板渡橋)6) 그 어딘지
물어보고 싶은 생각.
바다를 건너려고
붕새[鵬] 바람을 치는가7)
고래 산을 뒤흔들어
뿜는 저 물결
누(樓) 위에 앉아
다시 흥해질 날
말하지 말라.
이 땅에 엉긴 요기(妖氣)
어느 날 가실 건고
거북선 신묘한 공
그 누구 알랴
항복 받던 그 일을
가동(街童)들만 노래하네.

---

6) 임진왜란 때 왜군이 충무공 때문에 곤경에 빠져 있다가 이리로 도망했다.
7) 『莊子』에 붕새가 南海로 옮겨가기 위해 바람을 치고 九萬里 상공으로 날아
　오르는 이야기가 나온다. 물결이 그래서 이렇게 사나우냐는 뜻.

용화사(龍華寺)

그 언제 여기에다
이런 절을 지었을까
용화산 빼어난 지세(地勢)
변방을 수호하네
노니노라 부평초
뒤쫓아 옮아가고
뜻한 일은 내던진 채
세월만 흘러

망망대해(茫茫大海) 저편에
땅이 다한 곳
손으로 월계(月桂)잡아
끌어내는 하늘 향기
저녁 공양 종소리
돌아갈 길 재촉하는데
울창한 숲 천추(千秋)에
석양이 푸르러라

철성(鐵城)[8]

읊조리며 가는 길
해 이미 저물기에
걸음을 재촉하여
찾아가는 외로운 성(城)

바람 따라 가는 흥이
시들해지고
달빛 밟아 걷는 것도
이젠 지치네

조수가 밀려들어 만 리
물결은 높고
집집마다 일어나는
다듬이 소리

머리 돌려
가야산(伽倻山) 쪽 바라보자니
구름이 첩첩하여
갈 길이 없네

---

8) 固城을 말함.

삼봉서당(三峰書堂)[9]

서당(書堂)

진리 밝히려 공부하실 때
그 어찌 외물(外物)에
얽매였으랴
배움 이룩하시던 날
드높은 그 도(道)
함께 이루었으니
동남(東南)의 선비
모두들 우러러
마침내 이 서당(書堂)
여기 세웠네

심원당(心源堂)

성인들의 그 진리
오직 한 마음
남김 없이 근원 캐어

---

9) 星州 大浦里에 있는 寒洲 李震相 선생의 서당. 寒洲의 主理思想은 심산의
學問淵源이 되고 있다.

이(理)를 밝혔네
아, 세상 학문이
미로(迷路)에 들어
큰 근본을 오로지
기(氣)에서 찾네

성존당(誠存堂)

성(誠)을 지녀야
사(邪)를 막나니
마음속에 지녀온, 명덕(明德)
이를 좇아 밝히리라
밝히어 지성(至誠)되고
망녕 없는 곳
타고난 진실이
체득되리라

경거재(敬居齋)

이 마음 오로지 해
공경 다하고
오래 오래 힘써야

덕성(德性) 키우리
자기를 이루어야
남의 덕 이루나니
공부해 차례로
살피어 가리

상봉대(翔鳳臺)

예전에는 봉황이
놀았다던 곳
봉황 가고 대(臺)는 비어
꿈이 됐어라
어찌 보리
대 앞의 풀숲을
그 속에 솔개가
썩은 쥐를 희롱하네

이수(二水)

문 앞에 맑디 맑은
시냇물 있어
밤낮으로 흘러가

쉬임 없거니
동서로 나뉘임을
탓하지 말라
낮은 데로 흐름이
진리인 것을

삼산(三山)

아득한 옥두산(屋頭山)은
점 셋 찍은 듯
푸른 빛 만고에
변함 없구나
이 속에 심의(深衣)10) 입고
단좌(端坐)한 어른
채지가(採芝歌)11) 읊으면서
스스로 즐겨

율서(栗墅)

무슨 일로 밤나무는

___

10) 옛날 선비들이 입는 옷. 도포와 비슷한 것.
11) 商山 四皓의 採芝歌, 속세를 버리고 산중에서 芝草나 캐면서 부르는 노래.

많이도 심었는가
구슬인 양 속에 든
그 알 사랑스럽다
소대(小大), 방원(方圓) 모양은
각기 달라도
생생(生生)12)의 묘리(妙理)야
모두가 하나

유제(柳堤)

하허 선생(何許 先生)13)이
이 버들을 심으셨을까
둔덕 거닐며
머리 들어 기다리는
그날 그리워
늙은 농부 술 가지고
마침 찾아와
얼큰하여 달빛 속을
돌아가노라

---

12) 우주 만물이 끊임없이 생겨 이어져 나가는 것. 『周易』 繫辭, 「生生之謂易」.
13) 陶淵明의 「五柳先生傳」에 "선생은 不知何許人"이라고 한 것을 인용하여
   여기 버들 심은 사람을 何許 선생이라고 했음.

고천도(古川渡)

다들 함께 저녁 무렵
물을 건너니
물새들은 날아 들고
부슬비는 내려
어두운 눈 풍경을
다는 못 봐도
분명히 한 폭의
그림이었네

푸른 등불―許后山[14] 선생 만사

1

날로 쓸쓸해 가는
사문(斯文)이어니
영남 선비들
후산의 묘도(墓道)에서
곡하게 될 줄이야

---

14) 이름은 愈. 寒洲의 제자로 영남의 저명한 유학자.

지성으로 이(理) 받드는
한계(寒溪)의 요결(要訣)
님 가시면 누구 있어
이어 전하리

2

세상은 그릇 되게
되어만 가니
고요히 마음 기름
그밖에 또 있으랴
때로는 요순(堯舜)도
꿈에 뵈오니
후산 골짜기에
푸른 등불 하나

3

암담하게 되어 가는
갑진(甲辰)년 이 해
흉한 소식
어지신 님 앗아갔다네

귀신도 놀래어
울부짖나니
긴긴 이 밤
아, 언제 샐거나
답답하기만

목메이는 장가(葬歌) ─呂守村 만사

우리 선친(先親)
한 사람의 벗 있으셨으니
다시 없는 그 지기(知己)
수촌이셨네.
서로 이끌어
싫증냄이 없으시었고
마음과 마음
하난 듯 통했느니라.
편지의 왕래
아니 끊이고
도의(道義)를 힘써
서로 닦으니
때로는 고반촌(考槃村)을

함께 거니사
만 년에 의 더욱
깊으시었네.

우리 집을 뒤덮은
어둔 그림자
홀연히 선친께서
세상 뜨시니
외로운 몸 그 누구를
의지하랴
오직 한 분
바로 님이셨다네.
예전에 님을 찾아
인사드리니
봄바람이 도는 듯
온화한 기상
은근하신 글 말씀
도(道)가 계합(契合)하고
넘치는 그 정성
나에게 쏟으셨네

이 몸의 못 배운 것
가엾이 여겨
찾아 오사 배움을

넓혀가게 이르시길

의리(義理)를 밝히어

금은(金銀)을

구리, 쇠로 삼지 말라15) 하시고

원컨대 우리 애와

힘을 함께 써

기어코 덕업(德業)을

성취하라 하시다16)

간곡하신 그 말씀

어찌 잊으리만

부끄러웠네

돌을 구슬로

만들지 못함.

오직 축원키는

백세(百歲)토록 장수하사

이 몸 깨우쳐 주시길

---

15) 自註 : 공께서는 언젠가 내 집을 찾아오셔서 고금의 事變과 理氣·義禮 등
에 대해 논하시고 이르기를 "요즘 사람들은 매양 의리의 요점에 대해서는 자
세히 캐보지 않은 채 흔히 도매금으로 넘기고 있으니 그 어찌 은을 일러 쇠라
고 하는 격이 되지 않겠느냐"고 하였다.

16) 自註 : 공께서 내게 이르시기를 "그대가 이미 부친을 잃었으니 부여된 책임
이 매우 매우 무겁다. 반드시 스스로 애써서 猛進하여 우리들의 기대를 저버
리지 말라. 그리고 우리 애와 서로 격려해서 학업을 성취하도록 해라. 이것이
내가 깊이 그대들에게 촉망하는 바이다"라 하였다. 이 몇 마디 말씀은 다 사실
을 기억하는 대로 쓴 것이다.

바랐더니,
어찌 헤아렸으랴
하루 아침 비보에
문득 접하니
처량해라
마을에 곡성이 이어지고
성악(星嶽)도 참담하여
어두운 구름.
이제 님마저 돌아가시니
그 누구 이 어둠을
열어 주시랴.
넋이여
저승길 그 어디로
향하시는가
세상 바로 되도록
인도하여 주소서.

목메이는 장가(葬歌)에
영준(英俊)들 울고
청산과 포구도
슬픔의 기색.
옛 벗의 못난 아들[17]

---

17) 心山 자신을 가리킴

상여 따르며
공(公)에 사(私)에 한결 더
설워하는 것
아, 그 누가 알리
이제는 말씀조차
다시 못 하시고
무덤 한 번 닫히니
아득만 해라.

옥천사(玉泉寺)[18]

1

옥천사(玉泉寺) 먼 길에
원유(遠遊)를 노래하니
속된 마음 씻어내려
옥천(玉泉) 흐르고
울창히 들어선 천 그루 나무
짙은 그 그늘 속에 돛대 비치네.

---

18) 自註 : 玉泉寺에 갔는데 李應遠 등 여러 벗들이 술을 가지고 와 기다리고 있
   었다. 어울려 2首를 읊었다.

2

들에서 마시는 술
시름 가셔지는데
숲바람 서늘하여 가을인가도
우두커니 해질녘 앉아 있자니
구름 너머 고향 생각 아득도 해라.

송계(松溪) [19]

실안개 자욱하니
산을 덮은 속
찾아오니 한 줄기
길이 트였네

그대의 눈썹
이미 노을 같은데
내가 뜯는 슬(瑟)에서는
백설(白雪) [20]의 새 곡(曲)

---

19) 自註 : 비를 무릅쓰고 松溪에 들어가 李應遠에게 詩를 주다.
20) "陽春白雪"을 말함. 중국 고사에 나오는 가곡.

만 그루 대나무 숲
아취(雅趣) 높은데
석 잔을 들이키니
탈진(脫塵)의 생각

이 자리
우리들의 무거운 인연
간담 서로 열어보임
아니 기쁜가

죽도(竹島)[21]

바다 구석 요기(妖氣)는
언제 개이랴
밝아올 만산(萬山)을
향해 가는 길
장한 여행 스스로
청광(淸狂) 자처하네만
누구 있어 대아(大雅)[22]에

---

21) 固城邑 南門 밖에 있음.
22) 『詩經』의 한 詩體. 궁중의 향연에서 쓰던 시로 장중하고 격조가 높다.

맞추어 노래하리
어촌(漁村)에 연기 일어
고도(孤島)는 멀고
물결을 가르며 나가는 상선(商船)
시인의 지팡이 바람 따라 가니
읊조리는 그 노래
속기(俗氣) 없어라

고양서숙(高陽書塾) 잡영(雜詠) [23]

고양서숙(高陽書塾)

새로이 양서정(瀼西亭)[24]을
지었다 하니
심신(心身)을 수양하기
더욱 좋은 곳
천 개의 책상자
가계(家計) 족한데

---

23) 高陽書塾은 星州에 있는 恭山 宋浚弼의 서당. 공산은 일제 말기까지 생존
한 이름난 유학자.
24) 中國 四川省 奉節縣 瀼西에 杜甫가 산 적이 있었으므로 이것을 고사로 인
용한 것임.

티끌 하나 날아들지 못하리로다

천운대(天雲臺)

작은 연못 가을 물이
고요도 한데
거울 속을 조용히
떠가는 구름
정중(靜中)에 동(動) 있음을
간취(看取) 할지니
이 사이의 소식은
아는 이 적네

수송령(秀松嶺)

벼랑에 눈바람
강추위 올 때
한 그루의 소나무
높고 높으니
나라의 동량(棟樑)감
분명하건만
어이해 암혈(巖穴)에서

늙고 있는가

독매간(獨寐磵)

어느덧 세월 흘러
몸은 늙어도
세상과 도(道) 근심할 뿐
가난 걱정 않나니
암혈(巖穴)에 시냇물 마시며
분복 따라 사는데
오매(寤寐)에도 못 잊는 것
고인(古人)이어라

경운야(耕雲野)

집 앞뒤 뽕밭과
삼밭 있어서
농사일에 힘쓰기도
여러 해거니
자욱하게 안개 낀
골짜기 속에
밭가는 현인(賢人) 있음

그 누가 알랴

차군포(此君圃)

만 그루의 대나무
높이 뻗으니
초당(草堂)에 불어오는
바람 맑아서
속기(俗氣) 없는 이 밤
잠이 안 오네
휘파람 불고 거문고 뜯으니
어느새 달은 기울어졌나

강촌(江村) — 李鍾洙에게[25)]

한 가닥의 개울물 따라
큰 소나무 십 리 남짓 우거졌고
창연한 고색(古色)은
산가(山家)에 둘러 있네

---

25) 自註 : 「古靈新居韻」에 차운함.

밥상 위엔 소금뿐이나
꽃들이 춤추는 집
탈 것은 없으되
콩이 자라나는 언덕

귀한 집 자손
청해(青海)의 대를
멀리 이었고[26]
희귀한 보물
퇴필(退筆)을 높이 걸어 놓았네[27]

강촌 생활의 즐거움이
어떠냐고 물었더니
물결 떠다니는
고깃배를
웃으며 가리키네

---

26) 청해는 곧 松齋 李坖의 封號이며 李鍾洙는 그 胄孫이다.
27) 退溪 선생은 일찍이 "松堂" 두 글자를 써서 송재의 옛 집 대청에 걸어 놓았
   었는데 그것이 지금까지 보존되고 있다고 한다.

옥수(玉樹)에 꽃이 피어 - 崔雲卿의 부친 壽筵에[28]

봄 기운이 법산(法山) 냇가에
무르익는 날
철수(鐵樹)[29] 그늘 짙은 곳
옥수(玉樹)[30]에 꽃이 피어
돈박하니 오래 사심
지당도 하며
복은 과연 적선(積善)의
집에 내리다.

벗들은 삼청송(三淸頌)[31]
지어 바치고
백세 누리오시라
자녀들은 환호하는데
신정(新亭)[32]의 설움
서울은 어디메냐
구름 첩첩하여라.

---

28) 星州 法山 사람. 이름은 鳳坤.
29) 오래 사는 노인의 견고함을 鐵樹에 비유한 것.
30) 아름다운 자제들을 玉樹에 비김.
31) 三淸은 玉淸・上淸・太淸이니 신선이 사는 곳. 그런 仙人처럼 장수하라고
    칭송하는 것.
32) 산하를 바라보며 國土가 남에게 빼앗긴 것을 슬퍼하는 자리. 晉나라 周顗의
    고사.

함벽루(涵碧樓)[33]

절승(絶勝)의 강산에
절승의 누각
신선도 찾아와
응당 노니리.
떠도는 몸 어이 그리
인연이 박해
이런 곳에 잠시도
머물지 못함이랴.

최순부(崔純夫) 노인께[34]

뜰 가득 매화에
달이 밝은 밤
정자 에운 대나무
바람도 맑아
이런 속에 심의(深衣) 입은

---

33) 陝川에 있는 누각
34) 自註 : 龜坪 가는 길에서 崔純夫 正愚 노인께 드림.

노인 계시니
이 세상 사람으로
안 여겨지네

적벽강(赤壁江)을 건너며

단성(丹城)을 향해
일엽편주(一葉片舟)에 몸을 싣고
적벽강을 내려가네
강변은 고요히
백조(白鳥) 돌아오고
먼 산 아득히
푸른 남기(嵐氣)35) 어렸네

스스로 우습고녀
물과 구름, 떠도는 신세
풍우에 시달림이야
어떠리오만
나룻머리 해 다 저무는데

---

35) 산 속의 아지랑이 같은 기운.

지리산(智異山)이 저 멀리
손짓을 하네

소남(召南)의 고택(故宅)[36]을 지나며

늙은 오동나무
봉황새는 어디로 날아갔는가
사향노루 지나간 자리
풀향기만 남았도다.
황산(黃山)이 멀리
눈에 들어오니
통분의 눈물 쏟아지네.

책상 위의 옛 책들
난간 밖 저 멀리
맑은 모래밭
머리 돌려 강쪽, 푸른
하늘 바라보니
탄식 소리 절로 나네.

---

36) 大笑軒 趙宗道의 故宅. 大笑軒은 임진왜란 때 安養 黃石山城에서 적과 싸
   우다 장렬하게 죽었다.

창렬사(彰烈祠)[37]

해를 뚫은 곧은 충절
목숨을 걸었으니
적에 맞서 싸울 계교
부족해서 아닐세

나라를 회복한 것
제공(諸公)들의 뜨거운 정열이려니
보라, 저 청사(靑史)에
빛나는 그 기록을

촉석루(矗石樓)에서[38]

지난 시절 회상하니
울분의 눈물이 흘러
시름없이 머리 돌려
옛 강변을 바라보네

---

37) 晉州에 있다. 임진왜란 때 순절한 여러 義士를 모신 곳이다.
38) 임진왜란 때 晉州城 싸움의 기록들이 새겨져 있다.

수(繡)처럼 고운 강산
누구의 것이던고
장사루(壯士樓)는 풍우에
황량도 하다

대독(大纛)[39]의 호령하던
그 옛 꿈 희미한데
왜놈들의 날뛰는 모습
수심 더욱 깊어라
의기암(義妓巖) 벼랑 아래
물결이 성내나니
우리들 무슨 마음으로
한만히 노닐건가

세병관(洗兵館)에 다시 올라

머나먼 이 남녘 끝
바다 기운이 차다
망망(茫茫)히 탄식하노니

---

39) 군중의 큰 깃발.

눈물만 흐르노라

무너진 관사(官舍)에
시름의 연기 자욱하고
외로운 성(城)에
무리진 달 둥그렇네

잠깐 보아라
대륙에 피비린내 얽힌 것을
모두들 취한
꿈속에 돌아오는 것
차마 말할 수 있으리오

어느 날이더뇨
충무공이 칼을 씻은 것은
부질없이 그림만 남아
벽상에 걸렸구나

다시 충렬사(忠烈祠)를 찾아

장군의 옛 사당 곁에

나무숲이 솟았는데
풍우에 흔들리며
세월만 깊어가네

원수와 함께 사는
오늘의 슬픔
굳센 넋 손쳐 부르는
이 마음 어찌 하리오

화림(花林)에서[40] — 崔相夫[41]를 만나

돌아가는 길손
화림(花林)에서 지팡이 멈추니
바로 찬 매화
꽃술이 터질 때라
매사(梅社)[42]의 옛 벗이
잔 씻어 맞이하고
퇴도시(退陶詩)[43] 다시 읊으니

---

40) 경남 咸陽郡 安義의 옛 이름.
41) 이름은 翼鎬. 相夫는 그의 자.
42) 매화를 읊는 시인들의 모임.

매화가 옆에 있네

봉래정(蓬萊亭)[44]

봉산(蓬山) 깊은 곳에
그대 같은 벗들 있으니
비로소 알겠네
선(仙)과 속(俗)의 경계를

우연한 인연으로
혜초(蕙草)길 좇아오니
돌아가는 소매 속에
운연(雲烟)을 담아가리

---

43) 退溪 李滉의 詩. 퇴계 선생은 특히 매화를 사랑하여 『梅花詩帖』을 남겼다.
44) 自註 : 李惟一·李重燁·李善洪과 함께 묵으면서.

등불을 돋우며

하염없는 지친 발길
가곡(佳谷)45)에 닿으니
북해고준(北海高樽)46)에
등불을 돋우노나.

강개(慷慨)한 시구
귀한 익살로
마음의 벗, 손을 잡고
한껏 즐겨보세.

고령(高靈) 노상(路上)47)

강촌(江村)의 봄소식
매화(梅花)는 지고

---

45) 가곡은 高靈에 있는 地名.
46) 東漢末 北海太守로 있던 孔融의 고사. 北海樽 또는 北海高樽이란 빈객을
    잘 대접함을 뜻한다.
47) 自註 : 고령 도중에서 동행하던 여러분을 작별하며.

나그네 발걸음이
저물어 돌아가네

작별하는 갈림길
이별의 말이 어려워
억지로 술잔만
술잔만 들이키네

꿈에 곽면우(郭俛宇) 선생을 뵙고[48]

선생을 못 뵌 지 벌써 십 년
꿈속에 나타나
깨우쳐주심 어찌 우연일까
심의(深衣)를 주시며
이르시던 그 말씀
운도(雲陶)[49]의 경의(敬義)를
반복해서 또 생각하네

---

48) 自註 : 丁巳(1927)년 섣달 그믐밤 꿈에 俛宇 郭鍾錫 선생이 深衣 한 벌을 나
  에게 주면서 그 제도를 자세히 가르쳐주고 다음에 朱子, 退溪의 격언 두어 구
  절을 들어 나를 격려해주셨다. 깨어서 시 한 수를 읊다.
49) 朱子가 살던 곳이 雲谷이었고 退溪가 살던 곳이 陶山이어서 두 분을 가리
  키는 말.

울주(蔚州) 함월산(含月山)에서

양사모종(楊寺暮鍾)

산옹(山翁)이
일성종(一聲鍾)에 잠을 깨니
수풀에 비는 개고
저녁 기운이 짙었네
묻노니 하얀 머리
분주한 중이여
나무를 운반하고 물을 긷는 것은
누구를 위해서인고

무산은월(巫山隱月)

하늘이 섬세한 구름을 보내
흰 달을 두르니
봉우리마다 생생한 그림
기절(奇絶)한 자태를 지었네
산(山) 사람이 밤에 앉아
맑은 기분을 이기지 못하여
책상을 두드리고 시를 읊으니

생각이 멀리 넘치네

학성귀운(鶴城歸雲)

백전(百戰)의 거칠은 성터
어둡고 검은 구름이 끼어
무심코 아침 저녁
모였다 흩어지네
아직도 비린 비[腥雨]
어두운 밤하늘에
귀곡성(鬼哭聲)만이
원한에 젖어 있네

구정소우(鷗汀疎雨)

옛 나루에 가벼운 바람이
흰 비를 불어 보내니
갈매기 물결을 좇아
서로 머금었다 토해내네
어랑(漁郞)이 때로
작은 배 타고 돌아오는데
저 건너 언덕 위의 두 세 집에

삽살개가 짖고 있네

삼산자연(三山煮烟)

멀리 소금집에 남은 연기
반은 하늘가에 떨어지고
반은 하늘을 덮었네
해변 풍경이 나쁘다 마소
삼신산(三神山) 자랑스러운 이름
바로 이곳에 있다네

제2부 산문(散文)

서간(書簡)

안동(安東) 구미(龜尾)의 도회소(道會所)¹⁾에 보냄

근일, 여강서원(廬江書院)²⁾의 통문(通文)을 받아보고, 거기 모이신 여러분들이 우리 호상(湖上) 선생³⁾을 위하여 고산(高山)⁴⁾에 사당을 짓고 제사를 받드는 융성한 예를 거행하려 한다는 소식을 잘 알았습니다. 돌아보건대 이 천하가 모두 음(陰)뿐인 때에 양(陽)을 회복하려는 이같은 커다란 울림은 마치 칩충(蟄虫)들을 동면(冬眠)에서 놀라 깨어나게 하는 것과 같습니다. 매우 큰 소식입니다.

엎드려 생각하건대, 우리 호상 선생의 성덕(盛德)과 대업(大業)은

---

1) 道內 儒林들이 모이는 곳.
2) 경북 安東에 있는, 退溪 선생을 主享하는 서원.
3) 大山 李象靖을 말함.
4) 경북 安東에 있는 高山書院. 大山 李象靖을 모신 서원.

진실로 금수(錦水) 선생5)의 재전(再傳)의 적통(嫡統)인데, 그런데도 지금 우리 선생께서 돌아가신 지 백 년이 되도록 아직까지 제사를 받들어 보답해 드릴 곳이 없었으니 후학(後學)들의 한스럽고 울적한 심정이 어찌 가만히 있을 수가 있겠습니까. 고산 시축(尸祝)6)의 의논은 일찍이 선생 문하의 군현(群賢)으로부터 비롯되었는데도 그것을 정중히 여기어 감히 갑작스레 착수하지 못한 것은 진실로 대현(大賢)을 존숭(尊崇)함에는 구차스럽거나 허술함을 용납할 수 없기 때문이었을 것입니다. 오늘날 여러분들께서 옛 어른들이 미처 거행하지 못한 것을 유감으로 여겨 그 일을 단행할 것을 생각하시니 참으로 훌륭한 일입니다.

그러나 저의 어리석은 소견으로 생각해 보건대, 일에는 고금(古今)에 따라 타당성이 다를 수 있고, 예(禮)에는 시세(時勢)에 의한 조치에 유의해야 할 것이 있습니다.

온 나라의 서원과 사당이 철폐된 이래로 그것을 회복하여 다시 설립해야 한다는 상소가 여러 번 올라갔으나 번번이 저지당함을 면치 못하였습니다. 무릇 백성된 입장에서 감히 다시 서원과 사당을 지어서 제사 받드는 일을 사사로이 창행(創行)하지 못했던 것은 진실로 조정의 법령이 지극히 엄하였기 때문입니다. 아! 오늘날 종묘와 사직이 문을 닫고 풍천(風泉)7)의 비통함이 헤아리기 어려울 정도로 극에 이르렀는데, 어찌 사사로이 서원이나 사당을 창건하여 차마 종전 법령에 전혀 구애되지 않는 것 같이 할 수 있겠습니

---

5) 葛菴 李玄逸을 말함.
6) 신주를 모시고 제사를 드리는 것.
7) 『詩經』의 匪風과 下泉詩. 곧 亡國의 恨을 말함.

까? 창숙의 얕은 식견으로는, 시기로 보아 해서는 안될 바가 있고 예로 보아 타당하지 못한 바가 있지 않을까 몹시 두렵습니다. 바라건대 여러분께서는 다시 한번 깊이 생각해주십시오

끝내 그만두실 수 없다면 혹 한 가지 방법이 있습니다. 오늘날 선속(善俗)이 퇴폐하여, 이름하여 선비[士]라 하는 자들이 심지어 향사례(鄕射禮)[8]와 향음주례(鄕飮酒禮)[9] 같은 것까지도 아득하여, 강명(講明)할 줄을 알지 못한 지가 이미 오래 되었습니다. 그러니 여강(廬江)이나 고산(高山)과 같은 곳에서 향음주례와 향사례 등의 예를 크게 강명함이 좋겠사오며, 그것을 계기로 주자(朱子)의 창주(滄洲) 고사(故事)[10]와 같이 지패(紙牌)와 석채(釋菜)[11]의 의례를 간략히 베푼다면, 아마도 시의(時宜)에 거슬리지 않으면서 풍속을 가다듬는 데에 효과를 거둘 수 있을 것입니다. 그러나 또한 항구적인 법식(法式)이 되게 하는 것은 마땅하지 않으니 혹 3년이나 5년에 한 번씩 행한다면 아마도 서원이나 사당의 연례 향사(享祀)와는 다를 것이며 많은 선비들의 충정을 펴는 데도 해롭지 아니할 것입니다. 아예 없애버리는 것보다는 낫지 않겠습니까?

저는 사람이 가볍고 식견이 부족하여 유림(儒林)의 중대사에 참여하여 의논할 수는 없습니다. 다만 일을 외면할 수 없는 처지에 놓여 있고, 또한 느낀 바 있으면서도 스스로 막아 버리는 것은 옳지 않다고 여겨지기 때문에 감히 부족한 생각을 가지고서 우러러

---

8) 옛날 선비들이 활쏘기를 연습하며 친목을 도모하는 모임의 예절.
9) 향사례와 비슷한 것. 옛날 선비들이 한 자리에 모여 鄕約을 읽고 술을 마시며 잔치하는 예절.
10) 朱子가 滄洲書院에서 張橫渠 및 二程子를 제사하였던 일.
11) 儒林들이 先賢에게 제사를 올리는 일종의 행사.

여러분께 이 글을 올립니다.

여러분들께서는 이 어리석은 자의 비판을 용서해주시고 가르침을 구하는 뜻을 살피시어, 다시 글을 보내 깨우쳐주시지 않겠습니까? 미안하고도 송구스럽습니다. (1917년)

족숙(族叔) 이회(而晦)[12] 씨께 답(答)함

나는 명교(名敎)[13]에 죄를 짓고 이역에서 죽음을 기다립니다. 옛날 가까웠던 분들과 소식이 두절되고, 일가친척에게 거두어주실 것을 바랄 수도 없습니다. 이번에 은혜롭게도 편지를 보내 생사를 물으시니 진실로 지극한 정으로 보살펴 주심이 남보다 깊지 않다면 이에 이르지 못할 것입니다. 참으로 감격스러울 뿐입니다.

아호(鵝湖)[14]에 강사(講舍)를 새로 짓는 일에 대해서 말씀해주셨으니 영남(嶺南) 선비들의 공의(公議)가 결정되었음을 알 수 있습니다. 그러나 다섯 지방의 비(碑)를 바꾸려는 의논은 무슨 수작인지는 몰라도 감히 우리 문충(文忠)·문정(文貞) 두 분[15] 선조 위로 능가하여 면류관을 찢어 아랫도리를 깁는 수작을 하려는 짓입니다.

---

12) 金榥의 字. 호는 重齋. 慶南 山淸에 거주. 心山에겐 일가 아저씨가 됨.
13) 유교의 전통적 명분과 규범.
14) 경남 居昌에 있는 地名.
15) 鶴峰 金誠一과 東岡 金宇顒.

이는 우리 문중에서 마땅히 금제[金溪] · 해제[海底] · 내앞[川前]16)
의 여러 종친들과 함께 여론을 일으켜, 사태를 바로 잡아서 해괴
한 일이 다시는 뒤를 이어 발호 못하게 해야 합니다.

또 족보 일에 끼어 들어 먼저 하자고 한 자는 과연 누구며 부화
뇌동한 것은 어느 종파입니까? 돌아보건대 지금 세상의 변화가 날
로 심해지고 민족의 정기가 무너지고 어지러워짐이 극도에 달하
고 있는데 이 족보를 만들어 어디에다 쓸 것입니까? 대저 우리 여
러 종친의 어진 이들 가운데 일찍이 한 사람도 이 점을 생각한 분
이 없었단 말입니까? 나는 숙씨께서 성주(星州) · 진주(晋州)의 각파
와 의논하셔서 욕된 일에 함께 빠져들지 않도록 하시기를 바랍니
다. 그렇게 되면 얼마나 좋은 일이겠습니까.

내희(乃希) 족숙은 마침내 미친 사람마냥 되었으니 슬프고 애석
합니다. 내가 이미 편지를 보내어 친분을 끊은 것은 대의명분에서
벗어나 용납할 수 없었기 때문이었습니다. 그래서 또한 일찍이 집
안 어른들께 알려 드렸던 것입니다. 그런데 숙씨께서는 그 까닭은
살펴보지 아니하시고 오히려 내 처사가 마땅하지 못한 것이 아닌
가 하고 의아하게 여기시는 것 같았습니다. 청컨대 대략 말씀드려
내 마음을 밝혀두겠습니다.

지난 4월에 내희 족숙이 내가 있는 곳으로 편지를 보냈는데 그
내용에 해괴한 것이 적지 않았습니다. 나에게 전향하여 원수들과
야합함으로써 가정의 즐거움을 가져오도록 하라고 권하는 말에
이르러서는 머리털이 빳빳해지고 가슴이 울렁거릴 지경이었습니

---

16) 금제[金溪]와 내앞[川前]은 경북 安東에, 해제[海底]는 奉化에 있는 지명.
   모두 義城 金氏의 마을이며 해제는 心山 부친의 生家가 있는 곳.

다. 차라리 죽고 싶었습니다. 그래서 의리에 의거하여 절교를 알린 것입니다. 이익만을 좋아하여 염치를 모르는 자들에게 반성할 바를 알게 하고자 해서였습니다. 월성(月城) 운운하던 일이 결국 이루어지지 못한 것도 역시 내희 족숙이 들어서 처음부터 그렇게 하도록 한 것이 아닙니까? 비록 그렇긴 하나, 내가 어찌 이런 사소한 일로서 육친의 정을 가벼이 끊을 수 있겠습니까? 이 가운데는 반드시 더욱 심한 까닭이 있어서입니다. 내가 이미 몇 년 동안 집안을 돌보지 못했더니, 우리 종친의 크고 작은 일들이 내희 족숙에게 멋대로 맡겨져 그르친 일이 몹시 많다는 소식을 듣게 되니 통곡할 노릇입니다.

숙씨께서 부디 나의 이 편지를 성주·진주의 여러 족친들께 보이시어 문중의 여러 가지 일이 그에 의해 멋대로 그르쳐지는 것을 하루 속히 바로잡아 주십시오. 나는 병들고 죽을 날이 머지않아 우리 숙씨를 한 번이라도 뵙고 집안과 나랏일에 대해 함께 털어놓지 못함이 한스러울 뿐입니다. 베개에 엎드려 억지로 쓰지만 하고 싶은 말을 다 하지 못합니다. 오직 깊이 헤아려주시고, 아울러 답장 주시기를 바랍니다. (1923년 8월, 北京에서)

김일주(金 洲)[17]에게

북악(北岳)의 벗님이여, 능히 남쪽 바다의 벽옹(躄翁)을 기억하십니까? 남해에서 함께 배를 탄 고생과 금대(金臺)에서 베개를 나란히 하던 기쁨으로 다시 이 삶을 이어갈 수 있겠습니까?

봄과 여름 사이에 집의 아이를 통하여 형의 침식이 아직도 건장하고 기력이 왕성하여, 때때로 취한 팔을 휘두르면 도하(都下)에 종이가 귀해진다는 소문을 들었습니다. 대화백의 고상한 풍도와 빼어난 운치는 충분히 우리들을 뽐내게 합니다. 산 깊은 곳에서 중의 집에 삶을 의지하여 저승의 부름만을 기다리는 이 사람에게 비겨보면, 어찌 하늘을 나는 고니와 땅에 기는 벌레의 차이뿐이겠습니까?

엊그제 밤 꿈에는 형에게 이끌리어 바다 한 곳에 이르니 무성한 숲과 긴 대나무로 풍경이 뛰어나게 좋은 곳에 높이 솟은 옛 사당이 있었습니다. 절벽 위에 나아가서 살펴보니 곧 이 충무공(李忠武公)의 사당이었습니다. 묘정(廟庭)에 공경히 절하고 형과 함께 물러나와 대숲 사이에 앉아 술을 잔 가득히 부어 들이키면서 시 한 수를 읊었습니다.

> 장군의 사당 / 대숲 사이에 / 무슨 일로 서생이 / 잔들고 통곡하는가 / 바다에 맹세하고 / 산에 맹세함이 / 어느 곳이던고 / 동쪽의 고래는 / 날마다 하늘 높이 / 물결을 뿜는데.

다 읊고 나서는 서로 통곡하였습니다. 울음이 끝나기 전에 꿈을 깨니 눈물 자국이 베개에 가득하였습니다.

소위 꿈이라는 것은 불가사의한 일이 많으나, 특히 충무공의 사

---

17) 金振宇의 號, 畵家, 別號, 金剛山人.

당 아래 대숲 속에서 술을 나누며 통곡한 것은 과연 무슨 징조이 겠습니까? 이는 장차 죽을 징조로 혼백이 먼저 날아 형과 결별하 는 것이 아니겠습니까? 그 일이 몹시 이상하여 잠시 여기에다 사 실을 기록하여 알리오니, 형의 강개한 마음이 응당 어떤 감상을 가질 것입니다. 바라건대 형께서는 나를 위해 죽림통곡도(竹林痛哭 圖)를 그려 은혜를 베풀어주시면, 병풍을 만들어 등 뒤에 세워두고 밤낮으로 바라보며 죽기 전에 얼굴을 보듯이 하겠습니다. 오직 유 의하소서. (1936년)

이선칠(李璇七)[18]에게 답(答)함

만산(萬山) 깊숙한 곳에서 뜻 맞는 벗님과 함께 새벽이 되도록 진심을 나눌 수 있었던 그날 밤, 때로는 감격이 극에 이르러 나는 혹 울고 싶었고 형 또한 깊은 탄식에 빠지고 있었지요. 이 마음이 진실로 무슨 마음인지 알 수 없었습니다. 서로 헤어지는 마당에서 형은 열 걸음에 아홉 번을 돌아보고 주저하며 나아가지 못하였고 나는 가시는 뒷모습, 차차 멀어지는 길먼지를 아득히 바라보며 오 열할 뿐 말을 잇지 못했습니다. 또한 이 마음이 무슨 마음인지 알 수 없었습니다. 지금 세상에 형과 나의 이 마음을 아는 사람이 과

---

18) 이름은 在洛, 字가 璇七임. 경남 蔚山에 거주.

연 몇이나 있겠습니까? 오로지 형과 내가 스스로 알 뿐이지 감히 다른 사람에게 말할 것이 못되는 일입니다.

형을 전송한 뒤로 쓰러져 누워 신음하고 잠꼬대하면서 꿈을 꾸거나 먹고 숨쉬는 동안에도 형을 생각하지 않은 때가 없었습니다. 일전에는 젊은 중이 그 마을로부터 돌아오는 편에 은혜로운 편지를 부쳐주시니 그 정성스러운 수백 마디의 말씀은 곧 붉은 마음을 쏟은 것으로서, 그때 새벽까지도 못다 했던 회포를 다시 이은 것이 아니겠습니까. "이(利)가 의(義)를 누를 수 없고, 패도(覇道)가 왕도(王道)를 이길 수 없다"는 말씀에 이르러서는 더욱 사람을 격앙시켜 나도 모르게 책상을 치게 하였습니다.

나 자신을 생각해 보면, 세상의 변란을 싫도록 겪고 병을 안고 산에 들어온 이후로는 스스로 이 세상에 살 수 없다는 것을 분명히 알고 있습니다. 그러나 마음 괴롭히는 것은 과거에 서로 믿을 수 있었던 동지 중에 왕왕 변절하는 자가 있다는 사실인데, 근자에 당한 한 가지 일은 특히 가슴 아픈 일 중에도 심한 일입니다. 대저 성현(聖賢)의 글을 읽는 귀중함이란 그 이치를 바르게 알고 그 의리를 확실하게 실천하는 일일 것입니다. 그렇지 않은 자를 어찌 글 읽는 사람이라 할 수 있겠습니까?

나는 평소 성미가 결백하고 고집스러워, 망녕되게도 옛 사람들의 "옳은 것으로 책망하라"는 도리를 평생토록 서로 돈독한 사이의 법도로 삼아 왔습니다. 그러나 사람들은 그것을 허심탄회하게 받아들이지 않을 뿐만 아니라 끝내는 오히려 소원해지는 방향으로 돌아가 버리니, 병든 마음에 더욱 아파하고 서러워하며 지냅니다. 나는 오로지 이 사람들이 고쳐주기를 바랄 뿐입니다. 내가 감

히 형에게 감추지 않고 모두 말씀드리는 것은 진실로 형과의 정의
(情誼)가 남달라서입니다. 혹 완곡하게 타일러서 그들이 과감하게
시정할 수 있다면 정말 우리들을 위하여 다행일 것입니다. 형의
따뜻한 가르침을 받고 감격을 이기지 못하여 이렇게까지 피력하
고 말았으니 정말 송구합니다.

　다시 묻자옵건대 근래 형의 병세는 안정을 되찾았습니까? 그리
고 일본에 가 있는 자제의 소식과 제 여식(女息)의 병은 근래 모두
어떠합니까? 두 손자도 아무 탈 없으며 글읽기로 기쁨을 안겨드리
는지요? 늘 생각이 나서 스스로 마지 못한답니다. 나는 이불을 싸
안고 추위를 달래며 끊어질 듯한 숨을 겨우 이어나가니 추하기가
말할 수 없습니다. 형이 말했듯이 얼음장 같은 방과 짚방석은 실
로 늙고 병든 자가 견딜 수 있는 것이 못됩니다. 그러나 냉산(冷山)
의 홍불자(洪佛子)도[19] 십 년 동안 오히려 죽지 않았으니 내가 어찌
감히 오늘이 괴롭다 할 수 있겠습니까? 원컨대 형께서는 염려하지
마소서. 보내주신 음식과 돈은 옛 벗이 내리신 것이라 감히 받지
않을 수 없으나 불안하여 감사할 말이 없습니다. (1939년)

손덕부(孫德夫)[20]에게 답(答)함

　지난 12일, 한 목동을 통해서 존함(尊函)을 받고 비로소 이 앞의
두 번의 편지가 홍교(洪喬)[21]에 떨어져 전해지지 않았음을 깨달았

습니다. 영조(榮祖)가 돌아올 때 또 다시 수고로이 보내주신 편지를 받고도 여태까지 답하지 않았으니 부지런하고 게으른 차이가 삼십 리(三十里)²²⁾만 될 뿐이 아닙니다. 송구하고 부끄러움이 어찌 곡진한 용서를 바랄 수 있겠습니까. 요즈음 갑자기 기온이 서늘한데 형께서는 몸을 보중하고 아끼시기를 빌어 마지 않습니다.

나는 요즈음 열이 갑자기 오르고 내려 불편한 지 여러 날이 되었고 치통까지 겹쳐서 가끔 어지럽게 앓고 있어 그만 미친 사람과 같습니다. 미련하게 참으면서 죽지 못하니 하늘이 벌을 내리는 것이 아니겠습니까. 이삼 일 전부터는 조금 덜하는 듯하나 워낙 심히 앓은 나머지 다시 떨치고 일어날 기운이 없습니다. 오직 어린 손자 위(暐)가 충실하게 자라나, 무릎 앞에서 희롱을 하니 자못 가관입니다. 이것이 조그만 위로가 될 뿐입니다.

기범(其範) 공이 죽었다는 소식은 사람으로 하여금 경악하게 합니다. 형께선 그가 땅에 묻히는 날에 곡하여 보낼 수 있었습니까? 나와 같이 양계(陽界)에 살지 않음을 분명히 한 사람은 이미 이런 인사를 끊은 지 오래이니 다만 스스로 바람에 눈물을 부칠 따름입니다.

나는 지금 창씨(創氏)를 거절한 일로 여러 번 경찰에게 곤욕을

---

19) 宋의 洪皓. 金나라에 사신으로 갔다가 잡혀 벼슬하라는 회유에 굴하지 않고 15년간 冷山에 유배됨.
20) 이름은 厚翼. 慶州에 거주.
21) 晉의 殷羨의 字. 豫章太守로 있을 때 都中 사람들이 전해달라는 부탁을 거절할 수 없어 편지 100여 함을 받았으나 도중에 버림.
22) 曹操와 楊修가 길을 가면서 어떤 문제를 풀이했는데, 楊修는 곧 풀이했고 曹操는 30리를 가서야 겨우 풀이했다는 故事를 인용한 것임.

당하고 있습니다. 심지어는 서적과 원고까지 수색하여 가져갔고 경고 받은 지 아직 얼마 되지 않았습니다. 병든 마음이 요즈음은 날로 악화되어 더욱 어려움이 있으나 한두 가지 글 빚을 갚기 위해서라도 정신을 수습하여 스스로 쓰는 일에 힘쓸 작정입니다.

이른 바 창씨라 하는 것은 참으로 우주 위에 처음 있는 변괴이니 통곡할 일입니다. 옛날 을미(1895년)의 단발은 황제의 명으로 위압한 것이오나 오히려 "목을 잘렸으면 잘렸지 머리털은 깎을 수 없다"는 주장으로 항거하였는데, 지금의 창씨는 아직 엄한 형벌로 다스리지도 않았는데 팔도가 이미 풍미하였습니다. 그 중에도 영남이 가장 심하거니와 아직 어디에서도 "목을 잘렸으면 잘렸지 성을 바꿀 수는 없다"는 의리의 항거를 듣지 못했습니다.

슬프다! 씨(氏)를 만들고 성(姓)을 버리면 이것은 아비를 배반하고 할아비를 버리는 것이라, 아비를 배반하고 할아비를 버리면 견양(犬羊)과 무엇이 다르겠습니까? 나는 머리털보다 중한 것이 성으로서, 이 둘은 함께 논할 일이 아니라고 생각합니다. 머리털은 비록 잘리더라도 창씨는 결코 할 수 없는 것이니 혹 엄한 형벌로 다스린다면 목이 잘려도 사양하지 않을 것입니다. 하물며 저 사대부(士大夫)란 자들이 머리털은 보전하면서 창씨하는 데는 마음이 편하니 그 머리털에게 부끄럽지 않은지요? 대체 평일에 성현의 글을 읽고 의리를 높이 지껄이던 자가 오히려 이와 같으니 초동 목동의 무지한 무리들에게 무엇을 잘못이라고 꾸짖을 수 있단 말입니까? 생각하면 기가 막힙니다.

정인보(鄭寅普)23) 군이 형에게 보낸 편지에 병든 포로인 나의 생사를 물었다 하니 감사하게 여겨집니다. 나와 정군은 평소에 서로 잘 모르지만 때로 그의 문장을 읽고 신기루(蜃氣樓)와 같은 빛과 기운에 감탄한 바 있었습니다. 다만 이것은 정군의 형적(形跡)일 뿐이니 한번 만나 마음을 터 놓을 기회가 없는 것이 한스럽습니다.

(1940년)

다시 손덕부(孫德夫)에게 답(答)함

격조한 나머지, 손수 보내주신 글월 받고 평안하신 줄 알았습니다. 집안의 근심도 차츰 웃게 되셨다 하니 좋은 소식에 우러러 축하합니다. 저는 수개월 동안 설사를 하여 지금껏 차도가 없고, 처와 자부도 또한 병 없는 날이 없으니 서로 찌푸린 이마를 대하여 화기(和氣)는 사라지고 없으나 오직 손자 위(暐)가 젖을 잘 먹고 형기(炯基)도 득남을 하였으니 이것이 다소 마음의 위안을 준답니다.

편지에, 머리를 깎이고 잘린 상투를 본래 그대로 얹어 다니신다고 하니 평소 가졌던 지조가 몹시 굳음을 알겠습니다. 옛날에는 화망건 선생(畫網巾 先生)이 있었고 지금은 가본계 선생(加本髻 先生)이 있으니 좋은 짝이라 할 수 있겠습니다. 후일 우리나라의 치발사(雉髮史)를 엮는 사람은 반드시 가본계 선생(加本髻 先生)의 전(傳)을 지어 무궁하게 남길 것이니 원컨대 형은 서러워하지 마옵소서.

---

23) 號는 爲堂. 漢文學者.

금강산인(金剛山人)이 대구 풍경을 모두 화폭에 거두어 가면서 끝내 우리집을 돌아보지 않고 갔습니까?

만해(萬海)[24] 스님이 이 병든 포로의 생사를 물어주시니, "동기(同氣)는 서로 구한다"는 정의(情誼)를 알 수 있었습니다. 그가 출생한 날이 나보다 단 하루 뒤라 하니 또한 흥미롭지 않습니까? 그가 나를 찾지 않고 그대로 떠나면서 "서로의 마음을 알면 족하지, 반드시 서로의 얼굴을 알아야만 하는가" 하였다니 그것 역시 속된 말이 아닙니다.

우리 영남에서 상투를 보전하고 있는 사람들이 창씨를 다투어 시행하고 있으니 백천낭인(白川浪人)[25]이 민씨(閔氏) 죽인 손을 한 번 더 휘두르려 하는 것이 과연 마땅합니다. 예안(禮安)의 이희겸(李希兼) 공은 35일을 절식하고 드디어 죽었다고 합니다. 퇴계(退溪) 선생의 가성(家聲)이 아주 적막한 데 이르지는 않았으니 존경할 만합니다. 국경(國卿)·순형(舜衡) 같은 사람들은 희겸 공의 소문을 듣고 부끄러워 죽을 지경이 아니겠습니까? 지난 번 순형(舜衡)이 저의 집을 지났었는데 그때 내가 창씨 여부를 질문하였더니 그는 꾸며 낸 말로써 변명하는 것이었습니다. 내가 소리지르며 "공들은 높은 상투와 큰 소매자락이 부끄럽지 않은가?"라고 꾸짖었습니다. 그 중에도 더욱 포복절도할 일은 순형이 자칭 송자(宋子)라고 한 것입니다. 이명진(李明振)이란 사람이 이 말을 듣고 크게 분을 내어 "순형이 뭐길래 어찌 감히 자기를 송우암(宋尤庵)에다 비기는가? 슬프다! 의리가 뒤집어지니, 이런 따위는 모두 짐승들이다. 짐승을

---

24) 韓龍雲의 號. 佛敎思想家. 詩人.
25) 梁槿煥. 親日派 閔元植을 죽인 義士.

어떻게 벌하겠는가" 하였답니다.

일전에는 선조비(先祖妣) 정부인(貞夫人)의 제사였는데 나는 병으로 참례하지 못하고 두 아들 역시 집에 있지 않아 부득이 친족을 시켜서 대행하게 하였습니다. 그리고 저 창씨한 무리들은 제청(祭廳)에 참여하는 것을 허락하지 못하게 하였습니다. 그런데 유약한 한 주부(主婦)가 끝내 준엄하게 거절하지 못하고 다만 축을 읽고 잔을 드리는 열(列)에만 못 서게 하였을 뿐이었답니다. 우리 아이들이 출옥하는 것을 기다려서 반드시 한 번 큰 조치가 있어야 할 것입니다. 저들이 장차 무슨 말로써 우리 부자에게 대들지 모르겠습니다.

요즈음 치극(致克)군과 서로 만납니까? 들으니 치극의 아들이 아버지에게 알리지 않고 창씨하였다 하니 치극이 어떻게 조처했는지 알지 못하겠습니다. 만나게 되면 한 번 물어보아 주시겠습니까?

(1940년)

아들 환기(煥基)에게

지난 달 그믐에 집에 편지를 부쳐 내가 죽기 전에 너를 만나 보려고 북경에 와 줄 것을 재촉했었다. 일전에 경윤(敬九)이 편지로 네 둘째 고모가 이미 서울로 이사하였고, 너는 학교를 그만 두고 황매산(黃梅山)에 가서 이회(而晦) 아저씨 문하에서 공부하고 있다 하니 그 소식이 과히 나쁘지 않더구나. 네가 옛 성현의 학문에 오로지 전념하여 뛰어나게 일가견을 세워 우리 집안을 빛나게 할 수 있을지 모르겠구나.

네 애비는 병들어 죽고 말아 너의 성공을 보지 못할 것이 한스럽구나. 아, 네 애비는 집이 있으면서도 집이 없으며 죽어도 돌아갈 곳이 없구나! 더구나 너는 아직 어려 만 리를 달려와 상면하기가 쉽지 않으니 그 얼마나 슬프냐. 하지만 요즘은 교통이 매우 편리해서 남한(南韓)에서 북경(北京)까지 단 사흘밖에 걸리지 않으니, 네가 한 번 와서 이 죽어 가는 나의 마음을 위로해주지 않겠느냐? 너는 이 정상(情狀)을 이회 아저씨 및 문중 여러 어른들께 빠짐없이 말씀드리고 떠날 차비를 서두르도록 하여라.

밀양(密陽)의 손영필(孫永弼) 군은 나의 돌 같은 친구다. 내가 전에 편지로 너를 위해 북경에 오는 일을 주선해 주라고 부탁해 두었으니 네가 서울에 도착하거든 수표교(水標橋) 90번지 손호관(孫浩瓘) 어른 댁에 가서 손군을 뵙도록 해라. 사정을 말씀드리면 틀림없이 힘껏 잘 이끌어주실 것이다. 생각 없이 길을 떠나서는 안 된다. 네가 만일 일정(日程)이 정해지게 되면 속히 알리도록 해라. 석천(石川) 이(李) 서방이 혹 동행해주면 매우 좋겠다. 편지를 보내 의논하도록 해라.

지난달 내회(乃希) 아저씨가 편지를 보내셨더구나. 말씀이 도리에 몹시 어긋나 미친 사람이 실성한 것 같아, 내가 이미 공박하고 절교를 알렸단다. 너와 이회 아저씨 및 여러 종친께서도 이 뜻을 알지 않으면 안 되겠기에 대략 전한다. 이회 아저씨께는 편지를 드림이 마땅하지만 병으로 피폐해지고 갖추어 쓸 힘을 잃었으니,

네가 대신 한스런 뜻을 전해드리도록 해라. 큰 병에 시달려 마음
이 산란해 붓을 대해도 할 말을 모르겠구나. 이만 줄인다. (1923년 5
월 北京병원에서)

아들 찬기(燦基)에게

네가 옥에 갇힌 지 벌써 이태가 지났구나. 네 애비는 꿈이나 생
시, 먹을 때나 쉴 때 언제고 오직 네가 무사히 돌아올 것만 바라고
있다. 9월 그믐께 네 처가 편지로 예심에 회부되었다고 전해주더
니, 어제는 다시금 네 병이 위독하다고 알려왔구나. 네 애비는 오
장육부가 터질 듯하여 병석에서 슬피 울며, 이제까지 구차하게 연
명하여 이런 광경을 보게 된 것을 한스러워 했을 뿐이다. 너의 허
약한 체질로 몇 년씩 고문을 받아왔으니 결국 큰 병에 걸린 것이
당연하겠구나.

비록 그렇긴 하나, 네 애비가 8년이나 옥고를 치르고 큰 병에
걸리고서도 아직 죽지 않은 것을 네가 생각한다면 이는 네게 지금
안심하고 잘 조섭할 좋은 본보기가 될 수 있을 게야. 들으니 옥의
(獄醫)가 치료비가 많이 들었다고 네게 몹시 독촉을 한다지? 지금
비록 집안의 재산을 다 기울인다 해도 아까울 것이 없다. 이미 창
락(昌洛)에게 힘닿는 대로 마련하고 빌려서 대구로 가 너를 만나
넣어주도록 당부했다. 너는 오로지 병을 치료하는 것에만 신경쓰

고 집안 일은 염려하지 말도록 해라.

　때로 『소학(小學)』·『논어(論語)』·『맹자(孟子)』 등 마음을 다스리는데 절실한 책을 읽고 생각해라. 또한 동서고금의 뛰어난 이들이 지은 철학·경제학 등에서 취미에 맞는 책을 읽도록 하여라. 깊은 뜻을 궁구하여 진수(眞髓)를 얻게 되면 반드시 기쁜 마음으로 고통을 잊게 되고 병도 스스로 물러서게 될 것이다. 이것은 다만 지금의 병을 치료하는 단방(單方)일 뿐만 아니라 후일에 실천하는 마당에 있어서도 역시 반드시 두드러진 공적을 거두게 될 것이니, 힘쓰고 힘쓰거라.

서(序) · 발(跋)

와룡집(臥龍集) 서(序)

나라의 광복을 위해 분주하게 쫓아다니기 사십여 년, 아직도 국토의 절반은 회복을 못하고 있다. 다시금 삼백 년 전 남한산성 패전의 일을 회고하면서 문득 『시경』의 비풍(匪風)과 하천시(下泉詩)를 읊으니, 슬픔과 눈물을 금할 길이 없다. 근자에 곽면우(郭俛宇) 선생이 지은 와룡처사(臥龍處士) 허공(許公)의 묘명(墓銘)을 읽게 되었다. 북벌 삼책(北伐三策)의 일에 이르러서는 그를 다시 구천(九泉)에서 불러와 우리나라 백세(百世)의 치욕을 씻게 할 도리가 없음을 한탄한 일이 있었다.

공은 나면서부터 자질이 뛰어나고 힘이 절륜하여 식사 때마다 한 말 밥을 먹으며 세 병 술을 마시니 보고 듣는 자 누구나 놀라지 않는 사람이 없었다. 생각이 침중하고 도량이 깊으며, 기상이 뛰어나 스스로 호협(豪俠)으로 여겨 남에게 굽히기를 좋아하지 않았다. 늘 천하를 한 번 말끔히 씻어내려는 생각을 품고 있었다. 한 번은 호서 지방의 어떤 절에 머물렀는데, 그 절에 패악한 중이 하나 있어, 용력을 믿고 몹시 무례하게 구는 것이었다. 공이 드디어 그의 죄목을 들어 손으로 쳐서 죽이고 멀리 섬으로 피신해 버렸다. 다시 서울로 올라가 한 변두리의 초라한 움막에서 낡은 옷으로 두문불출하고, 성인의 글을 읽었다. 한 여자를 부리고 있었는데 이 여자가 말을 함부로 하여 "당초 십 년을 기약하고 책을 읽기 시작하여 이제 칠 년이 되었다" 하고 탄식하면서 책을 덮고 문을 나섰다.

장안의 한 부자를 찾아가 자신의 성명도 대지 않고 돈 만 냥을 빌려쓰자고 하였다. 부자는 그의 기상이 비범한 것을 살피고 당장 꾸어주었다. 그는 기호(畿湖)의 접경 지방에 내려가 여러 과일을 쓸어모으니, 국내에서 제수로 쓸 과일이 부족하게 되었고 오래지 않아 열 배의 이익을 얻었다. 또 제주도에 가서는 말총을 사들여 얼마 동안에 역시 전과 같이 많은 이익을 남겼다. 그 돈으로 다시 도적 수백 명을 끌어 모아 각자에게 돈 백금씩을 주고 각기 부인 한 사람과 소 한 마리를 마련해서 오도록 하였다. 다 같이 동남해 가운데의 빈 섬으로 들어가 밭을 일구어 농사를 지으니, 나라 안에 도적이 없어졌다. 몇 년 뒤에는 저축된 곡식을 장기(長崎)에 내다 팔아 은 수백만 냥을 벌었다. 그러나 탄식해 말하기를 "내가 약간 시험해 보았을 뿐이다. 섬이 너무 좁아 구원한 계획이 될 수 없다. 돈도 소용이 없다" 하고 바다 속에 던져버리고 단지 십만 냥만을 옛날 빌렸던 그 부자에게 갚아주었다.

당시 조정에서는 마침 북벌(北伐)을 도모하는 참이라 비밀리에 인재를 구하는 터였다. 그 부자가 공을 한 장신(將臣)에게 소개하였다. 장신은 밤에 수종하는 사람들을 물리치고 공을 찾아가 천하의 일을 문의하였다. 공이 세 가지 방책을 세워 차례로 일러주었으나 장신은 세 방안을 모두 어렵게 생각하였다. 공이 크게 노하여 "당신이 임금의 신임을 그토록 받으면서 하는 것이 이 모양이니! 목을 베고야 말겠다" 하고 칼을 뽑아드니 번개처럼 빨랐다. 장신은 겁에 질려 달아나고 말았다.

공은 다음날로 집안을 거두어 정리하여 떠나고 말았다. 그는 탄식하며 "천하의 일은 끝장이 났다. 오직 부모를 섬기는 일만이 남았도다" 하고, 날로 매・토끼 사냥으로 부모를 봉양하고, 자제를 거느리고 마루에 앉아 노래를 읊으며 부모를 즐겁게 하였다. 그때 금양(錦陽)[1] 이(李) 선생이 호남의 유배지로부터 진주(晉州)로 돌아와 있었는데, 공이 그 처소로 가서 뵙고 학문의 요결을 들었다. 뒤에는 또 창설 권두경(蒼雪 權斗經), 밀암 이재(密庵 李栽), 제산 김성탁(霽山 金聖鐸), 검토 김여건(檢討 金汝鍵) 등 여러 분과 사귀어 도의를 강론하고 연마하였는데, 김검토는 나의 팔세조(八世祖)가 되신다.

공은 이로부터 암혈 속에서 거적을 치고 지내면서 벼슬에 나가기를 구하지 아니했다. 무기를 비축하고 가동(家僮) 수백 명을 모아 자신이 직접 지휘하여 조련을 시키면서, "난리에 대비하는 것이다"라고 하는 것이었다. 막장탄(幕將歎)・무일탄(撫釰歎)・백두음(白

---

1) 錦水와 같은 말. 葛庵 李玄逸을 가리킴.

頭吟) 등을 지어 강개한 슬픔을 노래하며 산택(山澤) 사이에서 지낸 지 얼마되지 않아 세상을 떠나고 말았다. 장사를 지내는데 어떤 백발 노인이 산골짜기로부터 내려와 통곡을 하며 "공명(孔明)은 떠났구나!" 하는 것이었다. 누구신가 물어도 대답하지 않고 가버렸다. 아마 공이 평소 마음을 터놓고 가까이 지냈던 사람이 아니겠는가. 공이 스스로 그 거처를 이름하여 와룡(臥龍)이라 하였으니 이 역시 제갈공명(諸葛孔明)에게 비유한 것일 것이다. 아하! 공이 제안한 북벌 삼책은 생각건대 바로 연경(燕京)을 쳐들어가는 방식이니 비록 공명이라 해도 그보다 더 나을 것이 없을 것이다. 그럼에도 불구하고 권력을 잡은 고관들이 허장성세만 부리고 끝내 공의 실질적인 방책을 받아들이지 않았으며, 공으로 하여금 산림간(山林間)에서 늙어 죽게 하였으니 참으로 슬픈 일이다. 제갈공명이 힘을 다하다가 죽은 것이나, 허공이 시기를 만나지 못하고 죽은 것은 모두 하늘의 뜻이다. 두 사람 다 하늘의 뜻이니 어찌 하겠는가! 내가 매양 「출사표(出師表)」와 「백두음(白頭吟)」을 읽을 때마다 원망하고 슬퍼하는 이유가 여기에 있는 것이다.

공의 후손 전(銓)과 용(鏞) 두 사람이 공의 유문(遺文)을 출간하기로 계획하고 나에게 서문을 쓰라고 했다. 내 지난 역사를 돌이켜 생각하고 눈물을 흘리며 이 서(序)를 쓴다.

혜사집(蕙社集) 서(序)

무릇 참된 사군자(士君子)란, 조국이 위기를 당하였을 때, 어떠한 위협과 무력에도 굴하지 않고 부귀에 흔들리지 않으며, 의리를 당면한 현실에다 밝히고 명예와 절조를 내세에 드리우는 사람이다. 이 얼마나 위대한 일인가? 내가 보기에는, 을사년의 강제 조약으로부터 경술년의 국치에 이르기까지 당시 사대부(士大夫)들은 스스로 목을 찔러 죽기도 하고 단식으로 목숨을 끊기도 하여 제각기 불굴의 의지를 실천한 사람들이 있는가 하면, 울분을 머금고 아픔을 참아 견디며 두려움 없이 할 말을 다하고 국가의 회복을 기약하여 날로 그 기틀을 만들기에 죽는 날까지 힘쓴 사람도 있으니, 홍문관 학사였던 혜사(蕙社)[2] 강공(姜公) 같은 분이 바로 그 중의 한 사람이다.

공은 자질이 영특하고 뛰어난 분으로 일찍이 과거에 합격하여 이름을 높이 날리니 장차 세상에 큰 일을 할 인물로 촉망되었다. 그러나 시대는 날로 어지러워지고 나라의 근심은 하루도 잊을 수가 없어, 선비들을 모아 정사의 폐단을 지적하는 상소문을 올렸다가 감옥에 갇히게 되었다. 사악한 무리들이 혹 권위로 위협하고 명리(名利)로써 유혹하기도 하였지만 공은 끝내 그 의기를 꺾지 않고 도리어 개, 돼지 같은 놈들이라고 꾸짖었으니 그들에 의해 죽지 않고 살아남은 것만도 다행이었다. 공의 높고 큰 절개는 이것

---

2) 姜遠馨(1862~1914)의 號.

만으로도 대강 알 수 있는 일이다.

공의 문장은 아주 풍성하고 아름다웠지만, 일찍이 벼슬길에 나섰고 중년은 난리 속에 지냈으며 나중에는 또 오래 살지 못하였기 때문에 그 저술이 많을 수가 없다. 그러면서도 『복당동고록(幅堂同苦錄)』과 『백망소견첩(百忙消遣帖)』이 있으니, 이것은 그 당시의 동지들, 이를테면 이설(李偰),[3] 김복한(金福漢),[4] 장지연(張志淵)[5] 공 등과 주고받은 것으로서 대개 우국(憂國)과 애군(愛君)의 의분을 기록한 내용들이다. 볼만한 것이 많겠으나 흩어지고 다 전해오지 않으니 지금 남은 것은 약간의 시와 편지, 소(疏) 몇 편뿐이다. 시는 충담평이(冲澹平易)하여 실로 풍아(風雅)의 운치가 있다. 소는 적의 괴수를 탄핵하고 권력 주변의 간신배들을 처단할 것을 요청한 내용이다. 또 열국과의 외교문서는 교린(交隣)의 정도(正道)를 밝히고 정기(正氣)를 고취한 것이니, 상명곡당(詳明曲當)하여 당시 공의 마음의 자취를 완연히 읽을 수 있는 것이다.

내가 수십 년의 후생으로 그 당시에 함께 의리를 논의하지는 못했지만 온갖 환난을 겪고서 조국이 광복된 오늘 아직도 살아 남아 활동을 하고 있으니, 가신 분의 뜻한 바를 드러내고 빛내는 일이 후생으로서의 책임이 아닐 수 없다. 그러나 풍속 인심이 이미 옛날과는 달라 해볼 도리가 없으니 어찌 개탄하고 애석할 일이 아니겠는가? 그 자제되는 봉희(鳳熙)가 유집(遺集)을 간행하기 위하여

---

3) 洪城 출신. 호는 復菴. 항일의병 활동을 한 義士(1850~1911).
4) 호 志山. 李偰·安秉瓚 등과 함께 의병 투쟁. 파리장서 사건으로 獄死(1860~?).
5) 이조 고종 때의 언론인. 호는 韋庵. 皇城新聞 사장 역임(1864~1921).

나에게 서문을 부탁하면서 그 분량이 너무 적다고 한탄했다. 그러나 나의 생각은 그렇지가 않다.

실로 그 내용이 참된 것이라면 한 마디 두 마디가 곧 금언일 것이요, 만약 내용이 충실하지 못하다면 몇 수레가 된들 진부할 뿐 귀하지 않을 것이다. 『주역』에 이르기를 "착한 사람은 말이 적은 법"이라고 하였으니 만약 이 간단한 내용을 이끌어 펼친다면 그 종류에 따라 얼마든지 늘릴 수가 있는 것이다. 늙고 병든 이 사람은 세상사 아무 것도 기억하지 못하지만 다만 의리가 어떤 것인지는 대략 알고 있는 터이다. 마음속에서 우러나는 바를 공졸(工拙)을 가릴 것 없이 적어서 뒷날의 독자로 하여금 공이 수립한 바를 알아서 사모하고 본받게 한다면, 비록 육대주(六大州)가 뒤엎어지는 한이 있더라도 천고에 변함 없는 강상(綱常)6)은 결코 소멸되지 않을 것이다. 이에 서(序)하는 바이다.

일성(一醒) 이준(李儁) 선생 유묵(遺墨)을 보고

아아, 이는 일성 이준(李儁) 선생의 수묵(手墨)이다! 처음에 선생이 순국하자 그 아들 용(鏞)은 남의 나라의 신하되기를 거부하여 가족을 이끌고 외국으로 나갔다. 이리하여 선생의 많은 묵적(墨蹟)

---

6) 三綱과 五常. 인간이 지킬 기본 倫理를 말함.

은 모두 흩어져 없어지게 되었고, 국내에서 선생을 경모하는 사람들은 매양 선생의 묵적을 찾아볼 수 없음을 한탄해왔던 것이다.

근간에 나의 친구 정세호(鄭世鎬) 군이 선생의 사위 유래정(柳來楨) 군으로부터 선생의 친필 시고(詩藁) 한 장을 얻어 보배롭게 사랑하며 깊이 간수하고 나에게도 보여준 일이 있는데, 그 뒤에다 한 마디 발문(跋文)을 부탁하는 것이었다. 내 그 시를 보니, 담탕(淡宕) 격강(激慷)한 생각이 넘치고, 그 필치 또한 고아롭고 힘찬 기운이 있어, 늠름한 영풍(英風)이 사람을 누르는 듯 했다. 자신도 모르게 숙연히 공경심이 우러나 엎드려 절하였다.

아! 선생은 천하의 선비였다. 처음 선생이 의대(衣帶) 사이에 임금의 밀서(密書)를 받들고 해아(海牙; 헤이그)의 만국회의장으로 떠날 때에, 명을 받은 그 길로 밤을 지내지 않고 출발하면서 "내가 이제야 죽을 자리를 얻었도다"라고 했다. 만국회의 참석자들은 강권을 두려워하여 일제의 강제조약을 성토하지 못할 뿐 아니라 도리어 악독한 자와 한 무리가 되었다. 우리 대한의 외교권이 이미 일제에 귀속되었기 때문에 대한 사람의 참석을 허락할 수 없다는 것이었다. 선생은 생각하건대 원수를 성토하여 국의를 선양하지 못하는 마당에 나라의 명을 욕되지 않게 하는 길은 오직 일사보국(一死報國)하여 영원토록 천하 만세에 의리를 남겨놓는 길밖에 없었다. 선생은 곧바로 회의장 안으로 달려들어가 밀서를 큰 소리로 단번에 내리 읽고서 스스로 칼을 배에 꽂아 선혈을 움켜쥐고 회의장에 뿌리며 꾸짖었다. "너희들, 교린(交隣)의 의리가 어떤 것인지 모르고 오직 폭력으로 약자를 잡아먹는 놈들은 대한 사람 이준의 뜨거운 피를 보아라" 하고 외쳤다. 이에 회의에 참석한 만국 대표들은 크게 놀라 탄복하지 않는 자가 없었다. "이준의 충의는 가히 해와 달에 비길 만큼 빛나는 것이다. 우리의 옷에 묻은 위인(偉人)의 한 방울 피는 나라에 충성을 모르는 자들에게 천만세를 두고 경종이 될 것이니 조심해서 지워지지 않게 해야겠다" 하고 그 옷을 싸서 정성껏 보관하는 것이었다. 그리고는 그 유해(遺骸)를 거두어 알콜에 넣고 유리관 속에 안치하여 해아의 박물관에 경건히 받들어 국제적 사건의 기념이 되게 하였다. 인간이 타고 난 본성이란 야만인 오랑캐라고 해서 차이가 있는 것이 아님을 알 수가 있다.

애초에 선생이 조정에 나섰을 때, 소원(疎遠)한 처지로 국가존망의 위기를 당하여 고직(孤直)한 충절을 다하였으나 항시 매국도당들의 배척을 받아 심원한 계획을 조금도 펴지 못하였다. 그리고 나라가 거의 망할 무렵에 이르러 하나의 나그네로서 객사를 면치 못하였으니 그 얼마나 슬픈 일인가! 그러나 선생은 한 번 죽음으로서 대의(大義)를 성취하여 우리 대한의 이름을 천하에 무겁게 하였으니 선생의 할 일은 다한 것이다. 어찌 슬퍼만 하겠는가.

나는 선생보다는 약간 늦게 태어났지만 선생을 도와 배를 가르고 선혈을 뿌리는 옆에서 함께 죽지 못하고, 늙은 포로가 되어 구차하게 여생을 누리고 있으니, 장차 지하에 가서 무슨 면목으로 선열을 대하겠는가? 지금 마침 선생의 유적을 어루만지고 부지중 대성 일곡(一哭) 눈물을 적시면서 그 느낀 바를 여기에 적는 바이다.

제문(祭文)

어머님 무덤 앞에 고하는 글

아, 슬픕니다. 소자의 불효한 죄는 천지에 용납되기 어렵습니다. 어머님께서 혼령이 있으시면 자식이 있다고 말씀하시겠습니까? 처음 어머님께서 별세하셔서 반함(飯含) 장사(葬事) 우제(虞祭) 때에는 소자가 먼 타국에 망명하여 있으면서 나중에야 들어서 알게 되었고, 부제(祔祭) 대소상(大小祥) 담사(禫祀) 때에는 붙들릴 것을 두려워하여 달려오지 못했습니다. 필경은 포로가 되어서 모질게도 죽지 아니했사오나 죽어도 남는 부끄러움이 있습니다. 무슨 면목으로 지금 와서 무덤 앞에 엎드려 감히 사정(事情)을 말씀드리겠습니까?

아! 참으로 슬픕니다. 기미년 큰일 때, 소자가 유림(儒林)의 사명을 받들고 해외로 떠나려 할 때, 어머님께서 심히 늙으셨고 또 모시고 봉양할만한 형제가 없으므로 저는 여러 날을 주저하였습니다. 중대한 의논은 이미 정하여졌고 일은 촉박하므로 부득이하여 말씀드렸더니, 어머님께선 개연(慨然)히 명령하셨습니다. "네가 이미 나라 일에 몸을 허락하였으니 늙은 어미를 생각하지 말고 힘쓰라" 하였습니다. 소자가 이에 아픈 마음을 참고 뜰 아래에서 절하여 겨우 하직은 하였으나, 열 걸음에 아홉 번을 돌아보며 차마 앞으로 나가지 못하였습니다. 그때 어머님께서는 문에 기대고 서서 "네가 지금 천하 일을 경영하면서 오히려 가정을 잊지 못하느냐"라고 단호히 꾸짖으셨습니다. 우리 어머님께서는 지극히 인자하시나 사정(私情)에 구애되지 않으시고 의리로 결단하셨으니 소자가 비록 몽매하여 이룬 것 없이 헛되이 보냈으나 감히 어머님의 교훈을 어찌 한 시인들 잊었겠습니까. 이른 아침부터 밤늦게까지 스스로 힘써 소생(所生)을 더럽히지 않을 것을 항상 생각하여 왔습니다.

소자가 조국을 떠나서는 곧 중국의 상해(上海)에 머물렀습니다. 그 해 7월에 광동(廣東)으로 갔다가 이듬해 3월 상해로 돌아와서 병으로 여관집에 누웠을 때, <만주일보(滿洲日報)>의 기사를 통해 어머님께서 세상을 떠나셨다는 비보를 들었습니다. 그 해 정월 7일에 이미 상사가 난 것을 비로소 알았습니다. 아! 슬픕니다. 소자가 곧 병을 무릅쓰고 달려 돌아오려 하니 여러 동지들이 조상하러 와서 굳이 말렸습니다. "자네가 만일 병을 무릅쓰고 떠나면 길에서 죽는 것을 면하기 어렵다. 죽지 않고 돌아간다 하더라도 반드시 큰 화에 걸려 여막에서 상제를 지키지 못할 것이다. 자네는 선대부인(先大夫人)께서 자네를 보낼 때에 내리신 교훈의 말씀을 생각하여 망녕되게 화를 범하지 말고 국사에 힘쓰라"고 권하였습니다. 소자가 발상(發喪)하여 복을 입고자 하니 여러 동지들이 또 말리기를 "자네가 만일 복을 입으면 행동하는 데에 장애가 많고 반드시 생각지 않은 위험이 따를 것이다. 예전 사람이 상주로서도 종군(從軍)하던 예에 의거하여 아직 편복(便服)으로 종사하고 황하(黃河)가 맑아지는 날을 기다려서 돌아가 태복(稅服)¹⁾을 행하는 것이 옳겠다" 하였습니다. 소자가 그때 위태하다는 말에 마음이 흔들려 분상하지 못하고 또한 삼베옷을 입지 않았으니 불효 패륜(悖倫)한 죄가 여기에 이르러 더할 바가 없습니다. 장차 어떻게 천지 사이에 설 수 있겠습니까?

소자가 이때로부터 뼈를 노룡(虜龍)에 묻을 것을 맹세하고 만주·광동 등 먼 변경(邊境) 지방, 중국과 이민족이 서로 부딪치는 지역에 분주히 다닌 것이 무릇 7~8년 간이었습니다. 주리고 춥고 고생스러워 좌절되는 일이 이루 말할 수 없었으니 일은 마음과 같지 않고 동지는 날로 흩어져서 앞길이 캄캄하였습니다. 이에 드디어 혼자 다짐하기를 "해외에 떠돌아다니며 한갓 고생만 하고 한 가지 계획도 성취됨이 없는 것보다는 차라리 국내에 들어가서 죽은 재를 불러일으키어 다시 불타게 만드는 것이 좋지 않겠는가"라고 생각했습니다. 을축(1925)년 7월에 종적을 숨겨 조국으로 돌아와 경기·충청·강원·경상도 사이를 옮겨 다니며 숨어 지냈습니다. 붙잡으려는 왜놈들의 핍박 때문에 감히 어머님 산소 아래에 나가 추

---

1) 父母喪을 당해서 해외에 있거나 다른 사정으로 服喪을 못하고 있다가 3년 이 훨씬 지난 뒤에 追後해서 服喪하는 것을 말함.

복(追服)하는 슬픔을 펴지 못하고 병인(1926)년 2월에는 다시 중국으로 탈출하였습니다. 그 해 겨울은 병으로 상해 의원에서 치료를 받고 지냈는데 정묘(1927)년 3월이 되어 맏아이 환기(煥基)가 요절(夭折)했다는 소식을 들었습니다. 병은 더욱 심하여졌습니다. 그러던 중 5월 10일에 병원을 급습해 온 일본경찰에 구속되어 상해로부터 대구로 압송되어 왔습니다.

무진(1928)년 10월에 14년의 징역형을 받았고 얼마 뒤에는 대전으로 이감되었으나 이듬해 4월 병이 위독하여 가석방되었습니다. 마땅히 먼저 묘소에 나아가 곧 추복(追服)을 행하여야 하겠으나 죽을 지경이 되어 정신이 혼미한 중에 일거일동을 제약하는 법망(法網)이 너무나 가혹하여 이 일에 미칠 수가 없었습니다. 얼마 되지 않아 또 대전 감옥에 갇혔습니다. 갑술(1934)년 9월에 다시 병으로 가석방되었는데 추복을 행하고자 하였으나 법망의 구속이 아직도 위태롭고 병세가 심히 악화되어 그럭저럭 행하지 못하였습니다. 병자(1936)년 3월에 이르러서는 울산(蔚山) 바닷가로 가서 5년 동안을 칩복하여 있었습니다. 병은 해마다 깊어져서 두 다리가 무력해지고 오그라들어 마침내 병폐한 앉은뱅이가 되고 죽을 시기는 차츰 다가왔습니다. 금년 4월 그믐께 한 순사가 와서 "근자에 당국으로부터 나이 늙고 병폐하여 활동할 수 없는 상황을 자세히 알고, 감시하고 구속하는 일이 조금 풀어졌으니 이때에 집에 돌아가서 병을 요양하는 것이 좋겠다" 하였습니다. 이에 어머님의 무덤 아래에 돌아와 죽기로 뜻을 정하고 비로소 추복을 지어 가지고 와서 곡합니다. 아! 슬프옵니다.

추복하는 것은 예전부터 있는 일이지마는 소자와 같이 20여 년 뒤에 행하는 이가 있다는 말은 듣지 못하였으니 때는 이미 늦었고 예에도 근거가 없습니다. 소자가 처음 경신(1920)년에 돌아오지 않은 것이 잘못되었고, 두 번째는 을축년에 숨어들어 왔을 때에 잘못이 있으며, 세 번째는 기사·갑술년에 출옥한 뒤에 잘못되었으니, 한번 잘못한 것도 이미 상도(常道)에 어그러졌거든 하물며 네 번이나 하여 더욱 윤상(倫常)을 멸시한 것이 아니겠습니까. 소자의 죄역은 만 번 죽어도 용서하기 어렵고 또 소자와 같은 사정은 천고에 다시 없습니다. 감히 때가 늦고 예에 근거가 없다 하더라도 지극히 애통하여 그대로 그만둘 수는 없습니다. 옛사람들 시묘하는 제도를 본받아서 무덤 곁에 여막을 짓고 날마다 곡하여 종천의 슬픔을 펴고자 하였으나 큰 아이는 이미 요절하고, 둘째 또한 감옥에 있고, 끝 아이는 먹고 살겠다고 먼 지방에 가 있어 집 형편이 극히 어려우니 그렇게 할 수도 없습니다. 부득이하여 무덤 서쪽 두어 걸음 거리의 한 초가를 빌려서 살고 우러러 바라보며 슬피 흐느낍니다. 어머님께서 혼령이 있으시면 다만 소자의 지극한 아픔을 살피시어 양양(洋洋)하게 좌우에 계시겠지요?

들자오니 어머님께서는 운명하실 즈음에 정신이 오히려 어지럽지 않으시어 조금도 죽음을 슬퍼하는 말씀이 없었고 오직 소자를 보지 못하는 지극한 한으로 "창숙아!" 세 번을 부르시고는 흐느끼며 운명하셨다 합니다. 아! 너무도 슬픕니다. 소자가 지금 피눈물로 울며 무덤 아래서 뒹굴고 있는데 어째서 어머님은 한 번도 창숙을 부르시지도, 불효한 죄를 책하시지도 않습니까? 처음에 소자가 해외로 갈 때에 어머님께서 의연히 대의(大義)로 가르치시고 기대하신 것이 과연 어떠하였는데 소자는 궤도를 잃고 낭패를 거듭하여 흰머리로 포로가 되었습니다. 나라를 구하는데 보탬이 없고 한갓 불효의 지경에 빠졌으니 오늘 무덤 앞에 고할 말이 없을 뿐 아니라 죽어서 또 무슨 면목으로 뻔뻔하게 지하에 돌아가 모시겠습니까? 혹시 지하도 양계(陽界)와 같다면 소자가 잠깐이라도 곁을 떠나지 않고 마음껏 봉양하고 부지런히 복사(服事)하여 이승의 불효한 죄를 만 분의 일이라도 속죄할까 합니다. 아! 슬픕니다. (1940년)

누이동생 성산(星山) 이실(李室) 영전에

정유(1957)년 11월 14일은 내 둘째 누이동생 이실(李室)이 세상을 떠난 지 두 돌이 되는 날이다. 전날 저녁을 맞아 앉은뱅이 늙은 오라비 창숙은 손자 위(暐)를 데리고 부축받으며 겨우 겨우 영궤(靈几)[2] 앞에 와서 곡하고 한 잔을 부어서 고한다.

아! 슬프다. 네가 죽고 나는 살아 있는가! 죽고 사는 것이 크구나. 살기를 원하고 죽기를 싫어하는 것은 인간의 상정(常情)인데 나는 지금 죽기를 빌어도 죽지 않으니 너의 죽음을 슬퍼할 겨를도 없이 내 죽지 않음을 슬퍼한다. 나는 상정에 반대되는 사람인가. 생각하면 내 동기(同氣)가 다섯인데 위로 누님 한 분, 아래로 세 누

---

2) 빈소와 같은 말.

이동생이다. 불행히도 누이동생 둘은 일찍 죽고 오직 누님과 너와 내가 함께 칠십을 넘기게 되었다. 누님이 78세로 6·25 동란(動亂)에 화를 당한 지 이미 8년이 되었고 너마저 75세에 몹쓸 병에 걸리어 일어나지 못한 지가 또한 3년이 지났구나. 나도 지금 일흔아홉 나이로 죽을 병에 헐떡거리면서 기거와 대소변 일체를 다른 사람이 도와주고 있다. 곧 죽을 것 같은데 아직도 죽지 않으니, 심하다! 내 생의 지리함이여. 이래서 내가 조석으로 빨리 죽기를 비는 것이다. 돌아가 우리 부모를 구천에서 모시고 누님과 세 누이들과 함께 슬하에 있어 기쁘게 해드리면 오죽이나 좋겠는가. 저 조화아(造化兒)가 일부러 장난을 하여 아직도 나에게 행복을 허락해주지 않으니 이것이 원망스럽다.

슬프다! 너는 타고난 바탕이 완순(婉順)하고 정숙(貞淑)하며 영리하고 민첩하기가 참으로 뛰어났다. 가정에서는 효도와 우애가 지극하고 사람을 대함에 있어서는 어질고 자상하였으며 몸가짐은 한결같이 규중(閨中)의 모범이 되고 일에 임하면 반드시 법도대로 하였다. 그래서 부모님이 더욱 깊이 사랑하시면서, "네가 남자가 되었더라면 비록 나라라도 균형하게 할 수 있을 것이다"라고 하시지 않았던가. 네가 이군(李君)에게 출가한 뒤에 이서방이 어질기는 하여도 수명이 짧았다. 네가 손가락을 잘라 피를 흘려 이서방의 목을 적셨으나 결국 목숨을 구할 수는 없었다. 그때 네 나이 24세, 일점 혈육도 없었다. 맹세코 따라 죽으려 하였으나 집안 사람들이 엄하게 지키어 뜻을 이루지 못했고 복제(服制)를 법대로 하면서도 혹시 남을 놀라게 할까 곡하지 않고 항상 간장으로 울었다. 헝클어진 머리, 손질하지 않은 얼굴로 침문(寢門) 밖으로 한 걸음도 나오지 않고 3년을 하루같이 지냈다. 상(喪)이 끝난 뒤에도 오히려 문을 닫고 깊숙이 지내며 바깥 사람을 한 번도 접촉하지 않아서 시집가지 않은 처녀같았다.

내가 때로 너의 집에 가서 어머님께서 보고 싶어하시는 뜻을 말하고 한 번 근친하여 우울하게 맺힌 회포를 펴기를 권하면, 너는 "어머님께서 내 얼굴을 보시면 더욱 마음 상하실 것이니 근친하지 않는 것이 낫다" 하며 완곡히 사양하였다. 그런지 몇 해만에 비로소 한 번 와서 근친하였다. 너는 어머님을 모시고 한 방에서 거처했다. 나는 손님이 가고 난 뒤 밤이 깊은 때이면 늘 너의 처소에 가서 『소학(小學)』·『내칙(內則)』 등에서 아름다운 말과 착한 행실을 들어 이야기했고 너는 항상 즐겨 듣고 찬탄하였다. 어느 날 밤 어머님께서 너와 함께 예전 열녀(烈女)가 스스로 코를 벤 일을 놓고 이야기하셨다. 그때 내가 양파(陽坡) 정상공(鄭相公)3)이 과부 딸을 시집보낸 일을 들어서 그 전말(顚末)을 이야기했다. 그런데 얘기가 채 끝나기도 전에 네가 홀연히 성을 냈다. "오라버니께서 내 뜻을 빼앗으려고 시험하는 것입니다. 비록 죽더라도, 맹세코 오라버니의 말에 움직여지지 않을 것입니다. 당장 죽은 남편의 집으로 돌아가서 자진(自盡)4)하겠으니 반드시 이 밤에 가마를 차려 나를 보내주시오. 그리하지 않으면 나는 걸어서라도 갈 것이며 오라버니의 집에는 일각도 더 지체하지 않겠습니다" 하며 밤새 성을 풀지 않았다. 날이 밝자 부득이 돌려보냈는데 나도 또한 네 집으로 따라 갔다. 하루를 지내고 돌아가겠다고 했더니 너는 오히려 분연

---

3) 이름은 太和. 孝宗 때 領議政.
4) 스스로 목숨을 끊는다는 뜻.

히 말하기를 "빨리 가고 다시는 오지 마시오" 하였다. 이런 일이 있은 뒤로 내가 네 집에 이르면 너는 "오라버니는 무얼 하려고 왔소 지체하지 마오" 하였다. 나는 머리를 조아리며 위로하고 사과하였으나 너는 귀를 가리고 듣지 않는 것 같았다. 어머님께서 여러 번 편지를 하여 마음을 풀도록 일렀으나 너는 오히려 석연치 않았다.

칠팔 년 뒤 어머님의 병환이 위독함을 알렸더니 너는 비로소 양아들 태환(泰桓)을 데리고 왔다. 어머님께서 "내가 너를 부르는데 병으로 핑계한 것은 너를 반드시 오게 하여 네 오라비와 화해시키려고 한 것이다" 하니 너는 그제야 반갑게 내 손을 잡았다. "어머님의 명이시니 감히 어찌 순종하지 않겠습니까. 내가 오라버니를 원망하는 것이 아니라 내 뜻이 단연코 다른 것이 없음을 보인 것입니다." 나는 흐르는 눈물을 애써 거두었다. "옛날 내가 정상공(鄭相公)의 일을 끌어 말한 것은 실로 너를 잘못 안 것이다. 너의 정백(貞白) 순렬(純烈)한 지조는 비록 예전의 코를 자른 이도 미치지 못할 것이다. 내가 어찌 육단부형(肉袒負荊)[5]으로 동생에게 절하지 않을 수 있겠는가." 어머님께서도 나에게 절하라 하시었다. 너는 감히 못할 일이라고 굳이 사양하여 결국 절은 하지 않고 즐겁게 헤어졌다. 이 일을 돌이켜 생각하니 40년 전이 꿈만 같다. 내가 말하지 않으면 누가 알고 전하겠는가. 슬프지 않을 수 없구나.

지난 기미 광복(光復)운동 때 나는 만국공회(萬國公會)로 보내는 유림(儒林)의 장서(長書)를 가지고 해외로 떠났는데 어머님의 연세

---

5) 어깨를 벗어 알몸을 드러내고 등에 가시를 지고 문 앞에서 사죄한다는 뜻.

는 이미 70이 지나고 세 아이는 아직 어렸다. 늙으신 어머님을 봉양할 다른 형제도 없었다. 이에 네가 돌아와 우리 집에 있으면서 힘을 다하여 봉양하니 어머님께서는 아주 편하게 여기셨다. 이듬해, 어머님이 세상을 버리시고 나는 해외에서 돌아오지 못함에 네가 태환을 데리고 염습 관곽의 제구를 몸소 다스려 절차와 정곡을 다함에 지나침이 있을지언정 모자람이 없었다. 그때에 원근 친척으로 와서 일을 돕는 이들이 놀랍고 어질게 여기지 않는 이가 없었다. 분상(奔喪)도 못한 불효한 자식 나로서는 비록 백번 죽어서 뼈가 가루가 된들 어떻게 이 은혜를 갚겠는가.

내가 대구(大邱) 왜놈의 감옥으로 잡혀오자 너는 손수 음식을 장만하여 하루에 세 번씩 옥문을 찾아왔다. 1년 9개월 동안 한 번도 거르지 않았으니 교활 무례한 원수 왜놈들도 너의 지성에 감탄하여 존경하지 않는 자가 없었다. 내가 대구에서 대전(大田)으로 이감되어 병이 위독하자 너는 수의(壽衣)를 만들어 한 달이 넘도록 울며 옥문을 지키니 옥리(獄吏)도 감동하여 눈물을 감추지 못했다고 했다. 그 뒤 병세가 위급해져서 형집행 정지로 가석방되었는데 얼마 지나지 않아 왜경(倭警)의 구속과 감시가 워낙 심하여 울산 바닷가의 한 절에 칩복하고 있었다. 이때도 너는 자주 찾아왔고 의복과 음식을 보내주기를 그치지 않았다.

내가 어머님 묘소에서 추복(追服)을 할 때에 너는 항상 내 여막 옆에 함께 있었으며 오래도록 떠나려 하지 않았다. 이를 본 산 아랫마을 사람들은 지금까지도 그 일을 말하며 슬프게 여긴다. 이러한 효성과 우애가 모두 천성에서 나온 것이요, 한 가지도 억지로 한 것이 아니었다. 8·15 이후 시속(時俗)의 무리들이 나를 용납하지 않아서 여러 가지 예측할 수 없는 화기(禍機)가 있었고 6·25 뒤에는 천하가 더욱 크게 어지러워졌다. 저 무리들은 항상 나를 없애고자 갖은 애를 썼다. 이때에도 너는 이를 크게 근심하여 매양 편지를 보내고는 산같이 큰 도량으로 그들을 포용하기를 권하였다. 처음부터 네 말에도 일리가 있다고 생각했지만 나의 완고한 성질이 끝내 세상에 숙여들지 못하여 반민(反民) 위유(僞儒)들에 의한 화(禍)가 지금까지도 계속되고 있으니 이것은 내가 늙을수록 더욱 어리석어 너의 말을 받아들이지 않았던 허물이다.

내가 을미(1955)년 겨울 초에 영주(榮州) 장(張)씨의 딸 집에서 병을 조리하고 있는데 갑자기 네가 태환을 데리고 의원을 찾아 서울에 왔다는 말을 들었다. 나는 창황히 서울로 들어와 병상의 너를 만났다. 너는 급히 내 손을 잡았다. "병은 이미 할 수 없이 되었어요 내가 여기 머물러 있는 것은 다만 오라버니를 한 번 만나보고 영결하기 위해서요" 하고는 한숨을 쉬며 차마 놓지 못하였다. 입안에서 겨우 새어나오는 말이 호흡을 가쁘게 하였으나 그래도 죽기를 슬퍼하는 말은 한 마디도 없었다. 며칠이 지나자 너는 태환에게 시켜서 돌아갈 차비를 재촉하였다. 문에서 작별할 때 너는 한참이나 목이 메었다가 겨우 말했다. "사람은 필경 한 번 죽는 것이니 오라버니는 슬퍼하지 마오……"라고.

네가 돌아간 지 한 달이 지나자 부음이 전해왔으니 아, 슬프다. 나는 급히 상차(喪次)로 달려가서 휘장을 헤치고 통곡하니 너의 얼굴은 살아있는 것 같고 감은 눈은 자는 듯했다. 내 불러도 너는 대답하지 않고 내 울어도 너는 말리지 않으니, 죽으면 이처럼 알지 못하는가. 내 어찌 서로 의지하던 동기를 잃은 슬픔에 크게 울지 않겠는가. 또 어찌 내가 아직도 구차히 살아 있음을 슬퍼하며 더욱 크게 울지 않을 수 있겠는가. 너는 남편을 따라 함께 부장(祔葬)되어 평소의 지극한 소원이 여기에 이루어졌으니 편안히 여길지어다. 이것이 내가 너의 죽음을 슬퍼하지 않고 나의 죽지 않음을 슬퍼하는 까닭이다. 내 병은 이미 고황(膏肓)에 깊어 수년 이래로 위가 음식을 받지 않으니 천하의 진미라도 입에 맞는 것이 없다. 혹 하루 이틀을 먹지 않아도 배가 고프지 않아 매양 옆 사람의 강권으로 한두 술 들기는 하지만 목구멍에 내려가지 않는다. 때때로 찬 술 반잔쯤을 마시고서야 그치니 이것이 내가 빨리 죽을 징후이다. 너와 내가 함께 구천에 모여 즐겁게 지낼 것이 이제 아침이 아니면 저녁이다. 아니 나는 이것으로 스스로를 위로하여 저승에서 통지가 오기를 기다리면서 슬퍼하지 않으려 하는 것이다. 너의 영연(靈筵)이 장차 걷히면 내가 너를 곡할 수 있는 것도 오늘 저녁밖에 다시는 없겠구나.

그만이다, 그만이로다! 어둡지 않은 것이 혼령이니 혹시 나의 곡하는 것을 곡하고 나의 슬픔을 슬퍼하고 있는지. 내가 무익한 슬픔으로 길이 간 너의 혼령을 슬프게 하지 않으려 하니 나의 곡도 여기에 그친다. 너는 내 술잔을 기꺼이 받아서 한 번 흠향해 주겠는가. 아! 슬프다. 흠향하기 바란다. (1957년)

비문(碑文)

면우(俛宇) 곽(郭) 선생 신도비명(神道碑銘)

　　대한제국의 사직(社稷)이 망한 지 십 년이 지난 기미(1919)년 봄, 면우(俛宇) 곽(郭) 선생은 전국의 유림을 통솔하여 파리에서 열리는 만국공회(萬國公會)에 글을 보내고 우리 대한의 독립을 공인해 줄 것을 청원하였다. 이로 인하여 선생은 대구 감옥에 수감되었다가 마침내 순국하시니 세계 만국이 놀라며 "천하의 선비가 돌아가셨다"고 기렸다. 그 후 왜로(倭虜)가 섬멸되자 국민들은 한결같이 "선생의 높으신 덕을 비석에 새겨 무궁토록 전해야 한다"면서, 나 창숙에게 선생의 비명을 짓도록 요청하였다. 창숙은 마음으로 "선생은 곧 하늘이고 땅이라, 어찌 대롱[管]으로 들여다보고 표주박 따위로 양을 재어 헤아릴 수 있겠는가" 하고, 정중히 여겨 감히 붓을 들지 못한 지가 오래되었다. 그러나 선생의 문하에 종사하던 여러분들이 잇달아 편지를 보내고, "그대가 지금 늙고 병든 사람인데 이 일을 지체해서야 되겠는가"라고 자꾸만 책망하니, 창숙이 비록 폐인이 되어 누추하지만 의리로서도 끝까지 사양만을 할 수는 없는 일이었다.

선생의 휘(諱)는 종석(鍾錫)이요, 자는 명원(鳴遠)이었으나 뒤에 휘를 도(鋾)로 자를 연길(淵吉)로 고치고, 자호(自號)를 회와(晦窩) 또는 면우(俛宇)·유석(幼石)이라고도 하였다. 곽씨의 본관으로 포산(苞山)이니 정의공 경(正懿公 鏡)이 그 시조이다. 증조의 휘는 일덕(一德)이니 증직이 통훈대부 장례원장례(通訓大夫 掌禮院掌禮)이며, 조부의 휘는 수익(守翊)이니 증직이 통정대부 비서원승(通政大夫 秘書院丞)이요, 부친의 휘는 원조(源兆)이니 증직이 가선대부 의정부참찬(嘉善大夫 議政府參贊)이며 자호가 도암(道庵)인데 문학으로 청망(淸望)이 있었다. 모친은 진양 강씨 주환(晋陽 姜氏 周煥)의 따님과 해주 정씨 광로(海州 鄭氏 匡魯)의 따님이니 두 분이 모두 정부인(貞夫人)이었다. 정씨는 두 아들을 낳으니 선생은 그 둘째로서 헌종 성황제(憲宗 成皇帝) 병오(1846)년 6월 24일에 단성현 사월리 도평(丹城縣 沙月里 道坪)에서 태어나셨다.

선생은 외양부터가 남달라 눈은 마치 샛별 같고 그 빛이 정기롭게 사람을 비추었다. 겨우 말을 할 수 있을 적에 이미 참찬공(參贊公) 곁에 앉아서 마을 사람들이 글을 배우느라 읽는 음구(音句)를 가만히 듣고서 죄다 기억하였다. 급기야 글을 읽기 시작하자 닥치는 대로 신기하게 해득하는 것이 마치 생지(生知)[1]와 같으므로, 보는 이들이 모두 놀라며 "앞으로 이름이 천하에 떨치리라" 하였다.

여덟, 아홉 살에 이미 사서(四書)를 다 읽고 『시경』·『서경』을 읽다가 기년(朞年)·윤월(閏月)에 이르러 그 역수(曆數)를 모두 틀림없이 추산하였다. 12세 때 참찬공의 상을 당하자, 호곡과 예절을 극진히 함으로써 많은 사람들을 감동시켰다. 경오(1870)년에 한주 이 선생(寒洲 李 先生)[2] 문하에 나아가 주리파(主理派)로서의 심학(心學) 이론을 듣고서 「지의록(贊疑錄)」을 지어 올리니 선생이 매우 감탄하여 큰 기대를 걸었다. 경진(1880)년에 모친상을 당하여 예법을 매우 엄하게 지켰다. 밤에도 수질(首絰)[3]과 요대(腰帶)[4]를 벗지 않고 또한 불을 땐 방에 거처하지 않았다. 칠십 리나 되는 먼 거리의 묘소를 매일같이 다니되 호되고 심한 추위 더위와 오랜 장마속일지라도 반드시 아침에 갔다가 저물어 돌아올 뿐, 한 번도 집 밖에서 자는 일이 없었다.

계미(1883)년에는 금강산을 유람했다. 태백산맥의 학산(鶴山)에 이르러 그 곳이 깊숙하여 은거할 수 있음을 보고는 흔연히 터를 닦아 서식할 장소를 마련했다. 그 다음해 가족과 함께 학산으로 이주하였다. 초가 한 간을 얽어 근근히 비바람을 가리고 몸소 쟁기와 호미를 잡아 감자를 심고 도토리를 주워가면서 깊은 산중의 야인 생활을 즐겼다. 대개 세상 꼴이 날로 퇴폐해지고 오랑캐들이 강토에 늘어남을 보고 세상을 피하려는 고답적인 생각에서였다.

갑오(1894)년에 조정의 어떤 대신이 선생을 경국지재(經國之才)로

---

1) 生而知之. 나면서부터 모든 것을 안다는 뜻.
2) 李震相. 이조 말기 영남의 대표적 성리학자로서 心卽理라는 새로운 학설을 제창했음.
3) 상복 입을 때 머리에 두르는 것. 짚에 삼껍질을 감은 테두리.
4) 상복 위에 두르는 허리띠.

추천한 이가 있어 처음으로 벼슬에 임명되니, 이듬해 정월에 비안현감(比安縣監)을 제수한 것이 그것이었다. 그러나 선생은 사양하고 부임하지 않았다. 팔월에 왜병이 대궐을 침범하여 왕후 민씨가 피살되고 황제께서 러시아 공사관으로 파천했다. 그 해 겨울, 향토의 인사들이 의병을 일으켜 적을 성토하면서 그 일을 함께 하기를 요구해왔다. 선생님께서는 시의(時義)를 헤아려 어찌 해 볼 수 없음을 알고 편지로써 공손히 사절했다. 그리고는 동지 몇 사람과 함께 서울로 달려가서 글을 만들어 열국 공관에 포고하여 온 천하에 대의를 밝혔다. 바로 병신(1896)년 봄이었다. 그 해 겨울에 학산으로부터 남쪽으로 내려와 거창(居昌) 가조(加祚)의 다전(茶田)이란 곳에 우거하여 거기에서 여생을 마치기로 작정하였다.

광무(光武) 3년 기해(1899)에 황제께서 조서를 내려 간곡한 말씀으로 불렀으나 선생은 소장(疏章)을 올려 사양했다. 중추원 의관을 제수했으나 부임하지 않았다. 임인(1902)년에 어떤 사람이 여러 고을에 글을 돌려 한주 선생을 극흉(極凶)으로 모함하고 그 문집을 상주(尙州)에서 불사른다기에 동문 여러 사람들이 분개하여 글을 널리 내어서 성토하려 했다. 그때 선생께서는 무도(無道)한 자에게는 대응하지 않는다는 뜻으로 끝

▲ 면우 곽 선생 신도비명

내 변론하지 못하게 하였다. 그 해 겨울에 조정에서는 승훈랑(承訓郎)으로 승진시켜 불렀다. 왜냐하면 황제께서 일찍이 조회에서 탄식하기를, "내가 듣건대 곽 모(某)가 세상에 나오지 않기를 스스로 맹세했다하니 어떻게 하면 불러올 수 있겠느냐" 하자, 참정 신기선(參政 申箕善)이 예로써 부를 것을 아뢴 일이 있었다. 이 때문에 황제의 명으로 관질(官秩)을 올려 통정(通政)을 삼고 비서원승(秘書院丞)에 제수했던 것이다. 선생은 역시 취임하지 않았다.

계묘(1903)년 7월에 황제는 특별히 유시를 내려 비단 네 필을 갖추어서 지방관으로 하여금 선생을 불러오게 하였다. 선생은 '군주의 넉넉한 예를 이처럼 받고도 시종 거절하는 것은 불공하게 여겨지지 않을까?' 생각하고 할 수 없이 길에 올랐다. 수원에 이르러 상소하여 직명을 깎고 예물을 되돌리기를 청했다. 황제는 청은 허락하지 않은 채 도리어 따뜻한 비답을 내려 칙임의관(勅任議官)을 제수하고 또 칙임비승(勅任秘丞)으로 임명했다. 선생은 거듭 상소하여 사양했다. 황제께서 비서랑(秘書郎)을 보내 비답을 내리되 곧 함께 오라는 교시가 있었다. 선생께서는 부주(附奏)를 올려 직명을 사양하면서 야인의 자격으로 나아가 황제 뵙기를 청원하였다.

부주를 무릇 세 번 올린 끝에 황제가 비로소 허락하였다.

8월 28일, 선생이 유건(儒巾)과 도포(道袍)차림으로 함녕전(咸寧殿)에 나아가니 황제께서 정치의 도를 물었다.

"오늘날의 시사(時事)가 어려움이 많으니 어떻게 하면 구제할 수 있겠는가?"

"요순의 정치에서도 서로 전수한 도는 다만, '인심(人心)은 위태롭고 도심(道心)은 미약하니 정(精)하게 하고 한결같이 해야 그 가운데를 잡을 수 있느니라'고 말씀한 것에 불과합니다. 대개 마음은 하나이지만, 인의예지(仁義禮智)와 충효경자(忠孝敬慈)의 공정한 것에 나타나는 것은 도심(道心)이고, 음식의복이나 성색화리(聲色貨利)의 사사로운 것에 나타나는 것은 인심(人心)입니다. 폐하께서는 한 가지 일을 생각하는 과정에서도 반드시 그것이 사사로운 인심에서 나온 것인가, 공정한 도심에서 나온 것인가 그 기미를 살피시어 그것이 과연 도심의 공정임을 아실 때엔 반드시 널리 추진해 나가시고 그것이 인심의 사사로움임을 아실 때엔 반드시 억눌러 끊으십시오. 그렇게 한다면 요순의 정치를 말할 수 있을 것입니다."

"말한 것이 다 절실하고 당연하니 가슴에 새겨 두리라."

선생이 물러나시니 황제께서 사알(司謁)을 시켜 비서원에서 기다리라 하고 음식을 하사했다. 또한 사모(紗帽)·장복(章服)·각대(角帶)·탕건(宕巾)·망건(網巾) 등을 갖춰 옥권(玉圈)에 넣어 오게 하고는 비승 정승모(秘丞 鄭承模)에게 시켜 사모를 씌우고 관복을 입혀서 편전(便殿)에 단독으로 입대(入對)케 하였다.

명령을 전하는 비승에게 선생이 말씀하셨다.

"조금 전에 야인의 복장으로 이미 성은의 허락을 받았거늘 어찌 잠깐 사이에 이같이 강경해질 수 있겠습니까? 그렇다면 야인의 복장을 허락하심은 한때 사람을 묶어놓는 수단에 불과한 것입니까? 임금과 신하가 서로 처음 만남에 어찌 이러한 술수를 써서야 되겠습니까? 의에 맞지 않으므로 감히 명령에 따를 수 없습니다."

비승이 궐내에 들어가 복명하기를 무릇 세 번 하였으나 황제께서 끝내 허락하지 않았다. "내가 지금 문헌(門軒)에 서서 기다리고 있으니 그가 만약 늦게 들어온다면 나는 결코 앉지 않으리라" 하고, 사알을 시켜 세 번이나 그 뜻을 전하니 선생은 하는 수 없이 장복을 입고 들어갔다.

황제께서는 과연 서 있다가 선생을 보고서야 앉았다.

"이제 경의 얼굴을 보니 기쁘기 이루 말할 수 없도다."

"폐하께서 신에게 이처럼 강경하게 하심은 장차 무엇을 하려는 것입니까?"

"나는 어진 사람을 쓰려는 것이다."

"신은 그런 사람이 못됩니다만, 어진 이를 쓰려는 것은 또 무엇을 하기 위해서입니까?"

"장차 나를 보좌하여 국운을 연장하려는 것이다."

선생께서 대답하기를

"신이 지난번 폐하의 유시(諭示)를 읽으니 그 중에 이르시기를, '제갈공명은 후한(後漢)의 복조를 보존했고 정이천(程伊川)은 송나라 원우(元祐)의 정치를 보좌했다'고 하셨습니다. 이 두 어진 신하와 같기를 진실로 바랄 수는 없습니다만, 신이 듣건대 제갈공명은 그 임금에게 '어진 신하를 가까이 하고 소인을 멀리 한 것이 선한(先漢)이 융성하게 된 원인이고, 이와 반대로 소인을 가까이 하고 어진 신하를 멀리 한 것이 후한(後漢)이 퇴폐해진 원인이라' 했으며, 정이천은 송나라 조정에서 '군주가 어진 사대부를 접촉하는 시간이 많고 환관이나 궁첩을 접촉하는 시간이 적으면 옳은 기질을 함양하고 덕성을 길러 나갈 수 있다' 하였습니다. 두 현인이 임금께 충성하고 나라를 도운 것이란 대개 이러한 것에 불과할 뿐이어서, 무슨 신비로운 묘책이 있어 귀신을 겁내게 하거나 사람을 놀라게 했던 것은 아닙니다. 폐하께서 경연(經筵)에 임하지 않으시고 태자가 서연(書筵)을 보지 않은 지가 이미 수십 년입니다. 조석으로 친히 가까이 하는 자는 내정의 환관이나 하천한 무리들뿐이니, 이렇게 하고서도 어진 이가 폐하의 일꾼이 되어 훈도(薰陶)의 유익과 흥융의 공을 이룩해줄 것을 바란다면 또한 잘못이 아니옵니까?"

"이 모두가 사실 나에게 허물이 있으니 낱낱이 지적하여 진술하기를 꺼려하지 말라."

"신이 듣건대, 폐하께서 높게 생각하고 믿는 상대가 도덕과 충성과 옳은 계책과 훌륭한 견해를 가진 자들에게 있지 않고, 방기(方技)·술수(術數)·무고(巫蠱)·복서(卜筮) 따위의 무리에 있다 하니, 모르겠습니다만 고금을 막론하고 과연 이렇게 하고서도 옳은 정치를 한 적이 있었습니까? 또 듣기에 폐하께서는 안팎의 여러 벼슬자리를 임용함에 있어서 그 재능이 어떠한가를 묻지 않고 다만 뇌물이 많으냐를 볼 뿐이라 하니, 이 때문에 자중하는 사군자(士君子)로서 부끄러움을 아는 자들은 서로 이끌어 임하(林下)에 숨어버리고 마부 백정 따위 품위가 천하고 용렬한 무리가 출세하기에 앞을 다투고 있습니다. 이리하여 그들은 양민을 박탈하고 벗겨가니 무고한 백성들의 가산은 탕진되어 혹은 보따리에 혹은 수레에 실려 권세 있는 집으로 들어가지 아니하면 폐하의 사사로운 창고로 들어가고 있습니다. 창고의 돈자루는 썩어서 냄새가 물씬거리는 반면 백성들의 고혈은 이미 탈진하였습니다. 이렇게 하고서도 임금께 충성을 하고 윗사람을 위해 죽어주기를 바랄 수 있겠습니까?"

이때 황제는 무안한 얼굴로, "그렇게까지 되었는가?" 하셨다. 그리고 "태자가 항상 복수하지 못한 것을 뼈아픈 원한으로 여기니 어떻게 하면 좋을까?"고 물으셨다.

"오늘의 형세가 힘의 강약이 너무나 현격하니 잠깐 사이에 이 것을 해결할 수는 없습니다. 혹시 경솔히 움직이거나 잘못 그런 뜻이 새어 나가기라도 한다면 마침내 화를 초래할 뿐입니다. 바라옵건대 폐하께서는 반드시 내정을 단단히 하는 데에 시급히 손을 쓰십시오 국력을 채우고 기른 연후에 국외의 외적을 물리칠 것을 도모해야 합니다. 그렇게 한다면, 거의 적을 쳐서 복수하고자 하는 공을 이룩할 수 있을 것입니다."

그 다음날 의정부 참찬(議政府 參贊)에 임명되자 두 번이나 글을 올려 사양했지만 허락되지 않았다. 9월 3일에 다시 불려 나아가니 황제께서는 "오늘날 급히 시행해야 할 일이 무엇인가. 그대가 그 낱낱을 빠짐없이 진술하라" 했다. 선생이 네 조목을 들어 대답하였다. 그 뒤 사흘만에 황제가 궁내부(宮內府)를 시켜 선생이 거처할 처소를 마련해주고 또 "지난날 밤에 말했던 네 조목을 부연하여 글을 만들어 올려라. 내가 직접 보고서 생각하려 한다"고 명령했다. 선생이 명령을 받은 즉시 차자(箚子)를 갖추어 올렸으니 그 내용의 대략은 이러했다.

첫째, 정학(正學)을 숭상하는 일입니다. 옛날의 성왕(聖王)들이 학교를 세우고 스승을 골라서 가르칠 적에 반드시 강상(綱常)과 덕행을 주로 삼고 거기에다 기술과 예능을 보충했습니다. 그러나 지금 폐하께서 서양 오랑캐들과 교섭하여 눈은 능한 기예에 홀리고 마음은 강한 무력에 놀라서, 석가나 예수를 요순·공자보다도 더 신성하게 여기고 피이터(彼得; Peter)나 나폴레옹(拿侖; Napoleon)을 탕왕·무왕보다도 용맹스럽게 생각하셔서, 사대부를 이끌어 가되 주공·공자의 글을 읽지 않고 공리(功利)의 설에만 다투게 하십니다. 신

(臣)은 생각하옵건대 오늘날의 급무는 선왕들의 가르침을 닦아 밝히는 것입니다. 위로 폐하께서 먼저 사유(師儒)를 예로써 맞이해 몸소 경연(經筵)에 나아가 의리를 강론하고 치도를 물으시며, 또 덕있는 단정하고도 훌륭한 선비를 골라서 동궁(東宮)을 보필하도록 하여 날마다 서연(書筵)을 열어 지혜와 덕행을 기르게 하십시오. 한편 안으로는 성균관(成均館)에서부터 밖으로 지방의 향교와 사사로운 학당(學堂)에 이르기까지 모두 일정한 스승을 두어 옛날의 소학 · 대학 순서에 따라 가르치되 오로지 실행을 숭상하여 이것으로써 시세(時勢)의 방향을 바로잡고 백성들의 풍속을 일으켜야 할 것입니다. 이렇게 한다면 온 사해를 요 · 순 · 주공 · 공자의 교화 속에 몰아 넣을 수 있을 것입니다.

둘째, 백성들의 마음을 결속하는 일입니다. 신은 듣건대, 맹자께서 말씀하기를 "천하를 얻는데 도가 있으니 백성을 얻는다면 천하를 얻을 수 있고, 백성을 얻는데 도가 있으니 그들의 마음을 얻는다면 백성을 얻을 수 있고, 그들의 마음을 얻는데 도가 있으니 하고 싶은 것을 같이하고 하기 싫은 것을 시키지 말아야 한다" 하셨습니다. 바라옵건대 폐하께서는 이제부터 백성들과 가장 가까운 감사와 군수를 뽑되 반드시 공정 청렴하고 자애 근면한 자를 첫번째로 삼아서, 뇌물의 길을 끊고 탐관오리에 대해서는 엄하게 다스리십시오. 이미 선왕대에 정해 둔 세법에 따라 여러 가지 명목의 가혹한 세 부담을 모두 제거하고 다만 정상적인 세입만을 확보하십시오. 이것으로써 국가의 용도를 절제하고 군대와 관리의 봉록을 정하며, 그 밖의 사문에 들어가는 뇌물이나 간사한 관리들의 사기와 착취를 용서 없이 엄벌해야 합니다. 이렇게 한다면 민심은 결속되고 종묘 사직도 보전할 수 있을 것입니다.

셋째, 군사 제도를 정비하는 일입니다. 지금 폐하께서 우리나라가 약해진 것은 오로지 문교(文敎)만을 숭상하고 군사력을 갖추는 일을 소홀히 했기 때문이라고 개탄하셔서, 바야흐로 외국의 새 군사 기술을 도입해 그 전술을 가르치니 점차 한 여단의 적은 군사로써 나라를 중흥시킬 수 있는 형세가 나타나려 합니다. 그러나 가만히 듣건대 군의 급료가 너무나 박합니다. 그들이 부모를 섬기고 처자를 먹일 도리가 없어서 그 목숨을 매매하기에까지 이르니 군기가 소홀해지고 횡포가 늘어나서 함부로 양민을 해친다고 합니다. 무릇 군대란 것은 많으면 백성을 괴롭히고 적으면 군사 노릇을 못하며, 너그럽게 다루면 통솔이 안 되고 지나치게 다루면 흩어지기 마련입니다. 옛날에는 백성들을 열 사람 또는 다섯 사람씩 조직하여 통솔하게 하고서 농한기를 틈타 군사 기술을 가르치고 단련한 뒤 평상시에는 방비에 힘쓰고 서로 도와 환란을 구제하며, 유사시엔 역사(役事)에 종사하고 적군을 몰아내었습니다. 이 때문에 온 국토의 백성들이 다 군사가 되는 것입니다. 지금은 해이해진 나머지 옛날의 민병제도를 회복하려면 갑자기 실행하기가 어려울 정도입니다. 어리석은 신은 생각하건대, 전국에 향약(鄕約)법을 시행하여 열 사람 또는 다섯 사람씩을 단위로 조직하고 모두 농한기에 활과 포 쏘는 기술을 익히게 하되 이정(里正)과 당장(黨長)이 수시로 집합시켜 점검한 뒤 그 성적의 우열에 따라 상벌을 주는 것입니다. 10년을 목표로 차츰 이루어 나간다면 민병제는 그다지 힘들이지 않고도 이룩할 수 있을 것입니다.

넷째, 재용(財用)을 절약하는 것입니다. 신이 듣건대 이재(理財)의 길은 생산하는 자를 늘리는 반면 소비하는 자를 줄이며, 만들어 내는 자가 빨리 하는 반면 사용하는 자가 천천히 쓰며, 절약을 제도화하여 재물을 손상하지 않고 백성을 해치지 않는 것에 불과할 뿐이라고 합니다. 폐하께서 몸소 견백(絹帛)을 입고서 신하들을 거느리신다 하니, 이것이 바로 옛 어진 군주가 검소한 덕을 보여주는 지극한 뜻입니다. 이 마음을 미루어 펼쳐 나간다면 어찌 나라가 부강해지지 않을까를 걱정하겠습니까. 그러나 한편 멀리 다른 나라의 사치스런 물건들을 사들이는데 한 번에 수만금을 소비하고, 궁중의 잔치 놀음으로 한꺼번에 거액을 날려 버리며, 곳곳의 산신제와 불공 등이 천지·종묘에 올리는 정식 제향보다 지나치고, 해마다 토목공사의 비용이 군국(軍國)의 정상 수요보다 더하니, 이러한 것을 과연 그대로 두어서 되겠습니까? 신은 생각하건대 송조(宋朝)의 보배로운 자기도 부셔버리고, 초군(楚軍)의 종과 북도 끊어버리고, 당대(唐代)의 사리(舍利)도 불살라 버리고, 한제(漢帝)의 노대(露臺)도 털어버려야 하며, 그 밖의 지나친 상(賞)들을 절제하고 필요치 않은 벼슬아치는 도태시켜야 합니다. 이와 같이 수입을 헤아려 지출을 하면서 뜻하지 아니한 사태를 미리 대비한다면, 나라를 유지하는 경상비가 여유 있게 되고 군국의 계획에 빠짐이 없을 것입니다.

결국, 앞에 말씀드린 네 조항은 모두가 오늘날의 급무이며, 그것의 근본은 폐하의 마음 하나에 달렸습니다. 군주의 마음은 천하 만사의 근본이 되는 것입니다. 마음의 출발이 공사와 의리의 분별에 있으니, 공이고 의일 경우엔 요순과 같은 군주가 되어 천하 일이 다스려지지 않는 것이 없으며, 사(私)이고 이(利)일 경우엔 걸주(桀紂)와 같은 폭군이 되어 천하 일이 어지러워지지 않는 것이 없을 것입니다. 이러한 것은 다만 군주의 한 생각의 차이에 있을 뿐입니다. 바라옵건대 폐하께서는 맹성(猛省)이 있으시기를……

조금 뒤에 특명으로 홍문관 경연관(弘文館 經筵官)과 시강원 서연관(侍講院 書筵官)에 제수하니 대개 사유(師儒)를 예로써 우대하는 뜻이었다. 선생이 상소하여 사양하고 아울러 하사한 집을 환수해 주기를 청하였다. 다시 두 번이나 차자(箚子)를 올려 왜적을 쳐서 복수할 계책을 진술했으나 황제가 다 살펴보지 못하였다. 선생은 황제의 천성과 자질이 선정(善政)을 할 수 있는 줄은 알겠으나 외화(外禍)에 겁나어 그 힘을 강경하게 실행하기에 어려움이 있는 것을 보고는, 드디어 산중으로 돌아갈 것을 결심했다. 「경연잠(經筵箴)」, 「서연잠(書筵箴)」을 지어 올림과 동시에 상소문을 갖춰 스스로 개탄하고 비답을 기다리지 않은 채 돌아왔다.

갑진(1904)년에 왜적의 조정은 사신을 보내어 우리 적신(賊臣)들을 회유하여 조약을 체결하니 이름해서 한일의정서(韓日議政書)였다. 선생이 상소하여 그것을 치니 그 대략은 이러했다.

국가의 존망은 오직 대의가 드러나느냐 어두워지느냐에 달렸고, 이웃 나라 사이의 우호 관계 또한 당연히 대신(大信)에 서로 의지해야 하거늘, 어찌 신의를 생각하지 않고 서로가 억지 수작을 할 수 있겠습니까? 저 삼포오루(三浦梧樓)의 무리가 우리나라 역신과 결탁하여 감히 을미(1895)년의 변을 일으켰다가 광도(廣島) 재판에서 사실이 드러나자, 왜적이 거짓으로 변명하고, 또다시 우리나라 역신들과 짜고서 우리 국왕의 헌정을 시행하지 못하게 하였습니다. 오늘날 우리 대한을 위한 계획으로선 먼저 대의로써 왜적의 사신을 깨우쳐 그로 하여금 오루(梧樓) 및 범래(範來), 두황(斗璜) 등 도적들을 묶어 보내서 죽음을 받게 한 연후에야 겨우 원수를 갚고 평화적 관계를 의논할 수 있을 것입니다. 그렇게 하지 않고 이 세상에 망하지 않을 나라는 없습니다. 원수들에 아첨하여 생존하는 것보다는 차라리 의를 행하다가 망하는 것이 편안하고도 상쾌한 일이라 하겠습니다. 삼가 비옵건대, 신의 이 글을 왜적에게 보내고 만국에 선포하여 천하의 공정한 의논을 들으십시오. 혹시 이것으로 인해 적들의 노여움을 사게 된다면, 신의 몸뚱이를 가루로 삼는 한이 있더라도 원망하거나 후회하지 않겠습니다.

10월에 유시를 내려 급히 불렀으나 선생이 상소하여 사양했다. 다시 내정을 닦고 외적을 물리치는 대의를 거듭 밝힘에 선생의 그 말씀이 매우 간절했지만, 비답이 없었다. 을사(1905)년 10월 왜적이 우리나라에 사신을 보내 보호조약(保護條約)을 정하려 하는데, 우리 적신(賊臣)들이 화를 부채질하여 그 일이 매우 급박하다는 소식이 있었다. 선생이 차자를 갖춰 급히 올렸으니, 그 대의(大意)는 보호라는 이름을 단연코 거절하고, 적국의 본체를 정확하게 밝혀서, 강경한 태도와 필사(必死)의 뜻을 보일 뿐, 겁을 내어 당황하지 말고 집중되는 만국의 이목에 대답해야 한다는 내용이었다.

그 달에 수사(修使) 이토오 히로부미[伊藤博文]가 과연 와서 억지로 보호조약을 체결하였다. 선생이 생각하기를, 군부(君父)가 급한 일이 있으면 달려가서 묻는 것이 의(義)라 하고, 그 날로 출발하면서 사람을 시켜 상소문을 먼저 가게 했으니 그 대략은 이러했다.

어리석은 신은 생각하옵건대, 폐하께선 지금이라도 당장 현명한 판단을 내리고 결정적인 명령을 선포하시어, 이완용(李完用)·박제순(朴齊純)·이지용

(李址鎔)·이근택(李根澤)·조중현(趙重顯) 등 역신들의 머리를 고가(藁街)에 매달아 매국노에게 내리는 당연한 형벌을 바르게 집행하십시오. 여러 나라 공관에 성명을 내어 크게 담판을 열어서 천하의 공법으로 단죄하여 거절하십시오. 이것을 잠시라도 늦추시면 안될 일입니다. 혹시 우물쭈물 구차히 시간을 기다린다면, 폐하께서 비록 스스로 안전하려 해도, 장차 안남왕(安南王)[5]의 지위에 떨어질 것이며 청성오국(靑城五國)[6]이 차례로 눈앞에 다가올 것입니다. 저 왜적은 원숭이같은 거짓말과 여우같은 속임수로 맹약을 깨뜨리고 신의를 저버려 그 사기 술법이 무궁한 자라, 오늘의 감언이설이 곧 내일에는 독이 되는 것입니다. 삼가 바라옵건대 폐하께선 우리 2천만 동포와 함께 종묘·사직을 위해 죽을 것을 각오하고, 천경지위(天經地緯)를 위해 살아있는 한, 왜적의 신하나 포로가 되지 않을 뿐입니다.

11월에 성문에 들어가 상소하여 입대(入對)하기를 청하고 사흘 동안 기다렸으나 비답이 내리지 않았다. 구례(舊例)에 의하면, 경연(經筵)의 신하가 입대하기를 청한 지 사흘이 되어도 명령을 얻지 못할 경우엔 성밖으로 나가서 대죄(待罪)해야 하는 것이다. 부득이 물러나 교외에서 기다렸다. 또 사흘이 지난 뒤에 다시 상소하여 돌아갈 것을 고했다. 옥천(沃川)에 이르렀을 때, 비로소 비답이 내려 급히 들어오라는 유시가 있었음을 전해 듣고는 상소로서 진술하니 그 대략은 이러했다.

오늘날의 사세가, 비록 신으로 하여금 폐하 앞에서 할 말을 다하게 하더라도, 전에 상소하여 진술한 그것과 다를 수 없습니다. 나라를 팔아먹은 도적놈을 베어서 황제의 헌장을 엄숙케 하며, 협박으로 체결된 조약을 무효화하고 정권을 바로잡으며, 열국에 성명을 내어 공법으로서 해결할 뿐입니다. 만약

---

5) 불란서 식민지가 된 안남에 형식적인 王位만 존속되어 있음을 말함.
6) 宋의 徽宗, 欽宗이 金나라에 포로가 되어 五國城에서 죽게 됨.

이렇게 해서도 되지 않을 경우엔 유심(劉諶)[7]과 같이 부자와 군신이 모두 성을 지고 싸워 함께 사직을 위해 죽어야 함이 있을 뿐입니다. 무릇 이것은 모두가 폐하께서 스스로 주재하여 호령하시는 데에 달렸습니다. 위령(威靈)의 발동에는 귀신도 빛을 변하기 마련이라 하니, 이래서 살게 되면 지극히 다행이고 죽어도 큰 영광일 것입니다. 새 조약이 이미 협정되었으니 조약을 준수하지 않을 수 없다 하여, 황실의 존엄이 구차하게도 가히 일시적으로 편안하려 한다면, 놈들이 이 땅에 몰려와 매국의 도적들과 함께 조정의 대열에 서고 놈들의 이른바 통감(統監)이라는 자 밑에서 분주히 일하게 된다면, 신은 비록 나약한 인간이나 결단코 폐하의 명령에 따르지 않을 것입니다.

마침내 낙향하여 거창객사(居昌客舍)에 나아가 거적자리를 깔고 기다리다가 그 이듬해 정월에 비답을 받고서야 집에 돌아왔다.

경술(1910)년 8월 나라가 망하니, 선생은 이 변을 듣자 통곡하고서 문을 닫은 채 빈객을 사절하고 집안 일도 들으려 하지 않으셨다. 다만 후생들 중에 뛰어난 수재가 배우기를 청할 경우, 이것만은 거절하지 않았다. 무오(1918)년 겨울에 태황(太皇)께서 승하하니 선생이 부음을 듣고서 망곡례(望哭禮)를 행하고 법전에 의거해 참최(斬衰)[8]복을 입었다.

기미(1919)년 봄, 바야흐로 세계 열국들이 법국(法國; 프랑스) 서울 파리에서 평화회의를 연다는 것이었다. 선생은 이 기회를 놓칠 수 없다 하고 유림을 대표하여 글을 만국 공회에 보내 우리 대한의 독립을 인정해 줄 것을 요청하였다. 얼마 가지 않아 일이 탄로되어 왜적이 선생을 대구 감옥에 가두고 모질게 심문하였다. 선생은 사리에 의거해 꾸짖고 나서 "내가 죽을 곳을 얻었으니 힐문하지

---

7) 三國時代 蜀의 後主 아들, 나라의 멸망으로 자살함.
8) 부친상에 입는 상복.

말라" 하셨다. 드디어 2년형을 선고받았으나 6월에 병이 심해 출옥하여 8월에 운명하셨다. 집안 일에는 한마디도 언급하지 않고 다만 "긴 밤이 새지 않으니 내 눈을 감을 수 있겠느냐" 하고 제자들을 돌아보셨다. "군자는 모름지기 만세를 위해 계획해야지 한 때를 위해 힘써서는 안 된다. 너희들은 깊이 기억하거라" 하시고 바르게 눕힐 것을 명한 뒤 이내 숨을 거두셨다. 그때가 24일 임인(壬寅) 사시(巳時)이었고 향년 74세이셨다.

문인들이 초상을 치르는데 유복(儒服)으로 염(殮)하고 명정(銘旌)에는 징사(徵士)⁹⁾라고만 쓰고 벼슬도 쓰지 않았으니 선생의 유명(遺命)을 따른 것이었다. 처음에 가조 문재산(加祚 文載山) 선영 곁에 안장했다가 6년 후 겨울에 가서방 율리 모덕산(加西坊 栗里 慕德山)의 서쪽 언덕에 이장하였다. 부인은 삭령 최씨(朔寧 崔氏) 익상(益祥)의 따님으로 증직이 숙부인(淑夫人)이며 외딸을 두어 노정용(盧正容)에게 출가시켰다. 후취 부인은 진성 이씨(眞城 李氏) 호문(虎文)의 딸이고 역시 증직이 숙부인이니 두 아들과 한 딸을 두었는데, 아들로서 맏이 전(澶), 둘째가 정(㴳)이고, 딸은 임유량(林有樑)에게 출가했으며, 손자·손녀가 몇 있다.

아! 선생은 하늘이 주신 생지(生知)의 자질로서 겨우 말을 할 때부터 이미 신동이란 이름이 있었다. 15~6세 때에 벌써 스스로 분발하여 생각하기를, "온 천하의 일이 다 나의 성분이 당연히 할 일이라. 그 이치를 궁구하지 않을 것이 없다" 하고는, 드디어 제자백가를 죄다 섭렵하였다. 한편 야사[稗乘]·이서(異書)·음양(陰陽)·방

---

9) 山林處士로서 국왕의 부름을 받은 이. 徵君이라고도 함.

기(方技)·의약(醫藥)·복서(卜筮)·사장(詞章)·과문 등류에 이르기까지 그 원인 결과와 이해득실을 탐색하지 않은 것이 없었다. 그리고 나서야 말씀하기를 "어찌 성현의 글이 아닌 것을 힘쓰랴" 했다. 날마다 수사낙건(洙泗洛建)[10]의 서적을 취하여 단정히 앉아 읽은 지 몇 해만에 드디어 크게 깨달아서 "도가 바로 여기에 있구나" 하였다. 마침내 그 옛날의 것을 모두 버리고 오로지 마음의 내면을 향하는 학문에 뜻을 두어 바로 요순 이래 공자·맹자·주자·이퇴계 등 여러 성현들이 서로 전수한 심법(心法)의 진리를 힘써 연구했다. 비로소 우리 유가의 심학(心學)이 분명히 주리(主理)로 하여 이치를 밝히는 데에 있고, 만세의 치란(治亂)도 역시 여기에 있음을 믿게 되었다. 그리고는 그 스스로가 심학 주리의 뜻을 얻어서 한주(寒洲) 이 선생에게 나아가 바로 잡았다. 이 선생이 놀라면서 말씀하기를, "지금 천하가 크게 어지럽고 기학(氣學)이 한창 날뛰는 이때에 그대를 얻었으니 우리 도의 다행한 일이로다" 하였다. 이 선생이 일찍이 이학(理學)에 깊이 깨달아서 마음이 곧 이치[心卽理]라는 학설을 주장해왔지만 다른 사람은 대개 알아듣지 못했는데, 비로소 선생과 함께 그 논리의 대지(大旨)를 강론함에 있어서 새로 깨치는 것이 없지 않았지만 그 귀결처에 가서는 서로 일치하였다.

선생은 세상 선비들이 본원을 깊이 탐구하지 않는 채 다만 말하고 듣는 것에 힘써서 입에서 나와서는 귀로 들어갈 뿐, 끝내 실용이 없음을 안타깝게 여겨서, "우리 유가에서 이치를 밝히는 학

---

10) 孔·孟·程·朱의 居住地名을 인용해 부른 것.

이 높고 먼데 있지 않으니 마땅히 평이한 곳에서 구해야 할 것이다" 하였다. 대개 선생이 학문을 하는 것은 어려서부터 늙을 때까지 언제나 조심하고 경계하고 두려워함에 신심성정(身心性情)의 미묘한 것에서 밖으로는 이륜예악(彝倫禮樂)의 명교(名敎)와 널리 천지・귀신의 정상변화(情狀變化) 및 고금 인물의 치란득실(治亂得失)에 이르기까지 밝게 연구하여 체득하지 않은 것이 없었다. 특히 치지궁리(致知窮理)[11]와 거경역행(居敬力行)[12]과 존차리순차리(存此理循此理)[13] 등 실천에 있어선 잠시라도 게을리 한 적이 없었다. 선생이 평상시에 단정히 무릎 꿇고 앉아 계시는 모습을 바라보면 마치 외솔나무가 절벽에 서있는 것처럼 우뚝하여 범접할 수 없을 듯하고, 가까이 가서 대하면 순수한 술을 마신 것처럼 화기에 넘친 빛으로 웃음을 띠어 친근감을 느끼게 된다. 선생 자신에 대해서나 가정에서의 규율의 척도는 마치 칼로 자른 듯하지만, 엄격하되 거세지 않고 화합하되 흐리지 않았다. 거적문은 풍우를 가리지 못하고 나물죽은 조석을 잇기가 어렵지만 처자들은 이를 걱정하지 않았다. 사람을 대하거나 사물을 접함에 있어선 귀하고 천함과 잘나고 못남을 가리지 않고 한결같이 충신(忠信)으로 임하며, 다른 사람의 선한 일을 보면 자신이 한 것처럼 기뻐하며 남을 먼저 찬양해 주고, 다른 사람의 불선(不善)한 일을 보면 의에 비추어서 면전에서 충고할 뿐, 일체 남에게 말하지 아니하였다. 수기치인(修己治人)[14]

11) 사물의 이치를 연구하고 知覺을 넓힘.
12) 성실・순수한 마음으로 실천에 힘씀.
13) 마음속에 항상 眞理를 지니고 行動할 때 항상 진리를 따름.
14) 자기 몸을 수양하고 남을 다스림.

의 범절이 이와 같이 독실하고 신중하였다.

대개 젊으실 때부터 나라의 훌륭한 인물이 될 덕망이 있었으므로, 사람들이 모두 한번 세상에 나아가 민생들을 구제해 줄 것을 기대했다. 그러나 선생은 나라의 형세가 이미 기울어짐을 보고 혼자 힘으로는 바로 잡을 수 없을 것을 알고서 산림 속에 숨어 살기로 결심하셨는데, 군주의 유시가 여러 번 내리고 폐백이 문에 닥치니 부득이 한번 나가서 명령에 응하고는 좋은 벼슬도 사양하고 하사한 집에도 거처하지 않으셨던 것이다. 나가서 처하고 사양하고 받음에서 오직 의만을 본 것이 이와 같았다. 그 네 조목으로 된 차자(箚子)를 보면 경국제세(經國濟世)의 바른 법이 갖추어져 있고 경연(經筵)·서연(書筵)의 두 잠(箴)을 보면 존심출치(存心出治)하는 천도(天道)가 다 그 속에 있었다. 종묘 사직이 이미 망함에 이르르자 국치를 씻기로 맹세하고 한번 죽어 나라 은혜 갚을 생각으로 감옥살이를 마치 자기 집의 이부자리와 같이 보았으니, 그 쌓고 쌓은 경륜과 일월처럼 빛나는 충의가 이와 같은 것이었다. 지식은 가히 만물을 두루 파악할 만하고, 재주와 도량은 온 나라를 고르게[均] 할 만하고, 도덕과 학문은 백세의 모범이 될 만하고, 기풍과 절개는 천하를 움직일 만하였다. 누항(陋巷)에서의 궁한 생활은 안연(顔淵)15)과 같고, 위학(僞學)이라는 공격을 받음은 회암(晦菴)16)과 같고, 강학에 숨어 삶은 김화(金華)17)와 같고 감옥에서 죽음은 신공(信公)18)과 같았으니 그 천명을 알아 즐거이 살아감에 있어서 어딜

---

15) 孔子의 제자. 누추한 골목에 살면서 安貧樂道함.
16) 朱子의 號.
17) 宋나라가 망한 후 벼슬하지 않고 講學에만 전념한 金仁山을 가리킴.

가나 다 자유롭고 자족함이 이러한 것이었다.

아! 당초 하느님이 선생을 낳으신 것은 무슨 뜻이며 끝끝내 선생을 궁하게 하신 것은 또 무슨 뜻이었던가? 우리 도의 운명일까. 하느님께 물어볼 수 있겠는가? 지금 선생이 남기신 문집 100여 권이 세상에 있어서 선생의 도는 백세 뒤에라도 의혹됨이 없을 것이니 내 어찌 또 도가 행해지지 않을까를 원망하랴. 창숙도 선생의 문하에서 자라났건만 자질이 우둔하여 배워서도 능하지 못한 것으로 해서 부끄러움이 많았다. 창숙이 선생의 명령을 받들어 유림장서(儒林長書)를 가지고 해외에 갈 적에 선생께서는 "이 일은 우리 도를 천하의 모임에 크게 선포하는 것이다. 네가 이미 천하의 일을 맡았으니 힘쓸지어다"라고 하셨는데, 지금도 선생의 그 말씀이 귀에 들리는 듯하다. 나이가 80에 폐물이 된 내가 지업(志業)은 이룩하지 못한 채 한갓 선생님이 부탁하고 기대하신 뜻을 저버리기만 했으니 장차 어떻게 선생님을 지하에서 뵙겠는가? 이제 신도비를 세움에 있어서 내가 천루하고도 글에 능치 못하여 선생님의 성덕을 충분히 발천하여 천만세에 남겨 썩지 않게 하지 못함을 더욱 송구스럽게 여기면서, 감히 다음의 명(銘)을 붙여둔다.

동방의 이학(理學)은 퇴계가 조종이고 그 뒤를 이은 이가 한주(寒洲)인데, 깨달으신 선생께서 정통을 받아 주리(主理)를 마음으로 체득하셨도다. 온 세상의 주기(主氣)자들이 이치를 밝게 보지 못하여 뭇 입으로 떠들기만 하더니 이때 선생이 주리의 맹주가 되어 주자·퇴계에 귀결을 지으셨도다. 백 갈래로 분분하던 논란이 비

18) 宋의 충신 文天祥. 元兵에 잡혀 柴市에서 殉節함.

로소 하나에 통합하고 성현의 말씀으로 증명하게 되었도다. 위대하신 선생이여, 바른 학을 붙드니 그 공이 유림에 넓고, 탁월하신 선생이여, 도와 덕이 높으니 그 명성이 궁궐에 들리었도다. 황제가 숨은 이를 찾아 여러 번 유시를 내리고 폐백이 문 앞에 닥치니, 선생도 어쩔 수 없어 곧 베옷을 거둬 잡고 어전에 나아가 머리를 숙이시다. 당황하지 않고 사사롭지 않고 간곡히 아뢴 그 말씀이 바로 요순의 심법인데, 이 마음이란 위태롭고 가늘어서 한 생각의 결정에 따라 요(堯)도 되고 걸(桀)도 되는 지라, 임금께서 정치에 뜻을 두어 왜적을 물리치려 하면 먼저 그 마음을 바르게 하고, 마음이 바르게 되면 백성들을 보호하기 위해 먼저 탐관오리를 베도록 하옵소서. 황제께서 말씀하시기를 "종석아, 네 말은 옛 교훈 그대로다. 마땅히 급무부터 진술하라." 선생께서 시골로 돌아와 "슬프도다. 나라가 기울어진들 도가 없어질 건가. 주자·퇴계의 글을 읽으매 도가 여기에 있으니 죽음으로써 지키리라" 하였다. 기미년 민족 운동에 앞장서다가 투옥되어 죽을 곳을 얻었도다. 파리에 보낸 장서 한 통 백주에 우뢰가 울듯하여 만국이 한꺼번에 놀라게 되었도다. 온 나라 사람들이 함께 부르짖기를 "우리 유림의 태두이고 우리 민족의 부모이시라. 왜놈에게서 벗어난 것이 그 누구의 힘일까. 만세의 공적이로세" 하였다. 선생의 학은 하늘과 인간을 투철히 보았기에 미세한 데까지 다 이르렀고, 선생의 도는 충(忠)과 서(恕)로써 일관했기에 누구든지 다 볼 수 있고 선생의 덕은 만물을 다 소생시키니 봄바람에 때맞은 비 같도다. 선생의 업은 그 대개를 간추려 보면 나머지는 생략해도 좋으리라. 내가 선생을 생각할 때 하늘 같고 바다 같아서 감히 헤아릴 수 없으며 다만 우러르고 바라보니 곧 니구(尼邱)이고 교악(喬嶽)이라, 만고에 우뚝하도다.

안중근의사(安重根義士) 숭모비(崇慕碑)

"천하의 의사로선 안중근보다 더 높은 이가 없고 남방의 명승지로서는 무등산보다 더 나은 곳이 없다"는 말을 나는 들었다. 이제 온 나라의 인사들이 모여 의논한 끝에 무등산 밑 광주농원 위에 비석을 세우고 의사의 열렬한 공적을 표하는데, 그 전면에 크게 쓰기를, "유한의사 안공 중근 숭모비(有韓義士 安公 重根 崇慕碑)"라 하여 길이 만세에 알려 두나니, 아! 거룩하기도 하다.

의사는 성은 안(安)씨, 본관은 순흥(順興)이고, 중근(重根)은 그 이름이며, 자는 응칠(應七)이니, 태어날 때 그 가슴에 일곱 사마귀가 있었기 때문이다. 그 선대 때 황해도 해주(海州)에 살면서 고을 아전[州吏]을 지냈다. 부친 태훈(泰勳)은 글을 읽어 국자생(國子生)이 되었는데 사람됨이 영웅적이고 호걸이어서 기모전략(奇謀戰略)을 좋아하더니, 동학란을 당하자 군사를 일으켜 쳐부수었다. 의사 또한 천품이 호방하여 젊어서부터 활 쏘고 말타기를 좋아했다. 말위에서 날아가는 새를 쏘아 떨어뜨리기가 일쑤였다. 그 부친을 따라 동학당을 칠 때에도 항상 선봉이 되어 공을 세웠으니 그때 나이가 18세였다. 의사가 일찍 큰 뜻을 품어 강개히 말씀하기를, "국가에서 문(文)만을 숭상해 약해졌으니 이제 무(武)를 숭상하여 구제해야 할 것이라" 했다. 두루 국내를 돌아다니면서 호걸들을 많이 규합하는 한편, 좋은 무기를 보면 사서 모으기도 했다.

광무 8년 갑진(1904)년에 러일전쟁이 일어나 일본이 승리함으로써 곧 우리 대한을 침범하여 국권을 탈취하려 했다. 을사(1905)년에는 왜놈의 사신 이토오 히로부미[伊藤博文]가 무기를 허리에 찬 채 궐내에 들어와서 역적 이완용(李完用) 등과 짜고 황제를 협박하여 다섯 가지 조약을 체결하기에 이르렀다. 의사가 그 부친께 "나라가 곧 망할텐데 우리와 안팎이 될만한 나라로선 중국뿐이니 원컨대 중국에 가서 그 곳의 인물들과 교섭하여 나라 유지할 방법을 도모해야 하겠습니다"고 청하였다. 중국으로 가서는 북경, 상해 등지를 두루 다녔다. 얼마 뒤에 아버지의 부음을 듣고 돌아오니 그 때는 이토오 히로부미가 이미 통감이 되어 우리를 통치하는 판이었다.

의사는 부친의 장례를 끝내자, 온 가산을 통틀어 평양 성중에 학교를 세워서 영재를 육성하였다. 한편 해서(海西)의 김구, 평양의 안창호 두 선생을 따라 천하 일을 강론하면서 매우 친하였다. 때로는 안창호 선생과 함께 평양에 들어와 서북학교 등 여러 학생들을 집합시켜 현실 국가의 위망(危亡)한 상태를 뼈아프게 연설하여 사기를 불러 일으켰다.

정미(1907)년에 이토오 히로부미는 광무황제를 협박하여 선위(禪位)하고 중앙과 지방의 군사들을 해산시켰다. 의사가 분개하여 회복할 것을 생각해 보았지만, 국내에서는 발붙일 땅이 없었다. 마침내 북쪽, 러시아의 해삼위(海蔘威; 블라디보스톡)로 갔다. 그 곳의 많은 교포들 중에 일을 같이할 만한 호걸이 있으리라는 생각에서였다. 마침내 김두성(金斗星)·우덕순(禹德淳) 등 여러 장사를 만나 손가락을 깨물어 나라 찾기를 맹세하고 충의로서 교포 대중을 격려했다. 1년이 못되어 용사 3백여 명을 얻어서 전술을 가르치는데, 김두성을 의병대장에 추대하고 의사 자신은 참모중장(參謀中將)이 되었다. 그 이듬해 군사를 이끌고 압록강을 건너 경흥군(慶興郡)에 들어가서 왜놈의 수비병을 습격해 5백여 명을 사살했다. 다시 회령(會寧)으로 진격했으나 왜적의 큰 부대를 만나 의병대의 전열은 거의 무너지고 의사와 김두성·우덕순 등 몇 사람이 겨우 빠져나와 해삼위로 돌아왔다.

이때 이토오 히로부미는 "한국은 이미 얻었으니 나아가 중국을 도모하리라" 하고 만주 유람을 핑계삼아 러시아·영국 두 나라의 대신과 합이빈(治爾濱; 하얼빈)에서 회담하기를 약속했던 차였다. 의사가 이것을 듣고 빨리 하얼빈으로 달려가 우덕순을 만났다. "우리 대한을 망친 자가 바로 이토오 히로부미가 아닌가. 하늘이 이 도적놈을 보내주시니 기회를 잃을 수 없겠구나. 부디 그대와 일을 함께 도모하자" 하니 덕순도 이에 응락하였다. 이날 밤에 여관에 있으면서 강개히 시 한 수를 지었다.

"대장부 한 세상에 처하여 품는 뜻 용감히 하리. 시대가 영웅을 만드는가, 영웅이 시대를 만들지. 겨울 바람이 차가와도 나의 피는 뜨겁도다. 강개히 한 번 갈진댄 반드시 쥐도적을 무찌르리라. 우리의 동포들이여, 이뤄야 할 큰일을 잊지 마시오, 만세, 만세, 대한독립만세!"[19]

---

19) 丈夫處世兮 蓄志當奇 時造英雄兮 英雄造時 北風其冷兮 我血則熱 慷慨一去兮 必屠鼠賊 凡我同胞兮 毋忘功業 萬歲萬歲 大韓獨立萬歲.

덕순도 항간의 노래로써 회답하였다. 의사가 기회를 엿보다 이
토오 히로부미가 도착할 시기를 탐지하였다. 당일 날 이른 새벽에
양복을 입고 권총을 품에 감추어 정거장에 나가 러시아 군대 뒤에
서서 기다렸다. 이토오 히로부미가 차에서 내려 러시아 대신과 악
수하고 인사를 끝낸 후, 천천히 각국 영사들이 있는 쪽으로 걸어
왔다. 의사와의 거리가 열 걸음도 채 못되게 가까워지자 의사가
곧 군대를 헤치고 뛰어들며 권총을 세 발을 쏘았다. 총탄은 이토
오 히로부미의 가슴을 명중시켜 그 자리에서 즉사하게 했다. 잇따
라 그 수행자들을 향해 쏘니 세 사람이 한꺼번에 거꾸러졌다. 이
에 의사가 두 손을 번쩍 들고 "대한독립만세"를 큰 소리로 외쳤다.
러시아 군대가 달려들어 체포하거늘, 의사가 크게 웃으면서 "내가
도망갈 사람이냐?"고 하였다. 처음은 러시아 군영에 수감되었다가
한 달만에 여순옥(旅順獄)으로 옮기니 이때부터는 왜놈들의 주관이
었다.

그 해 12월에 공판이 열리는데, 이보다 앞서 왜놈의 법원장 진
와(眞鍋)라는 자가 여러 번 사람을 시켜 옥중에 와서 교묘한 방법
으로 유도하여 자수하도록 권유했다. 의사가 통절히 꾸짖기를,
"이토오 히로부미의 큰 죄악은 온 천하가 다 아는 바다. 누구라
도 그를 죽일 수 있겠거늘 너희들이 나더러 거짓 해명을 하라는
것이냐?" 하고, 조금도 굴하지 않았다. 재판정에 끌려나가서도 기
상이 훤칠하고 정신이 차분하니, 이때 동서양 각국 사람이 모여
들어 관람하는 자가 마치 담을 둘러치듯 하였다. 재판장 진와(眞
鍋)가 심문하기를, "어째서 우리 이토오 히로부미공을 살해했느
냐?" 의사가 큰 소리로 꾸짖으며 답했다. "이토오 히로부미의 죄

는 위로 하늘에까지 닿았으니 만 번 죽이더라도 오히려 남은 죄가 있으리라. 음모로 우리 명성황후(明星皇后)를 죽이고 함부로 우리 광무황제(光武皇帝)를 폐위시키고, 우리의 대한독립을 방해한 것이 특히 그 큰 죄다. 이러한 것은 우리로서 만세토록 반드시 갚아야 할 원수이다. 뿐만 아니라 너희 나라 선황제(先皇帝)까지 죽였으니 너희 나라에도 큰 역적이 아닌가. 이 놈은 참으로 천하의 공공연한 죄인이다. 나는 동양평화를 위해 이 도적놈을 제거했으니 천하 만세에 떳떳이 말할 수 있다. 나는 죽는 것을 조금도 한스럽게 여기지 않는다." 의사의 말씀이 여기에 이르자 음성과 기백이 함께 떨치고 눈빛이 번개처럼 번쩍이니 참관하던 자가 모두 혀를 휘두르면서 장하게 여기었다. 무릇 여섯 차례 공판에 시종 한결같은 대답이고, 수감된 지 2백여 날 동안 음식 자시는 것이 평상시와 같으며, 밤이면 코를 골면서 먼동이 틀 때까지 주무셨다. 왜놈들이 결국 사형을 선고하고 교살형을 집행하니 그때가 바로 경술(1910)년 3월 26일이었다. 사형이 집행되던 날 양복을 벗고 새로 마련한 한복 차림으로 태연히 형장에 나갔으니 그 출생하신 기묘(1879)년으로부터 32년 뒤이다. 사형의 마당에 두 아우 정근(定根)·공근(恭根)을 불러 마지막으로 "내가 나라의 원수를 죽이는 일을 달성한 것은 하늘의 도움이라, 나는 죽어도 통쾌하다. 나의 뼈를 거둬서 우선 하얼빈[治爾濱] 공원 옆에 묻어두었다가 국권이 회복될 때까지 기다려라" 하고 가정 일에는 한 마디 말씀도 없었다. 의사께서 평소 학문을 그다지 힘쓰지는 않았으나 총명이 남보다 뛰어나서 붓만 들면 빨리 글을 쓸 수 있었으니 옥중에서 저술한 『동양평화론(東洋平和論)』 수만언(數萬言)과 그밖에 읊은 시, 서찰 등을 외국인들이 서로 전해 외우고 그 유묵을 사 들여 보배로 여기는 이가 많았다.

아! 옛날 문천상(文天祥)이 말하기를 "공자는 인(仁)을 이룩할 것 을 강조하고 맹자는 의(義)를 취할 것을 강조한지라. 그 의를 다하 는 그것만이 곧 인에 이르는 바이다"라고 했으니, 지금의 안의사 가 바로 그러하였다. 우리들이 왜놈에게서 벗어난 것이 사실 의사 의 덕택이니, 대한이 있는 한 천만세에 어찌 잊을 수 있겠는가. 이 제 이 비석을 세우는 일은 전남 사람으로부터 시작되어 전국이 호 응해서 이루어진 것이요, 그 비석에 기록하는 자는 앉은뱅이 늙은 이 김창숙이다. 다음 명(銘)으로써 공언한다.

> 옛날에 문승상(文丞相)이 있었고 지금엔 안장사가 있도다. 시시(柴市)에 푸 른 피 흐르고 하얼빈엔 긴 무지개 뻗쳤도다. 긴 무지개 푸른 피에 이어지니 바른 기운 연결되어 죽지 않았네. 아! 천백세 후인들이여, 길이 길이 이 두 분 을 함께 우러러 볼지어다.

성재(省齋) 이시영(李始榮) 선생 해상기념비(海上記念碑)

대한이 광복되어 새 정부를 수립한 지 4년 신묘(1951)년에 그릇 된 사조가 범람하고 소인들이 정권을 마구 휘둘러 국사가 위태 롭게 되었다. 당시 부통령 이시영 선생이 강개하여 대통령 이승 만 박사에게 충언을 진달하니 그 말씀이 매우 주도하고 절실했다. 이박사가 듣지 않거늘, 선생은 "박사가 이제 독재를 하는데 무슨 부통령을 필요로 하랴. 나는 떠나가리라" 하고 드디어 동래 바닷가 한 구석에 은거했다. 다시는 시국의 잘잘못을 묻지 않고 지내다가 3년 만에 여관에서 운명하니 바로 계사(1953)년 봄이었다. "『시경』에 이르되 '사람 하나 없어지니 나라가 온통 병들었네' 하더니 이 창생들은 어떻게 될 것인가" 하며 국민들은 모두 울었다. 지금도 바다 근처 사람들은 선생이 마지막 살고 계시던 그 곳을 지나면, 남기신 자취를 어루만지면서 선생의 덕의(德義)를 사모하여 눈물을 뿌린다. 근간에 온천 위 금정공원에 터를 닦고 우뚝한 비석을 세워 그 전면에 크게 쓰기를, 「성재 이시영 선생 기념비」라 하고는, 이 늙은 앉은뱅이 창숙에게 그 사실을 기록할 것을 부탁하니, 창숙이 과거 선생과 친한 처지라 어찌 사양할 수 있겠는가?

선생의 본관은 경주(慶州)이고, 시영(始榮)은 이름이요, 성재(省齋)는 호인데, 임진(壬辰)의 원훈(元勳)이신 백사(白沙) 상공(相公) 항복(恒福)의 10세손이고 영조 때 명신인 오천(梧川) 상공 종성(宗城)의 5세손이며 효정공(孝貞公) 유승(裕承)의 아들이다. 선생은 대대로 고관대작의 세족이고 부유한 가정에 태어났으나 아예 부귀로써 그 호기를 자랑하지 않고 침중한 자질에다가 탁월한 슬기를 갖춘 분이었다. 조예가 있다 해서 그 재능을 자랑스럽게 여기지도 않으셨다. 17세 때에 진사, 23세에 대과(大科)에 오르고, 이내 태자궁에 들어가 서연에 시강하고, 옥당(玉堂)·은대(銀臺) 등 여러 청환(淸宦)을 거치지 않은 데가 없었다. 4년이 못되어 당상관에 오르니 사람들이 다 영화롭게 여기는데 선생은 너무 승진이 빠른 것을 근심하기도 하였다. 일찍 황제의 분부로서 근밀(近密)한 직책에 발탁되었다.

그때 안으로는 동학당이 한창이고 밖으로는 왜적이 으르렁거려, 나라의 형세가 누란(累卵)의 위기를 당하였다. 한편 권세를 잡은 간신들이 마구 날뛰어 국정은 날로 문란해졌다. 선생은 벼슬에 종사하는 것을 낙으로 여기지 않았기 때문에 드디어 맡은 바 일체 관직을 다 해임해줄 것을 간청했다. 그때가 바로 을미(1895)년 전후이었다. 그리고 갑진(1904)년 여름에 다시 황제의 특명으로 충남을 관찰하고, 그 명년에는 외부에 불리어 교섭국장(交渉局長)이 되었다. 그 해 겨울에 왜국 사신 이토오 히로부미[伊藤博文]가 군대를 이끌고 궐내에 들어와 이완용(李完用)·박제순(朴齊純) 등 여러 적신(賊臣)들을 협박하여 이른바 보호조약(保護條約)을 체결할 것을 재촉하였다. 선생이 제순을 크게 꾸짖었다. "네가 외교를 담당한 대신으로써 나라를 팔아먹으려 하느냐? 상방검(尙方劍)을 빌려와서 네놈의 머리를 베지 못하는 것이 한스럽구나." 이보다 앞서 선생의 조카가 제순의 딸과 약혼한 적이 있었는데, "내 조카로서 역적 놈의 딸을 데리고 오다니" 하고는, 곧 파혼을 통고하였다.

이때부터 선생은 나라가 또한 망하고야 말 것이라고 탄식하였다. 뜻을 같이하는 이동녕(李東寧), 이상설(李相卨)과 넷째 형 회영(會榮)과 이승훈(李昇薰)·안창호(安昌浩) 등 여러 동지들과 함께 국권을 회복할 것을 의논한 끝에 비밀단체를 조직하여 국외에서 활동할 것을 계획하였다. 그리고는 가만히 황제에게 건의하여 밀사를 골라서 급히 만국평화회의에 보내 호소할 것을 의결한 다음, 이상설을 헤이그[海牙]에 보내고 잇달아 이회영을 만주에 보내서 지리 관계를 조사하고 유사시에 활동을 전개할 만한 땅을 미리 정하기로 하였다. 급기야 경술(1910)년에 나라가 망했다. 선생의 7형제는 서로 붙들고 울었다. "놈들의 포로가 되어 구차히 사는 것보다는 차라리 신하가 되지 않기 위해 만주로 달아나서 와신상담으로 광복할 것을 계획해야 한다"고 의견을 모았다.

그 해 12월에 일곱 집 식구 50여 명이 함께 압록강을 건너 바로 만주로 향했다. 유하현(柳河縣)의 한 농촌에 이르러서 셋방살이로 지냈다. 그러는 동안 사방에서 뜻 있는 선비들이 명성을 듣고 모여드는가 하면 모두들 선생을 기대어 동도(東道)의 주인20)으로 여겼다. 선생이 그들과 함께 의논하면서 타이르기를, "만주는 사실 우리 겨레를 도와주는 땅이니 생산과 교육을 병행하여 뒷날 나라를 회복할 기반을 만들어야 한다" 하고는, 먼저 소년교육을 시작하고 잇달아 장정 훈련에 전력하였다. 이것이 바로 신흥무관학교(新興武官學校) 창설의 처음이었다. 그 뒤 3년 만에 통화현(通化縣)의 합니하(哈泥河)로 옮겨 교사·강당·기숙사 등을 신축하여 군사 훈련의 규모를 크게 확장했다. 한편 유하현에 있는 과거의 학교는 작은 부속학교를 만들었다. 부근에도 두서너 분교를 두니, 군가와 나팔 소리가 수십 리에 들리고 전후 8~9년 간에 양성한 초급 장교가 8백여 명이나 되었다. 모두 항일 투쟁에 용감히 나서서, 이름난 이가 많았다. 이때 왜적들이 다수의 정찰기병을 특파하여 비밀리 우리 겨레의 활동 상황을 탐지하려 했다. 그러나 매양 신흥학교 생도들에게 발각되어 거의가 섬멸되고 살아가는 자가 열에 한 둘도 없었다. 홍범도군(洪範圖軍)이 봉오동(鳳梧洞)에서 일병의

---

20) 동쪽 방면으로 여행하는 모든 나그네의 주인 노릇을 잘 한다는 중국고사를 인용한 말.

한 대대를 맞이해 크게 이긴 것과, 김좌진(金佐鎭)·이범석(李範奭) 두 장군이 청산리(靑山里)에서 일병 3천 명의 대대와 싸워 전승한 사실들이 다 신흥군이 그 주력이 되었던 것이었다. 이 때문에 신흥군은 온 만주에 있는 우리 민족운동의 중추 기관이 되었다. 왜적들도 그 실지 상황을 대판신문(大阪新聞)에 보도하면서 반드시 선생을 가리켜서는 '살인강도의 두목', 또는 만주에 있는 대한 사람의 '무관왕(無冠王)'이라 하기도 하였다.

그 뒤 기미(1919)년 봄에 선생이 이동녕·이회영·조성환(曹成煥)·조완구(趙琬九) 등과 함께 북경에서 모임을 가지고 안팎 동지들을 연락하여 독립선언을 준비하였다. 국내에서 3·1운동이 전개되자, 선생은 곧 이동녕·이회영·조성환·조완구·여운형 등과 함께 상해로 달려갔다. 사방에서 모여든 동지들과 더불어 급히 의정원(議政院)을 설립할 것을 의논하고 이동녕을 의장에 추대하였다. 다음에는 임시정부를 조직할 것을 의결하여 이승만을 대통령에 추대하는 한편, 이동휘(李東輝)·안창호·노백린(盧伯麟)·신규식(申奎植) 등을 각 부의 총장에 위임했다. 선생은 법무총장을 맡았다가 얼마 뒤에 재무로 옮기니 임시정부의 면목이 비로소 성립되었다. 그러나 이승만·안창호는 아직 미국에 있고, 이동휘는 러시아에 있었으니, 선생과 이동녕 동지가 사실 임시정부를 총지휘했다. 그 뒤 이승만·안창호·김구 등이 차례로 상해에 모여와서 임시정부의 각 기구를 의논해 정했으나, 이내 이승만과 이동휘는 각각 미국·러시아로 떠났다. 한편, 살기 위해 변절하여 도로 잡아먹기에 급급한 자가 있는가 하면, 사상 분열로 인하여 사사로운 암투에만 날뛰는 자도 있었다. 전후 수십 년 동안 상해에서 굶주림과 쓰라림을 견뎌가며 우뚝한 지주(砥柱)와 같이 임시정부를 고수하여 진정시켜온 이로서는 다만 선생과 이동녕·김구 등 몇 사람뿐이었다.

무인(1938)년에 왜적이 중국에 침입해 상해를 습격했다. 선생은 임시정부 기관을 끝까지 고수하기가 어려울 것을 예측하고 곧 김구·이동녕 등 몇 요인들과 함께 일단 상해를 떠났다. 남경으로부터 장사·운남을 거쳐 중경에까지 들어갔다. 장개석 총통의 특별한 알선에 힘입어 기구를 정돈해서 우선 일본에 대해 선전포고를 했다. 장총통의 협력을 얻어 중국 각처에 주둔해 있는 광복군을 지휘하되 중국 군대와 합동작전을 펴서 생사를 같이 하게 하니 두 나라의 친교가 더욱 공고해졌다. 마침내 을유(1945)년에 왜적이 망했다. 임시정부의 요인들이 고국으로 돌아오고자 하니, 장총통이 크게 전별 잔치를 베풀고 항공기로 서울에까지 보내주었다.

이때 바야흐로 미국·소련 두 나라 군대가 남북을 나눠 주둔하면서 각각 군정을 실시했다. 38선이 가로 막혔으며, 사회가 혼란하고 요인 암살이 끊이지 않으므로, 선생은 그 어떤 건설적 방안도 쉽게 추진할 수 없음을 깊이 근심하였다. 무자(1948)년 가을에 겨우 남한의 단독 정부가 성립되어 대통령에 이승만을, 부통령에 선생을 추대하니 사람들이 다 축하했다. 그러나 선생은 홀로 탄식하였다. "지금 국제 정세가 매우 위태롭고 국민 사상이 또한 험악하거늘 내 어찌 이러한 큰 짐을 질 수 있겠는가" 하셨다. 그 뒤 2년만인 경인(1950)년 6월 25일에 북한의 적군(赤軍)이 서울을 급습하고 곧이어 중공의 대군이 국내 전 지역을 휩쓸었다. 이리하여 선생이 부산에 피난해 계신 지 몇 해 되었다. 나라의 형세는 파괴되고 나라 일을 꾀하는 자들이 바로 잡을 것은 생각하지 않는 채 다만 탐욕을 일삼으니 인민들은 날로 도탄에 빠져갔다. "나라가 망하는데 내가 어디로 가야 하나" 하고 선생은 슬피 탄식하였다. 곧 산중에 은거하여 깨끗이 지내다가 얼마 뒤 객지에서 운명하셨다. 온 국민이 "선생이 가셨으니 우리는 부모를 여의었다"고 탄식했다.

아! 지금 나라 일을 맡은 자로서 한갓 공명이나 이익만을 꾀하여 나라를 그르치는 자는 바로 이시영 선생을 잃게 한 죄인일 것이다. 사람들은 "선조 때 이항복 선생이 없었더라면 중흥이 없었고 지금 대한에 이시영 선생이 아니었더라면 광복이 없었으리라" 하니, 과연 그 할아버지에 그 손자라. 또한 거룩하지 아니한가. 다음에 찬(贊)하여 둔다.

나라에 고목(古木)이 있으니 오성(鰲城)의 가문에 오천(梧川)이 이으셨도다. 선생이 이 집에 태어나 나라 망할 때를 당하자 스스로 광복을 맡으셨도다. 고국을 떠난 위태로운 발자취 흰 머리털 되도록 섶에 누워서 온갖 쓰라림을 다 맛보셨으니 만주로, 상해로, 중경으로, 연경으로 그 세월 30여 년이 넘었도다. 남의 나라에 표류하다가 형제 모두 사망했는데 처와 자식을 다시 더 말할 건가. 내 몸이야 있든 없든 오직 그 대의에서 공(公)일 뿐이고 나라일 뿐이라. 하늘이 나쁜 자를 싫어하시어 마침내 원수의 오랑캐를 섬멸하니 공이 이에 개선하셨도다. 온 국민이 환영하면서 함께 외치는 그 만세 소리, 기쁨에 넘쳐 눈물 지으셨도다. 새 정부 수립하여 부통령에 추대하니 모두가 경사라고 좋아했지만, 이때 남북에선 전진(戰塵)이 하늘을 덮고 소인들은 정권 유지에 부산했도다. "아! 부통령이 무엇인가." 선생은 헌신짝처럼 던지시다. 바닷가 셋방살이에 나물죽이 한결 즐겁고 원숭이·두루미가 벗이었는데, 하늘이 돕지 않아 하루 저녁에 멀리 떠나시니 나라가 병들어 초췌하도다. 아! 우리 후생들이여. 시귀(蓍龜)[21]를 잃고 나니 부모처럼 그리워지도다. 보라, 저 금정산 기슭은 선생의 노니던 곳, 그 누가 감히 잊을 건가. 이제 높은 비석 세우고 거룩한 업적 실어서 길이 백세에 증언하노라.

유림(柳林) 묘문(墓文)

서울 동소문 밖 30리 우이동에 봉분(封墳)이 당(堂)과 같은 무덤이 있는데 높이가 4척(尺)이다. 이것이 대한 임시정부 국무위원 단주 선생 유군(旦洲 先生 柳君)의 무덤이다. 군의 본관은 전주(全州)이며 임(林)은 이름이요, 단주(旦洲)는 그 호이다. 인물에 대해 평하는 이가 나라 안의 문헌을 논하면 반드시 먼저 영남의 안동(安東)을 들고, 안동이라면 반드시 앞의 전주 유씨(全州 柳氏)를 으뜸으로 하니, 삼산 선생 정원(三山 先生 正源)은 그 5대조이다. 처사(處士) 모(某)는 그 황고(皇考)요, 모씨(某氏)의 모(某)는 그 외조부이다. 군은 먼 시골 한미한 집안의 출신이나 진실로 불세출의 인걸이다. 그 풍채는 괴오(魁梧)하여 수많은 군중들이 늘어선 가운데서도 앙연(昂然)히 우뚝 솟아나고, 그 언론은 바람 일듯이 쏟아져 나와 군웅들이 말을 다투는 마당을 단번에 압도하였다. 비록 율곡 같이 고항(高亢)한 이라도 귀봉(龜峰)을 부지불각 중에 친구로 허락하였으니[22] 이와 같이 그는 결연히 우뚝하게 뛰어난 이가 아니겠는가!

---

21) 蓍草와 龜甲. 占치는 도구. 여기서는 모르는 것을 깨우쳐주는 사람을 말함.
22) 龜峰 宋翼弼은 한미한 집안 출신이었으나 인물이 특출하여 李栗谷 선생이 벗을 삼았다는 뜻.

어떤 이가 군에게 묻기를 "이승만은 어떤 사람인가" 하니, 군이 크게 미워하고 싫어하면서 "이 놈을 제거하지 않으면 나라가 반드시 이 놈에게 망한다"고 하였고, "김구는 어떤 사람인가." 물으니, "백범은 나의 친구로서 같이 더불어 천하의 일을 의논할 만하다"고 하였고, "안창호는 어떤 사람인가"고 물으니, 군이 "서한(西韓) 오백 년에 제일 훌륭한 사람이니 이 사람이 아니면 우리는 거의 모두 왜놈이 되고 말았을 것이다"고 하였다. "신채호는 어떤 사람인가" 물으니, 군은 "단재는 천하의 선비로 진실로 내 스승이다" 하였고 "신익희와 조병옥은 어떤 사람인가" 물으니, "그 사람, 그 사람 내게 물을 필요가 없다. 모름지기 한민당과 민주당의 주의(主義)를 취해 가지고 합해서 짐작해 보면 알 수 있을 것이다"고 하였다. 대체로 군은 고금의 인물을 평함에 조금도 가차(假借)함이 없어 여러 사람 앞에서도 거리낌 없이 마음대로 말을 하니 이것이 군의 평생 기상으로 드러나는 점이다. 군이 돌아간 지 몇 년만에 벽옹 김창숙(金昌淑)은 공의(公議)에 의해 그 묘에 이와 같이 쓰노라.

해사(海史) 김공(金公) 묘갈명(墓碣銘)

한국의 지사(志士)인 해사(海史) 김공 회원(金公 晦元)의 무덤에 심산 김창숙이 명(銘)을 지어 돌에 새긴다.

뱃속에는 오경(五經)이 들어있고, 가슴에는 풍운을 감추었네. 일찍이 조국 광복의 포부를 품고, 시베리아 벌판을 두루 돌았네, 유림의 글을 몸에 지니고, 멀리 멀리 파리까지 가려 하였네. 노중련(魯仲連)이 진(秦)나라 받들기를 거부하니, 이를 일러 천하의 높은 선비라 하였네. 뜻이 있어도 마침내 펴지 못하고, 아! 길 위에서 죽었도다. 공이여, 눈을 감으시라. 이 나라의 새 역사를 장식하리니.

창숙은 명을 짓고 이어서 서(序)를 쓴다. 공의 휘는 정호(丁鎬), 자는 회원(晦元), 호는 해사(海史)이다. 의성 김씨(義城 金氏)이며, 고려 때 태자첨사(太子詹事) 의성군(義城君) 용비(龍庇)의 후손이다. 이조 초에 병사(兵使) 용초는 태조를 도와서 개국공신에 기록되었으며, 두 대를 내려와 참의(參議) 종사(宗師)라고 하는 분이 우리 집과 같은 계통에서 나누어졌다. 그 뒤 몇 대를 거쳐 담수(聃壽)라는 분이 있었으니 이가 곧 선조 때 징사(徵士) 서계 선생(西溪 先生)23)이다. 서계의 자손은 대대로 유학을 닦았으니, 처사(處士) 재선(在璿)·희로(希魯)·동욱(東旭)이 그의 부(父)·조(祖)·증조(曾祖)가 된다. 성주(星州)의 도한기(都漢紀)는 그의 외조(外祖)이다.

공은 고종 임오(1882)년에 성주 윤동(倫洞) 시골집에서 태어났다. 어려서부터 재주가 있었으니 한번 책을 스쳐보면 곧 이를 암송해서 그 이해가 크게 나아갔다. 기개가 있어서 사소한 절차에 구애받지 않았으며 무엇을 해보려는 뜻을 품어서 즐겨 호걸을 좇아 놀면서, 천하의 일을 담론하기를 좋아했다. 을사(1905)년에 이르러 왜노가 무력을 발휘하여 위협으로 오조약(五條約)을 체결하자, 공은 "유(儒)라는 글자는 사람[人]을 필요[需]로 한다는 뜻이다. 어찌 묘

---

23) 金聃壽. 山林處士로서 宣祖의 부름을 받았음.

혈 속의 썩은 선비의 하는 짓을 본받는단 말인가" 하고 탄식했다. 드디어 성태영(成泰英)²⁴⁾·유안무(柳安茂)²⁵⁾·김노규(金魯圭)²⁶⁾와 의 논하기를, "나라가 망하려 한다. 우리가 진실로 목숨을 바쳐 나라 의 광복을 도모하려 한다면, 어찌 만주 지방으로 가서 근거가 될 터전을 개척하지 않겠는가?" 하고 함께 대조영의 옛 땅으로 달려 갔다. 요양(遼陽)·심양(瀋陽)·북간도·시베리아·블라디보스톡 등 지를 둘러보고 "여기는 하늘이 우리를 돕는 땅이다"라고 기뻐했 다. 성공(成公)은 만석(萬石)이나 되는 큰 돈을 개척 자금으로 내놓 고 공으로 하여금 유공(柳公)·김공(金公) 두 사람과 함께 책임지고 일을 수행하게 했다. 그러나 얼마 가지 않아서 유공과 김공은 일 에 골몰하다가 길 위에서 죽었다. 공은 성공(成公)과 함께 "이제 유 안무·김노규 두 사람은 죽었다. 나와 그대는 장차 어디로 갈 것 인가?" 하고 통곡하였다. 남북만주 사이를 방황하다가 오랜 뒤에 고국으로 돌아와 동지를 모아서 재거(再擧)의 기회를 노렸다.

기미년 3·1운동이 일어나자, 공은 성공(成公)을 비롯하여 이중 업(李中業)·유준근(柳濬根)과 서울에 모여서 삼일 독립 선언서를 읽 고 "이 글에 유자(儒者)라고는 한 사람도 참여한 자가 없으니, 이는 수치스런 일이다. 우리는 어떻게 이 수치를 씻을 것인가"라고 탄 식했다. 이때 창숙이 여러분에게 이르기를, "세계 여러 나라가 현 재 파리에서 평화회의를 열고 있으니, 이것이 바로 그 기회이다.

---

24) 구한 말 일제 초의 큰 地主. 救國을 위한 인재양성에 힘을 기울이기도 하고 만주에 땅을 구입하여 독립운동기지를 경영하기도 했음. 『白凡逸志』(金九 자 서전) 참조.
25) 儒林 출신 독립운동가. 북만주에서 죽음.
26) 儒林 출신 독립운동가.

급히 유림의 영수인 곽면우(郭俛宇)[27]·전간재(田艮齋)[28]에게 알려 유림을 단합해서 글을 만들어 가지고 대표를 파리로 보내 우리의 독립을 인정해주도록 요청하는 것이 어떻겠는가?" 하고 제의했다. 공은 여기에 적극 찬동해서 "그대는 빨리 일을 도모하라" 했고, 여러분들도 모두 좋다고 했다. 이에 급히 김황(金榥)을 곽면우에게로 보내고, 유준근을 전간재에게로 보내어 파리에 글을 보내는 일을 고했다. 면우옹은 강개해서 말하기를 "내가 죽을 곳을 얻었다"고 했으나 간재는 여기에 응하지 않고 "유자(儒者)는 도(道)를 지킬 뿐이지, 국가의 흥망에 간여하지 않는다"고 했다. 공이 크게 노해서 "전우(田愚)가 말하는 바 도라는 것은 무슨 도란 말인가? 전우의 머리를 베어야 한다"고 주장했다. 이때 유만식(柳萬植) 공은 영남의 명망 있는 인물이었다. 공이 몸소 유공에게 나아가서 파리의 일을 의논했더니, 유공은 복제(服制)에 관한 상소 사실을 구실로 거절했다. 공이 정색하고 말하기를 "당신이 말하는 바 복제라는 것은 시마(緦麻)의 경한 것이다. 의리를 잘못 판단함이 어찌 이다지도 심하단 말인가. 우리들은 화를 두려워하는 자와는 일을 함께 하지 않겠다" 하고 크게 꾸짖고 돌아왔다.

바야흐로 유림의 연명서(聯名書)가 이루어져서, 여러분이 의논하여 파리에 보낼 대표를 추천했는데, 공과 창숙이 여기에 천거되었다. 공은 개연히 이를 승낙하고, 3월 중순에 출발하기로 약속했다. 공이 행장을 차려서 잠시 영남으로 내려가다가 밤에 성주(星州) 가

---

27) 郭鍾錫,「俛宇 郭先生 神道碑銘」참조.
28) 田愚(1841~1922). 舊韓末·日帝初에 걸쳐 호남 유림의 대표적 인물로 알려진 사람.

천(伽川)에 이르러 길 위에서 급서했다. 병은 급하고 땅이 궁벽해서 구해주는 자가 없었기 때문이다. 때는 기미년 음력 2월 17일이니, 향년이 겨우 48세였다. 슬프다. 성주 윤동(倫洞) 등지(嶝旨)의 미좌 (未坐) 언덕에 안장했다.

부인은 성산 이씨(星山 李氏) 태항(泰恒)의 따님이다. 같은 묘혈에 합장했다. 네 아들이 있으니, 영원(永源)·영수(永壽)·원응(瑗應)·영택(永宅)이며, 두 사위는 정돈화(鄭敦和)와 권영일(權寧一)이다. 그 나머지는 기록하지 않는다.

아아! 공과 나는 사는 집이 우물을 함께 하여, 가장 가까이 왕래했으며, 사귐에 있어서는 뜻을 같이하여 도의로 가장 밀접했다. 서로 이끌어가며 광복 사업에 종사함에 있어서는 사생으로써 서로 맹세했으니 결코 다른 사람이 흉내낼 수 있는 것이 아니었다. 공은 큰일을 할 수 있는 재주와 뜻을 가지고서도 크게 쌓고 기른 실력을 조금도 펴보지 못하고 불행히도 중도에서 요서(夭逝)했다. 사람으로서 이같은 지경에 이른단 말인가. 운명이라고나 할까? 내가 공을 곡한 지 이미 40년이 된다. 그 풍채와 언론을 생각할 때마다 마음과 눈에 새겨져 있어 감회를 금할 길이 없다.

공의 아들 영수가 그 종제(從弟) 영건(永健)과 함께 번갈아 가며 찾아와서 말하기를, "우리 아버님의 관목(棺木)이 이미 상하고 있는데 묘도문자(墓道文字)가 아직도 갖추어지지 않고 있습니다. 선생님께서 한 말씀으로 밝히시어 우리 아버지로 하여금 길이 사라지지 않게 해주시기를 바랍니다" 한다. 나는 "공을 아는 것은 나만큼 깊은 사이가 없을 것이다. 공의 명을 쓰는 것이 나를 버리고 그 누가 하겠는가?" 하고 마침내 공의 평생 사적을 살펴서 그 큰 것만을 가려서 이와 같이 기술하는 바이다. 후일에 공을 알려는 자가 있으면 그 대강을 짐작할 수 있을 것이다. 공의 사위 권군(權君)이 바야흐로 비석이 갖추어졌음을 알려왔다. 권군도 정의로운 인사로서 또한 족히 찬양할 만한 사람이다. 이것도 특서(特書)할 일이다.

자하(紫下) 장의사(張義士) 해동청풍비(海東淸風碑)

성주(星州)읍에서 서쪽으로 자양산(紫陽山) 밑 부암(富巖) 위에 우뚝한 비석이 있는데 그 전면에 크게 쓰기를, '해동청풍(海東淸風)'이라고만 했다. 이것은 남방 인사들이 고 의사 선생 장공(故 義士先生 張公)의 그 열렬한 공적을 표창하기 위해서이고, 그 후면에 아무런 기록이 없는 것은 대개 때를 기다림이 있기 때문이었다. 그런데 얼마 뒤에 왜놈들이 그들의 금령(禁令)을 위반했다면서 비석을 동강내어서 묻어버렸다. 급기야 30년이 지나 왜놈들이 망하자, 공의 문중 사람 장진영(張鎭永) 등이 공의 사당에 복원의 뜻을 고하고 이내 국민들에게 널리 알린 뒤 장차 비석을 갖추어 글을 새기고자 했다. 모두들 말하기를, "많은 비용을 들여 새돌을 구하는 것보다는 동강난 옛 비를 보완하여 옛 터에 세우고 옛 일을 기록해 두는 것이 공의 열렬한 공적에 더욱 빛이 있으리라" 했다. 의논이 이미 결정되자, 창숙에게 그 사실을 기록해주기를 부탁하였다. 생각하건대 공과 나는 일찍이 산 하나 사이에 살면서 수시로 만나

도의로서 사귀었고 외람되게도 연령을 초월하여 우정을 도탑게 했다. 언젠가 계신재(繼愼齋)로 공을 방문했더니, 공이 마침 『속강 목(續綱目)』을 읽고 있었다. 문천상(文天祥)의 이른 바, "공자는 인(仁)을 이룩할 것을 말했고 맹자는 의(義)를 취할 것을 말했으니 성현의 글을 읽음에 그것을 두고 다른 무엇을 배울 것인가"라고 한 구절에 이르러 문득 책을 덮고 책상을 쳤다. "문천상이 시시(柴市)에서 몸을 희생한 것이 어찌 일시적인 강개한 마음에서 판단한 것이겠느냐"하고는, 곧 창숙의 손을 잡고 슬퍼하면서 눈물을 흘리셨다. 공이 드디어 화에 걸려들어 대구 감옥에서 돌아가실 적에 창숙은 "공같은 이야말로 진실로 문천상을 잘 배운 분이라" 하고 울었다. 아! 이제 이 비석을 세움에 있어서 의리로서도 사양할 수 있겠는가.

공은 타고난 자질이 소박하면서 굳세었고, 차츰 커서는 호탕하여 남에게 굴하지 않았으니 마을에 싸우는 자가 있어도 공이 가면 모두 복종하기 마련이었다. 천성이 지극히 효성스러워 몸소 농사일을 하면서 뜻을 받들어 섬기며 몸 간직하기를 바르게 하고 집안 다스리기를 법도 있게 하니 처자가 화합하여 조금도 가난한 것을 근심하지 않았다. 39세 때 처음 서당에 나아가 학업을 청하니 그 때 늦음을 탓하는 사람들이 많았으나 공은 "이는 나의 노력에 달렸을 뿐이라" 했다. 날마다 반드시 이른 새벽에 일어나 관대(冠帶) 차림을 갖춘 뒤 곧은 자세로 꿇어 앉아서 익숙토록 읽고 곰곰이 생각하여 침식을 잊을 정도였다. 이렇게 몇 해가 지나자 문사(文詞)가 한꺼번에 터져 칭찬하는 소리가 떠들썩하였다. 그러나 공은 스스로 부족하게 여겨 오로지 위기(爲己)[29)에 힘쓰되 『소학(小學)』의 가

언선행(嘉言善行)을 애독하고 반드시 자신에 돌이켜 실천하였다. "선비를 귀중히 여기는 것은 '부귀해도 방탕해지지 않으며 위세와 무력에도 굴하지 않음으로써 곧 도에 나아갈 수 있다'는 바로 그 것이다"라고 하였다.

마침내 대한의 사직이 빈터가 되자, 배우러 오는 이들을 모두 사절해 보내고 문을 닫은 채 슬피 울면서 세상 일을 묻지 않았다. 그때 왜놈들이 합방을 축하한다는 잔치를 크게 베풀고 공을 그 모임에 참여하도록 요청하기에 공이 응하지 않았다. 왜놈이 또 편지를 보내고 협박하거늘 공이 보내온 편지의 뒷면에다가 "나의 목을 자를 수는 있을지라도 무릎을 꿇게 하지는 못하리라"라고 써서 되돌려 보내었다. 이것으로 인해 왜놈은 공을 대구 감옥에 가두고 고문과 추궁, 온갖 참혹한 짓을 다했다. 그러나 공은 크게 꾸짖어 말했다. "선비는 죽일지언정 욕되게 할 수는 없느니라." 이때부터 죽을 것을 각오하고 음식을 끊었다. "삼천리 강토가 이미 옛날의 조선이 아니거늘 죽으면 어느 땅에 묻힐 건가?"라고 왜놈이 묻기에 공은 "나는 죽어서 까마귀나 솔개의 먹이가 되는 것이 마음에 달갑노라" 하고는 27일만에 옥중에서 운명하시었다.

아! 공은 젊으실 때 땔나무나 소먹이를 하다가, 늦게 학업을 쌓았으나 마침내 큰 명성을 떨치고 큰 절개를 세우셨다. 우뚝하게도 만세에 강상(綱常)의 기둥이 되었으니 어쩌면 그렇게도 훌륭하신가. 공의 부인은 박씨니 부덕을 깊이 닦은 분이다. 왜놈들이 '청풍비'를 부술 적에 드디어 그 비 밑에서 목을 매어 자결하니, 이러한 남

---

29) 대외적인 名利를 떠나 오직 修養에 의해 自己의 內的 충실을 기하는 것.

편에 이러한 아내가 있었다는 것이 그 얼마나 장렬한 일인가! 뒷날 대한 말년의 의열사(義烈史)를 편찬하는 자는 반드시 공의 부부를 위시하여 엮어가리니, 또한 거룩한 일이 아니겠는가. 공의 휘는 기석(基頣)이고 자는 진여(振汝) 본관은 인주(仁州)이다. 충정공(忠貞公) 휘 안세(安世)와 객옹(客翁) 휘 봉한(鳳翰)과 지분헌(知分軒) 휘 이유(以兪), 이분들이 다 충효로써 이름이 있었으니 그 가학(家學)의 연원이 대개 유래가 있어서 그렇다 하겠다. 찬(贊)하여 둔다.

40에 처음 학문에 힘써 마침내 거벽을 이룩함은 옛날에도 보기 드문 일이로다. 필부로서 큰 절개를 세워 나라에 목숨을 바침은 세상에 흔한 일이 아니로다. 맑은 바람이 쉬지 않고 이 빗돌이 닳아 없어지지 않는 한 천 백세에 길이 길이 우러러 본받으리로다.

유사(遺事)

아버님 하강공(下岡公)의 유사(遺事)

아버님의 휘는 호림(護林), 첫이름은 서림(書林), 자는 낙여(樂汝), 호는 하강(下岡)이요, 성은 김씨(金氏)로 동강(東岡) 선생 12대 종손이시다. 관향은 의성(義城)으로 조선왕조에 들어와 휘 계손(季孫)이라 하는 분이 처음으로 성주(星州) 사월리(沙月里)에 자리잡고 살았다. 3대를 지나 휘 희삼(希參)이라 하는 분이 부사(府使) 벼슬을 지내고 이조판서를 추증받았는데, 호를 칠봉(七峯)이라 했다. 그 막내 아드님으로 휘를 우옹(宇顒)이라 하는 분이 이조참판을 지내고 이조판서를 추증받았으며 시호를 문정(文貞)이라 했는데, 도학으로써 동방(東方)의 유종(儒宗)이 되니 바로 동강 선생(東岡先生)이시다. 선생은 아들이 없어서 감찰(監察) 벼슬을 지내고 호는 사계(沙溪), 휘를 우옹(宇

容)이라 하는 숙형(叔兄)의 아들, 즉 효가(孝可)라고 하는 분을 아들로 삼았다. 그도 역시 감찰 벼슬을 지내고 호를 졸정(拙亭)이라 하였다. 이 분이 휘는 욱(頊)이며 지평(持平) 벼슬을 지내고 호를 사월당(沙月堂)이라 하는 분을 낳으니 조정에 있어서 곧은 절조가 높았다. 3대를 지나, 휘를 남수(南粹), 호는 월강(月岡)이라 하는 분이 갈암(葛菴) 이현일(李玄逸) 선생 문하에서 배웠으며 뛰어난 제자로 불리웠다. 월강 이후로 자주 대가 끊어졌다가 이어지니 모두 일찍 죽고 크게 출세하지 못하였다. 조부님은 휘를 형직(馨直), 호를 사서(沙棲)라 했는데 사림(士林)의 물망이 있었다. 부친은 휘를 도영(道永)이라 하며, 성주 이씨(星州 李氏)와 전주 이씨(全州 李氏)를 부인으로 맞았으나 역시 일찍 세상을 떠나 뒤가 없었다. 사서공이 탄식하여 말하기를 "우리 집이 아마 쇠잔하려나 보다" 하고 특별히 아버님을 먼 친척에게서 얻어 손자를 삼으니, 이 분이 바로 문정공의 중형(仲兄)으로 휘를 우굉(宇宏)이라 하고 부제학을 지낸 개암(開岩) 선생의 후손으로 통덕랑(通德郞)을 지내고 휘를 지영(趾永)이라 하는 분의 둘째 아드님이시다. 모친은 함창 김씨(咸昌 金氏)로 참판을 지낸 진하(鎭河)의 따님이시다.

단기 4175년 헌종(憲宗) 임인(1842) 4월 14일에 아버님을 안동부(安東府) 해저리(海底里) 자택에서 낳으니 나면서부터 얼굴이 옥설(玉雪) 같고 신채(神采)가 사람을 쏘았다. 겨우 말을 하게 되자 노는 것이 구차하지 않고 거동(擧動)에 법도가 있어서 같은 또래가 모두 굴복하였다. 조금 더 자라나자 기품은 맑으나 체질이 약하여 병이 많았다. 통덕공(通德公)은 크게 사랑하고 또 걱정하여 공부하는 것을 허락치 않았다. 이 까닭에 나이 약관이 되도록 읽은 것은 『통감절

요(通鑑節要)』 2책과 『소학서(小學書)』 3편뿐이었다. 가끔 마을의 같은 또래 친구들과 글을 논하고 시를 지으면 왕왕 사람을 놀라게 하는 말이 있어서 외조부 참판공이 큰 인물로 생각했었다. 갑자 (1864)년 23세에 양자로 들어오니 그때 사서공은 이미 늙어 있었고 후취 모친인 이(李)부인은 과부로 혼자 살고 있었다. 조부님은 성품이 엄하시고 모친은 편벽되어 받들기가 심히 어려웠다. 아버님은 아침 저녁의 문안에 때를 잃지 않았고 섬기기를 부지런히 하고 한번도 그 뜻을 거스른 일이 없었다. 사서공이 혹 심한 꾸중을 하게 되면 아무리 모진 추위와 심한 더위라도 반드시 문 밖에서 두 손을 마주잡고 기다리며 명이 내리기 전에는 감히 물러가지 않았다. 그리고 이부인이 덜 좋아하는 기색이 있으면 문득 옆에서 재롱을 피우고 웃으며 기어이 기뻐하는 것을 보고야 그만두었다. 집이 가난해서 혹 조석 끼니를 못 잇는 일이 있었으나 어른들에게 필요한 음식만은 항상 찬장에 넉넉히 두었다. 손들이 많이 찾아들어 접대하기에 항상 겨를이 없었지만 조금만 틈이 있으면 사서공을 모시고 경서와 사서(史書)를 강론하고 질문하였다. 사서공은 학문을 하여 도(道)에 나아가는 차례 같은 것을 들어, 가르치고 힘쓰게 하였다. 아버님은 곧 『소학』·『논어』와 같은 책들을 가지고 익히 읽고 깊이 생각하여 반드시 일상 언어와 행동 사이에서 체험하고 공부에 힘썼다. 사서공은 대단히 기뻐하여 매양 사람들에게 말하기를 "우리 집이 양자는 옳은 사람을 얻었으니 앞으로는 아마 번창할 거야"라고 했고, 또 사서공이 양자를 택하는데, 보고 아는 것이 있다 하여 다른 사람들의 축하를 받았다.

무진(1868)년에 이부인 상을 당하였고 이듬해부터 사서공은 노환이 점점 더해 갔다. 아버님은 때맞추어 미음을 드리고 몸소 약을 맛보며 공경하고 조심하여 남이 미치지 못할 만큼 했다. 병환은 점점 심해져서 밤낮으로 수없이 자리에서 설사를 하며 피를 쏟았다. 아버님은 반드시 몸소 거두어 닦아 깨끗이 하고, 심하면 문득 손을 대어 받아내며, 속옷과 변기 등을 가지고 매양 구석진 곳으로 가서 몸소 씻었다. 하녀와 하인들이 일찍이 대신하기를 청해도 오히려 맡기지 않았다. 옷은 띠를 끄르지 않고 잠은 이부자리를 펴지 않은 채, 잠시도 곁을 떠나지 않으며, 혹 벽에 기대고 눈을 붙였다가 부르는 일이 있으면 즉시 대답을 하였다. 이렇게 거의 넉 달을 지냈으나 조금도 지친 기색이 없었다. 상주가 되자 예절을 지키고 슬퍼하는 것이 극진하니 조상하는 사람들이 크게 경의를 표했다. 경오(1870)년과 신미(1871)년에 연이어 생가에 부모상을 당했는데, 정신 없이 밤을 새워 사월리에서 해제까지 3백 리 길을 달리며 슬피 부르짖어 여러 번 기절했다가 깨어나기도 했다. 4년 동안에 거듭 큰일을 만나 먼 길을 바쁘게 쫓아다니며 슬픔이 지나치고 몸을 해친 것이 오랜지라, 병을 얻어 거의 위태로울 지경에 이르렀다. 보는 사람들이 다 깜짝 놀라 몸을 도울 수 있는 것을 먹도록 권했는데 억지로 권하면 마지못해 먹었으나 조금만 회복되면 문득 거절하였다.

상을 마치자 문헌공(文憲公) 성재(性齋) 허 선생(許 先生)을 서울로 찾아가 뵈었다. 선생이 함께 이야기하며 크게 기뻐하여 자주 칭찬하기를 "그대를 대현(大賢)의 자손에서 얻으니 우리들에게 빛이 더하게 되었다"고 하였다. 또 이한주(李寒州) 선생을 좇아 청천(晴川), 회연(檜淵), 단산(丹山) 등지에서 향약(鄕約)을 창도하고 음례(飮禮)를 행하며, 따라서 방약(坊約) 이약(里約)을 베풀고 매달 초하루에 모여 상과 벌을 주어 그로써 지도 통솔하였다. 이보다 앞서서 조정에서 사당과 서원을 헐고 치우라는 명령이 있었으므로 청천서원도 역시 면할 수는 없었다. 아버님은 고을 유지들과 상의하여 월천서당(月川書堂)을 세우고, 성현을 사모하고 학문을 강론하는 곳으로 삼았다. 선조의 고반정(考槃亭)을 중수하여 가장(家藏) 서적 천여 권을 나누어 갖다 두고 때때로 마음에 있는 사람을 맞아다가 친구를 맺고 샘물과 돌, 자연을 벗삼아, 마음을 넓히고 고요한 취미를 즐겼다.

계미(1883)년에 5도의 유생들이 상소하여 문정공(文貞公)을 문묘(文廟)에 배향할 것을 청하였다. 대궐 앞에서 엎드려 기다리기를 열흘이 넘도록 임금의 비답이 내리지 않았다. 대개 생각을 달리하고 있는 사람들이 글을 승정원에 그대로 두고 임금께 올리지 않은 때문이었다. 소청(疏廳)의 여러분들이 아버님에게 이르기를 "자네가 만일 민태호(閔台鎬) 판서를 찾아가 만나보고, 민대감을 시켜 정원을 문책하도록 하면 도승지(都承旨)란 사람이 틀림없이 상감께 올리는 것을 감히 끝내 막지는 못할 것이오" 하였다. 조종필(趙鍾弼) 판서와 김익용(金益容) 판서가 더욱 그 이론을 주장하였다. 아버님이 평생에 권귀(權貴)의 집을 찾지 않은 이유로 이를 어렵게 여기자, 성재(性齋) 선생이 말하기를 "일이 공의(公議)에 관계되는 것이므로 흠될 것이 없다"고 하였다. 아버님은 드디어 민대감을 가서 보고 요직에 있는 사람들이 권력을 마음대로 휘둘러 공론을 가로막고 있다는 사실을 들어 당당히 말하였다. 그때 자리에 주욱 앉아 있던 대신들은 눈을 크게 뜨고 놀라워하지 않는 사람이 없었다. 비록 거만한 민대감이었지만 역시 얼굴빛을 고치고 몸을 낮추어 정중히 대하였다. 그 이튿날 만족한 임금의 회답을 얻었다. 여러분들이 또 아버님에게 가서 사례를 하라고 권했다. 아버님은 말하기를 "공적인 일이 이미 끝났으니 다시 찾아가는 것은 옳지 않다" 하고 끝내 따르지 않았다.

갑오(1894)년에 동학당이 크게 일어나, 가는 곳마다 약탈을 하며 떼를 지어 휩쓸고 다니는 자들이 하루도 문 앞에 끊어지지 않았다. 그러나 그들 무리가 서로 일러 말하기를 "여기는 김하강의 마을이다. 조심하여 범하지 말라"고 하였다. 이리하여 사월리 일대는 끝내 아무 일도 없었다.

어느 날 아버님은 교외에서 논에 모심는 것을 살폈다. 그리고 불초 창숙과 함께 공부하는 수십 명을 부른 다음 앞으로 나오게 하셨다. "너희들은 한갓 글을 읽는다는 것을 빙자하여 다만 부모 밑에서, 입고 먹는 것이 편안하고 즐거운 줄만 알 뿐이다. 그러니 시대와 세상이 어떻게 변천되고 있고 농사하는 어려움이 어떤 것인지를 어떻게 알 수 있겠느냐? 방금 온 나라가 멸망의 위기에 처해 있어 편안히 높은 집에 살며 하인들은 호령하여 앉아서 입고 먹기를 꾀할 때가 아니다. 너희들은 오늘 농사꾼들의 뒤를 따라 한 번 농가의 고생하는 맛이 어떤 것인가를 맛보라" 하셨다. 우리는 명령에 따를 뿐 감히 거역하지 못했다. 낮이 되어 점심밥을 먹게 되었을 때, 또한 우리들에게 명령하여 여러 농군들과 함께 서로 섞여 나무 그늘 밑에 둘러앉게 하셨다. 밥하는 하녀를 시켜 나눠 먹이게 하며, 다만 앉은 차례대로 따를 뿐, 주인이라 하여 하인보다 먼저 먹지 못하게 했다. "너희들도 오늘은 똑같은 농사꾼이다. 어찌 주인과 하인을 묻겠느냐"고 하셨다. 대개 아버님은 시대와 세상을 환히 살피시고 계급과 문벌을 타파해야 한다는 것을 내다보는 것이 이러했다.

을미(1895)년에 섬나라 도적이 우리 강토를 시끄럽게 하고, 우리나라 왕비를 죽이고, 우리에게 머리를 깎도록 협박하였다. 아버님은 탄식해 말하기를 "이놈들을 없애지 못하면 우리들이 반드시 식민지의 노예가 되고 말 것이다" 하고, 드디어 고을 사람들을 인도하여 의병을 일으킬 것을 꾀하고 격문(檄文)을 원근에 돌렸다. 마침 고을 원인 이규환(李圭桓)과 관찰사(觀察使) 이병감(李炳鑑)이 듣고, 아버님을 찾아와 화복(禍福)으로 겁을 주며 굳이 말렸다. 아버님은 엄숙한 말로 잘라 말하기를 "내 뜻은 이미 정하였으니 공들이 나를 움직일 수는 없다" 하고 뒤이어 "마음은 한 몸의 주인이고, 몸은 내 마음의 집이라. 차라리 집 없는 주인이 될지언정, 주인 없는 집이 되지는 말라"[1]는 시 한 수를 지어 보였다. 두 이씨는 멍하니 한참을 있다가 말하기를 "우리들이 높이 우러러본 지 오래였지만 지금에야 군자가 의리를 지키는 것이 얼마나 확고한 것인가를 알았노라" 하고 감히 다시는 위협하는 말로써 움직이려 하지 않았다. 이때부터 정찰하는 기병이 날마다 대문 앞을 지키고 있었고 큰 화가 바로 눈앞에 닥쳐와 있었건만 아버님은 의연한 태도로 조금도 흔들리는 기색이 없었다. 이때 처음 아버님과 일을 같이 하던 고을 사람들이 거의 모두가 머뭇거리며 앞으로 진행해 나가기를 못하니 깃발을 들고 행동에 나서는 것이 날로 늦어져 갔다. 아

---

1) 心爲一身主, 身作吾心宅, 寧爲無宅主, 莫作無主宅

버님은 일이 제대로 안 되는 것을 보고 슬픔과 분을 이기지 못하여 혹 큰 술잔을 들고 눈물을 주루루 흘리며 "사기(士氣)가 죽었으니 나라가 장차 무엇을 의지해서 망하지 않고 견디겠는가"라고 하였다. 오래지 않아 병으로 눕게 되었다. 집 사람들을 보고 "내 병은 약이나 침을 가지고 고칠 수 있는 병이 아니다"라고 일렀다. 임종시에 숨결이 가늘어지기 시작했는데도 정신만은 아직 또렷한 채 편안히 세상을 떠났다. 병신(1896)년 2월 9일이 돌아가신 날이다. 슬프고 원통하다. 처음에는 계시던 마을 뒤 언덕에 모셨다가 뒤에 땅이 좋지 못하여서 다시 고을 서쪽 금파방(琴琶坊) 산고개 정좌(丁坐) 줄기에 고쳐 모셨다.

아버님이 처음 동복 오씨(同福 吳氏)에게 장가드니 졸재(拙齋) 백령(百齡)의 후손인데 혈육이 없이 돌아가셨고 다시 인동 장씨(仁同 張氏) 우응(禹應)의 따님을 맞이하셔서 아들 하나와 네 딸을 두었다. 아들은 곧 불초 창숙(昌淑)이고 딸들은 진양(晋陽) 하홍규(河弘逵), 성산(星山) 이간(李偘), 전의(全義) 이영로(李泳魯), 재령(載寧) 이길호(李吉浩)에게로 각각 시집갔다. 창숙의 세 아들은 환기(煥基)·찬기(燦基)·형기(炯基)이고, 두 딸은 인동(仁同) 장세형(張世泂)과 학성(鶴城) 이동립(李東立)이 그 남편이다. 환기는 일찍 죽어 자식이 없고, 그 아내가 행실을 잃은지라 나는 종중의 의논을 받아들여 찬기에게 뒤를 잇게 하였다.

아버님이 젊으셨을 때 일찍이 호매(豪邁)하여 입신양명(立身揚名)의 뜻을 두었었는데, 여러 차례 과거에 실패를 겪으시고는 곧 탄식하여 말하기를 "선비가 말세에 살면서 벼슬에 뜻을 두는 것은 부끄러운 일이다" 하고, 곧 퇴계 선생의 「성학십도(聖學十圖)」를 손수 그래서 자리 오른쪽에 걸어두고, 경·사·자·집(經史子集)을 가져다가 읽고 또 생각하며 마음이 즐거워 여생이 얼마 남지 않은 것도 잊고 있었다. 평상시에 날마다 꼭 새벽이면 일어나, 갓과 띠를 갖추고 먼저 사당에 배알하고 물러 나와 책상을 대하면 종일 단정히 앉아 어깨와 등을 곧게 세운 채 잠시라도 태만한 태도를 보이지 않았다. 타고난 성품이 넓고 굳세며, 사람을 대하고 사물을 접하는 것이 자애롭고 진실하고 주밀하고 자상할 뿐, 독특하게 남달리 뛰어나거나 힘들고 어려운 행동을 하지 않고, 오직 충신(忠信)과 청백과 정직을 주로 하였다. 남의 착한 것을 보면 기리기를 아끼지 아니하고, 남의 허물을 들으면 직접 대해서 간곡하게 일깨워주었다. 이로 인해 어진 사람들은 사랑하고 존경했으며 어질지 못한 사람들도 또한 몹시 두려워하였다. 비록 무지한 이웃 여자나 어린 아이들일지라도 옳지 못한 일이 있으면 서로 타일러 말하기를 "하강공께서 들으면 꾸중하시지 않겠느냐"라고 하였다. 아버님은 일을 처리하는 것이 아주 자세했는데, 반드시 먼저 마음속으로 이것이 옳은 일이냐, 옳지 못한 일이냐를 물어 만일 그것이 옳은 일이면 한 칼에 두 토막을 내듯 단호히 실행하였다. 가끔 고을이나 도의 유회(儒會)에 어렵고 조심스런 일이 있어 서로 논박하며 의논이 마구 엇갈려 결정이 나지 않으면 모두 말하기를 "하강이 오면 결정을 볼 수 있다"고 하였다. 아버님이 이르러 조용히 몇 마디 말로써 풀면, 양쪽이 감히 다시 딴 주장을 내세우지 못하였다.

금오랑(金吾郎)을 지낸 백씨(伯氏)와는 우애가 매우 두터워 몇 리를 떨어져 살면서도 하루 걸러 한번씩 문안을 드렸다. 혹 그의 하는 일이 이치에 맞지 않으면 자세하고 간곡하게 간하여 못하게 했다. 백씨께서 성내어 따르지 않으면 그의 노여움이 풀리기를 기다렸다가 고운 말로 되풀이하여 기어코 감동하여 고칠 것을 허락받은 뒤에야 그만두었다. 자식 조카들을 가르치는 데 있어서는 엄하면서도 박절하지 않았다. 불초인 내가 잘못이 있으면 당장 때리거나 꾸짖지를 않고 약간 얼굴빛을 변하여 즐겨하지 않는 기색만 보였다. 내가 황공하여 죄를 청하면 그제야 천천히 말씀하시기를 "네가 몸가짐을 조심하지 않으니 장차 이 애비를 어떤 처지로 만들 작정이냐?"고 하셨다. 하녀와 하인들을 거느리는 데도 은혜로써 하고 위엄으로 하지 않았다. 사람들이 학대하여 부리는 것을 보면 곧 말하기를, "저들이 생각하는 것은 오직 은혜뿐인데 위엄을 가지고 겁나게 하면서 그들이 진심에서 복종하기를 바랄 수 있겠는가?" 했다. 또 매양 집사람들에게 이야기하여 "조상 제사를 정성으로써 하지 않으면 신(神)이 흠향을 하지 않고, 손님 접대를 정성으로 하지 않으면 어진 사람이 이르지 않는다. 사람의 집안이 흥하고 망하는 것은 조상 제사와 손님 접대를 정성으로 하느냐 못하느냐로 점칠 수 있다"고 하였다. 옷감은 반드시 집에서 짠 것을 취택하며 "성하고 깨끗하면 족히 그것으로 몸을 편하게 할 수 있다" 하고 집기(什器)는 반드시 이상한 것들을 물리치고 "튼튼하고 검소하면 족히 그것으로 쓰는 데 맞게 할 수 있다"고 하였다. 일찍부터 생활을 해나가는데 담박했고 늦게는 더욱 청한(淸寒)하여 밖에 나갈 때도 말[騎]이 없었고 앉는 데에도 담요가 없었다. 혹한 그릇 밥이 차지 못하고, 겨울에 방이 따뜻하지 않아도 또한 조금도 탄식하는 일이 없었다.

함께 사귀어 논 분으로는 만구 이종기(晚求 李鍾杞), 면우 곽종석(俛宇 郭鍾錫), 대계 이승희(大溪 李承熙) 같은 여러 학자들이 있었는데, 다 도의로써 서로 추허(推許)하였다. 아버님이 돌아가시자 위의 세 분은 만사(挽詞)와 행장(行狀)으로 자세히 아름다운 덕을 말하고, 다 우리 유림의 불행이라 하며 비통해 하셨다. 이제 그 만사와 행장을 가져다가 읽으면 그것으로 아버님을 칠팔 분쯤 알 수 있다. 불초 내가 또 어찌 감히 장황하고 아무렇게나 지어, 자신을 속이고 아버님을 속여 불효의 죄를 한결 무겁게 할 수 있겠는가. 나는 어려서부터 둔했고 자라서는 더욱 게을러 가문의 학문을 거칠고 떨어지게 하여 이룩한 바가 없었는데, 마침내는 오랑캐들이 천하를 뒤엎는 시기를 만나 몸은 포로가 되어 흰머리에 고칠 수 없는 앉은뱅이가 되고 죽을 날이 또한 멀지 않았으니, 저으기 아버님의 참다운 덕과 훌륭한 행실이 끝내 사라지고 전해지지 않을까 두렵다. 이에 내가 어리고 젊었을 때 직접 교훈을 받아 익숙하게 아는 것과 어머님과 백부님께서 가르쳐 일러주신 것을 주워 모으고, 아울러 고을 사람들과 친척들이 퍼뜨려 일반이 널리 이야기하고 있는 것들을 근거로 하여 차례로 위에 말한 것과 같이 기록한다. 장차 당세의 이 나라 붓대 잡은 이에게 받들어 고하고, 그의 글을 받고자 한다.

경진(1940)년 3월 상현(上弦)에 불초 자식 창숙은 울산(蔚山) 백양산방(白楊山房)에서 눈물을 삼키며 적는다.

제3부 자서전

자서전(自敍傳) · 상(上)

변혁기(變革期)

나의 성명은 김창숙(金昌淑)이고 별호는 심산(心山)이라 한다.

내가 어려서 몹시 미련하더니 늙어서 더욱 어리석었다. 사람들이 "자네 이름을 우(愚)라 부르세" 하기에 나는 본명인 창숙(昌淑)을 두어두고 우(愚)가 좋다고 하였다. 또 내가 어려서 잔병이 많더니 늙어서 앉은뱅이가 되었다.[1] 사람들이 "자네 호를 벽옹(躄翁)이라 부르세" 하기에 나는 그것도 좋다고 하였다. 그로부터 나를 '벽옹 김우'라 일컫게 되었다.

나는 아이 적부터 성질이 거세어 결코 남에게 지려 들지 않았

---

1) 心山은 대구와 대전에서 오랜 옥고를 치르다가 지체에 병을 얻어 두 다리가 마비되었다.

기 때문에 동무들이 모두 꺼려하고 피했다.

여섯 살 무렵에 글을 배우기 시작했는데 종일 책을 펴들지 않고도 곧잘 외울 수 있었다. 여덟 살 적에 『소학(小學)』을 배웠으나 오직 나가 놀기만 힘쓰고 쇄소응대(灑掃應對)[2]의 일은 귀찮게 여겼다. 아버님 하강공(下岡公)과 어머님 장부인(張夫人)께서는 언제나 엄격하게 대하시고, 만득(晩得)이라 해서 어리광을 받아주시는 법이 없었다.

열살 적에 아버님의 명을 좇아 동리에 사시는 정은석(鄭恩錫)이란 어른에게 나아가 가르침을 받았는데, 늘 방종한 아이들을 따라다니며 놀았다.

정 선생은 가르치는 법이 아주 엄하여, 일찍이 "네가 너의 아버지의 뜻을 따르지 않으니 어떻게 사람이 되겠느냐"고 훈계하셨다.

그때부터 차츰 분발하였으나 구속받기 싫어하는 기질은 전과 마찬가지였다.

열서너 살 적에 비로소 사서(四書)를 떼었으나 아직 위기지학(爲己之學)[3]이 무엇인지 전혀 몰랐다. 아버님께서 몹시 걱정하신 나머지 친하게 지내시던 이대계(李大溪) 선생에게 부탁하여 "우리 가문의 앞날은 이 아이에게 달려 있네. 자네가 각별히 지도해서 성취시켜 주기 바라네" 하셨는데, 내가 본래 성리설(性理說)을 듣기 좋

---

2) 집안을 청소하고 어른을 대하는 등의 일상 생활. 옛날에는 가정 교육에 있어 이러한 절차를 매우 중요시했다.
3) 남에게 명예를 얻기 위함이 아니고 자기 자신의 내적 수양에 의한 인격 형성에 힘쓰는 학문. 爲人之學과 반대되는 말이다.

아하지 않아서 결국 그 문하에 가지 못하고 말았다. 내가 배움에 힘쓰지 않음이 대개 이 같았던 것이다.

갑오(甲午; 1894)년에 동학 난리가 일어나서 나라 안이 크게 어지러웠다. 나는 당시 글방의 동접들과 하과(夏課)[4]를 하고 있었다. 어느 날 아버님께서 들에 나가셨다가 모내기하는 것을 보시고 학생들을 불러 세우고, "너희들은 부모님이 주시는 밥을 먹고 옷을 입고 앉아서 한갓 옛 사람의 글만 읽고 있다. 지금 세상이 어떤 때이며, 저 농군들의 노고가 어떠한 지 아느냐? 오늘 저 농군들과 함께 수고를 같이 해보면 곡식 한알 한알이 피땀의 결실임을 어느 정도 알게 될 것이다" 하시니 학생들은 감히 어기지 못했다.

점심참이 되자 농군들과 나무 그늘 밑에 서로 섞여 둘러앉도록 한 다음 말씀하셨다.

"오늘은 너희들도 다 같은 농부이다. 응당 나이의 노소만을 따질 것이지 누가 귀하고 천한가를 물을 것이 없다."

그리고 밥 짓는 계집애를 시켜서 점심을 나누는데 늙은 종들 앞에 먼저 주고 학생들은 뒤에 들도록 하셨다. 학생들은 내심으로 불평을 품었으나 감히 겉으로 드러내지는 못했다. 점심을 들고 나자 경계하는 말씀을 하셨다.

"지금 세상이 크게 변해가는 즈음인데, 너희들이 『주역(周易)』을 읽고도 변혁의 이치를 몰라서야 되겠느냐. 너희들은 다른 날에 마땅히 이 노부(老夫)의 말을 생각해서 처세 입명하는 방도를 강구해야 할 것이다."

---

4) 書堂에서 여름철에는 시를 외우고 짓는 공부를 주로 했는데 이를 '夏課'라 불렀다.

나는 그때 어리고 어리석어 무엇 때문에 그런 말씀을 하셨는지 몰랐다. 그 후 몇 해를 지나자 세상이 과연 일변해서 문벌을 타파하고 노예를 해방하는 제도가 나와서 행해지게 되었다. 이때 비로소 아버님께서 선견지명이 있으셨음을 깨닫고, 이에 마음속으로 '내가 아버님을 배우지 않고 누구를 배우겠는가'라고 소리쳤다. 드디어 개연히 구습을 고치고 새 길을 도모하여 운뢰(雲雷) 경륜(經綸)5)의 뜻을 가졌으되, 아직 나이 어리고 학문이 얕아서 감히 움직이지 못했다.

병신(丙申; 1896)년에 아버님께서 세상을 떠나셨다. 그때 내 나이 열여덟으로, 상제의 예법을 지키지 않고 예사 사람처럼 마구 술마시고 고기를 먹으매 어머니께서 준절히 꾸중하셨다.

"너는 지금 과부의 자식이다. 네가 대현(大賢)의 종손(宗孫)6)으로서 상중에 무례함이 이 지경에 이르렀으니 아버님의 혼령이 계시다면 자식을 두었다 여기시겠느냐?"

나는 그 후로 깊이 뉘우쳐서 매일 예서(禮書)7)를 읽으면서 조심하고 해이하지 않았다. 항상 어머님의 훈계를 어기지 않고 아버님의 뜻을 잃어버리지 않기로 힘을 썼다.

상기(喪期)를 마친 후 아무쪼록 널리 배움을 구하여 견문을 넓힐 뜻을 세우고 당세의 대유(大儒)인 이만구(李晩求, 鍾杞)·곽면우(郭俛宇, 鍾錫)·이대계(李大溪, 承熙)·장회당(張晦堂, 錫英) 같은 어른들의

---

5) 큰 변화가 오게 될 것을 미리 깨달아 세상을 바로잡기 위해 활약한다는 의미. 『周易』에 "雲雷屯, 君子以經綸"이란 말이 있다.
6) 心山은 宣祖 때의 학자 東岡 金宇顒의 종손이므로 이렇게 말한 것이다.
7) 인간 생활에 필요한 예의 절차를 기술한 책. 과거 喪中에는 보통 예서를 많이 읽었다.

문하를 두루 찾아뵙고 경서(經書)의 뜻을 물어서 감발(感發)된 바가 많았다. 특히 이대계 선생에게는 마음속으로 절로 감복되어 성심껏 섬기게 되었다.

당시 강한 외적이 나라를 위압하여 국사가 날로 어그러지고 있었다. 나는 세속 학자들이 한갓 성리의 오묘한 뜻만 고담(高談)할 뿐, 구국의 시급한 일을 강구하지 않음을 병폐로 생각하고 탄식하여, "성인의 글을 읽고도 성인이 세상을 구제한 뜻을 깨닫지 못하면 그는 가짜 선비이다. 지금 우리는 무엇보다 먼저 이따위 가짜 선비들을 제거해야만 비로소 치국(治國) 평천하(平天下)의 도를 논하는 데에 참여할 수가 있을 것이다"라고 말하니 듣는 이들이 모두 떠들썩하였다.

경자(庚子; 1900)년 봄에, 당시 재상(宰相) 이유인(李裕寅)[8]이 그 문객 장(張)모를 시켜 나를 보고, 일차 서울에 와서 서로 만나기를 바라는데, 말인즉 나를 장차 특천(特薦)해서 벼슬을 얻게 해주겠다는 것이었다. 이(李)는 진령군(眞靈君)[9]이란 요망한 계집과 결탁해서 광무황제(光武皇帝)의 총애를 받고 권세를 부려 한참 기세가 등등한 인물이었다. 나는 완곡한 말로 학문이 넉넉하지 못하다고 사양하였다. 그 해 가을 그 사람이 재차 와서 이가 만나보기를 원한다는 뜻을 다시 전하고 기어이 같이 가자고 하였다. 나는 병을 핑계하고 끝내 나서지 않았다.

---

8) 경남 金海 출신으로 한때 眞靈君과 결탁하여 출세한 뒤에 크게 위세를 부린 바 있다.
9) 關王廟를 받들던 무당으로 閔妃의 총애을 받아 한때 위세를 부렸다.

을사(乙巳; 1905)년 겨울, 일본 놈이 아라사(俄羅斯; 러시아)를 꺾은 기세를 타서 우리 정부를 협박하여 5조약(五條約)을 체결하고, 보호라는 미명하에 통감부를 설치하였다. 나는 이대계 선생을 따라 대궐 앞에 나아가서 이완용(李完用)·이지용(李址鎔)·박제순(朴齊純)·이근택(李根澤)·권중현(權重顯) 등 5적(五賊)을 목 벨 것을 상소하였으나 회답이 없어 통곡하고 돌아왔다.

얼마 후 이대계 선생은 고국을 떠나 망명하셨는데, 나도 따라가고 싶었지만 어머님이 계시기 때문에 내 뜻대로 할 수 없었다.

애국운동(愛國運動)

무신(戊申; 1908)년, 나라 안의 뜻 있는 인사들이 대한협회(大韓協會)[10]를 창립하여 국민에게 독립사상을 고취하고 정부의 매국 정책을 통렬하게 배척하였다. 나는 탄식하여 "나라가 곧 망하겠다. 지금 문을 닫고 글만 읽을 때가 아니다" 하고 드디어 이덕후(李德厚)·박의동(朴儀東)·김원희(金元熙)·이진석(李晋錫)·도갑모(都甲模)·이항주(李恒柱)·최우동(崔羽東)·배상락(裴相洛) 등 여러 사람과 의논하고 대한협회 지부를 우리 군의 향사당(鄕射堂)[11]에 설치하였다.

---

10) 1907년 11월 서울에서 權東鎭·吳世昌·張志淵·南宮檍 등이 중심이 되어 발기된 단체로, 국권 회복을 위한 애국 계몽활동을 벌이고 大韓協會月報를 간행했다.

나는 총무로 추천되어 회원들에게 "우리들이 이 모임을 만든 것은 장차 조국을 구하고자 함입니다. 조국을 구하고자 할진댄 마땅히 구습의 혁파부터 시작해야 하며, 구습을 혁파하고자 할진댄 마땅히 계급 타파로부터 시작해야 하며 계급을 타파하고자 할진댄 마땅히 우리의 이 모임으로부터 시작해야 할 것입니다"라고 말하니 회원 중에 박수치며 환호하는 이도 있고, 노해서 큰 소리로 욕하는 이도 있었다. 나는 욕하는 이들에게 말했다.

"일본 순경이 방금 칼을 뽑아 들고 문간에 당도했다. 이놈이 도적인데 자네는 오히려 굽실굽실하며 맞아들이고 도리어 나를 꾸짖는 격이로군. 자네는 어찌 저자들에게는 겁을 내고 나에게는 용감하단 말인가. 자네는 나를 꾸짖는 그 용기를 도적 몰아내는 데로 전환시킬 수 없단 말인가." 내가 수구(守舊)하는 고루한 유생들과 서로 사이가 나빠진 것은 이때부터였다.

기유(己酉; 1909)년, 일진회(一進會) 반역배인 송병준(宋秉畯)·이용구(李容九) 등이 일본 통감 이토오 히로부미[伊藤博文]의 사주를 받아 우리 정부에 상서하고 또 일본 정부에 투서해서 한일합방론(韓日合邦論)을 제창하자 최정규(崔晶奎)·이원달(李源達) 같은 주구들이 이어 받아서 신문에 떠들썩하게 보도하였다. 일인들은 큰 소리로 "이는 조선 사람들의 진정한 소원이라" 하였다.

내가 분연히 나서서 "이 역적들을 성토하지 않는 자 또한 역적이다" 하고 곧 글을 만들어 지방 사람들에게 널리 알려서 향교에 모이도록 했다. 이 모임에 참여한 사람은 70여 명이었다.

---

11) 각 지방의 향중 선비들이 모이는 公廳.

나는 이렇게 말하였다.

"나라의 존망에 관계된 중대사에는 아무리 포의(布衣)[12]라도 말할 수 있는 의리가 있으니 이는 주자(朱子)의 가르침이다. 우리의 의리상 일진회 역적들과 한 하늘 밑에 살 수 없다. 이놈들을 성토하지 않으면 우리나라에 사람이 있다고 할 수 있겠는가. 우리가 모두 백면서생으로 손에 아무 무기도 갖지 못했으니 놈들의 고기를 씹고 가죽을 벗겨 원수를 갚자 해도 실제 어떻게 해 볼 도리가 없는 형세이다. 하물며 요즘 조정에서는 유생들이 상소해서 국사를 말하는 것도 허용하지 않는다. 지금 역적을 성토하는 방법은 오직 중추원에 건의하는 한 길이 있을 뿐인데 여러분의 의견은 어떠한가."

모두들 호응하는 기색이었다. 그래서 나는 소매 속에서 건의서(建議書) 초안을 꺼내어 여러 사람에게 돌려 보이고 검토해줄 것을 청했다. 모두들 보고 나서 다 입을 다물고 말이 없었다.

이윽고 내가 그들에게 "여러분은 이 글이 너무 과격해서 화가 미칠까 겁내는 것이 아닌가. 화를 겁내는 사람에게는 나도 강요하지 않겠다"고 하였다.

김원희(金元熙)가 "이 글이 극히 과격하나 기왕 역적을 성토코자 한다면 무어 주저할 것이 있겠는가. 원안대로 수정하지 않고 채택함이 좋겠다" 하자, 이진석(李晋錫)·최우동(崔羽東)이 차례로 찬성하였고, 이어 다른 사람에게 물으니 반대하는 자가 없었다.

"여러분이 지금 내가 만든 초안을 채택하기로 하였지만 이 일

---

12) 원래 '베옷'이라는 말인데 벼슬하지 않은 사람을 가리킴.

은 반드시 여러분이 직접 서명을 해야 할 것이다. 스스로 요량해서 서명하든가 말든가 결정하라."

정기락(鄭基洛)이 마침 가까운 자리에 있기에 "그대 생각은 어느 쪽인가?" 하고 물으니 정은, "나는 실로 화가 두려워서 못하겠다" 하였고, 최우동도 "조금 생각할 시간을 달라" 하였다. 김원희가 개연히 붓을 들어 맨 먼저 서명하자 이진석이 잇달았다.

기타 여러 사람은 다 정군(鄭君)처럼 우물쭈물하였다. 김원희가 최(崔)를 돌아보면서 "자네도 이제 진퇴를 결정하라" 하니 최는 이에 서명하였다.

나는 김원희·이진석·최우동 세 사람 앞으로 가서 손을 잡고 한숨을 쉬며 "칠십여 명 가운데 오직 자네들 세 사람만이 함께 일하기를 허락하였구려. 위험에 다다라서 능히 흔들리지 않는 것이 과연 이같이 어려운가. 이 일은 내가 주장해서 시작한 만큼 설사 큰 화가 닥치더라도 내가 꼭 감당할 것이니 자네들은 마음을 놓게" 하였다.

이어서 정본(正本)을 작성하고 네 사람이 연명하는데 내가 첫머리에 하였다. 그것을 직접 중추원에 바치고, 또 서울 각 신문사에도 투고하였더니 이내 그 전문(全文)이 각 신문에 실려서 알려지게 되었다. 그 내용을 보고 모두 말이 격렬하므로 우리 네 사람을 위태롭게 여겼다. 곧 성주(星州)에 주재하던 일본 헌병 분견소(憲兵分遣所)에서 우리 네 사람을 연행해 갔다. 소장인 아시다 야노스케[蘆田彌之介]란 자가 나를 심문하였다.

"그대들이 중추원에다 건의서를 보냈다는데 사실인가?"

"그렇다."

"당신들은 건의하고 싶으면 어찌 먼저 분견소를 통하지 않고 바로 중추원에 보냈는가?"

"우리가 우리나라 역적을 성토하는데 도대체 일인과 무슨 상관할 것이 있는가?"

"그대들이 무슨 연유로 일진회를 역당으로 지목하는가?"

"저 일진회의 송병준·이용구 등은 대한의 백성이다. 대한의 백성으로서 감히 한일합방론을 주창하니 역적이 아니고 무엇인가. 우리들은 저 역적들과 한 하늘 아래서 살지 않기로 맹세하였기 때문에 역적을 성토하는 일을 한 것이다."

"한국은 정치가 부패하였고 경제가 파탄지경이라, 만약 일본 정부가 잘 보호하지 않으면 자립할 수 없다. 이번에 송병준과 이용구 등이 한일합방을 제창한 것은 천하 대세를 꿰뚫어 본 인물의 주장이라 할 것이오 당신들의 소위 역적을 성토한 일은 시세를 잘 아는 호걸들의 비웃음을 사기에 알맞다."

"일본인이 만약 송병준과 이용구 등을 천하 대세를 꿰뚫어 본 인물로 인정한다면 나는 일본의 망하는 날이 머지 않은 것을 걱정하노라. 가령 일본의 힘이 떨치지 못하여 현재 우리 한국의 형편처럼 되어 저 부강한 미국 같은 나라가 대군을 끌고 와서 위협하는 경우, 미국에 빌붙은 어떤 일인이 송병준·이용구처럼 미일합방론을 제창한다면 그때도 너희들은 또한 그들을 천하 대세를 꿰뚫어 본 인물이라고 인정하겠는가? 너희들 일인들은 충과 역의 큰 분간을 모르고 있으니 나라를 팔아 먹는 역적이 반드시 뒤따라 생겨날 것이다. 그래서 나는 일본이 망할 날이 머지 않은 것을 걱정한 것이다."

이에 그자가 대노해서 소리쳤다.

"귀국 황제가 만약 합방을 허용한다면 당신들은 어떻게 할 참인가?"

"우리 황제께서는 결코 매국노의 말을 들어 허용하지 않을 것이다. 설령 허용하신다 하더라도 그것은 난명(亂命)13)이다. 난명이니 나는 따르지 않겠다."

"황제의 명을 따르지 않으면 곧 반역이 아닌가?"

"사직(社稷)14)이 임금보다 중한지라, 난명은 따르지 않는 것이 바로 충성하는 일이다."

이 날의 장황한 문답은 다 기록하지 못한다.

이어 김원희·이진석·최우동이 차례로 심문을 받았는데 그 주고받은 요지는 세 사람이 별 차이가 없었으며, 김원희의 말씨가 가장 태연하고 분명하였다.

우리는 야심해서야 여관으로 돌아왔다. 향중(鄉中)의 사람들이 소문을 듣고 많이들 술을 차고 찾아와서 위로하였다.

다음날 우리 네 사람은 또 함께 성주 경찰 주재소에 연행당했다. 주재소장 우에다 켄[上田憲]이란 자는 협박 공갈하는 것이 헌병 소장 아시다[蘆田]에 비해서 훨씬 거칠고 사나웠다.

나는, "내가 역적을 성토한 경위는 이미 아시다에게 죄다 말했다. 아시다에게 가서 물어보면 될 것이니 다시 우리에게 따질 것이 없다"고 했으며, 세 사람도 혹 대답하기도 하고 않기도 하였다. 저들의 협박이 갈수록 더욱 심했다. 나는, "우리들의 의기가 너희

---

13) 정상적인 사고를 할 수 없는 혼미한 상태에서 내린 명령.
14) 원래는 나라에서 제사 지내는 穀神·土神을 가리키는데, 곧 나라를 의미한다.

들의 위협 공갈로 굴복되지 않을 것이다” 하였다.

그 이튿날에는 또 헌병소로 연행되었다. 아시다가 일어나 맞으면서 웃음을 띠고 말하였다.

“여러분들은 한갓 옛글만 읽어 시세를 알지 못하였던 고로 이런 분별없는 행동을 한 것이오 모름지기 건의서를 곧 취소해서 동양의 평화책을 강구하는 것이 한일 양국을 위해서 옳지 않겠는가.”

“일본이 만약 이런 따위 매국적을 이용해서 한국을 합병코자 한다면 한일 두 나라는 필시 영원히 원수로 될 것이며, 또한 평화의 날도 결코 오지 않을 것이다. 우리가 이 역적들을 성토하는 것은 실로 한일 양국의 행복과 동양 평화의 길을 강구하는 것이다. 이번 역적을 성토한 글은 아무리 협박을 당하더라도 결코 취소하지 않을 것이다.”

나는 이같이 답변했고 세 사람도 역시 내 말에 의해서 거부하였다.

다음날은 또 주재소에 연행당했다.

우에다가 웃으며 맞이하더니 앉기를 청했다.

“그대들은 잘못된 생각을 지나치게 고집하지 말고 건의소를 취소하도록 하라.”

“나는 이미 맹세코 취소하지 않겠다는 뜻을 아시다에게 말했으니 다시 긴 말 할 것도 없다.”

세 사람도 또한 같이 거절하였다.

그 후로는 헌병대와 주재소 두 곳에 하루 이틀, 혹은 사나흘 간격으로 번갈아 연행 당하여 건의서를 취소하라는 온갖 꼬임과 협박을 받았다.

무려 10여 차례나 왔다 갔다 하였으나 우리 네 사람은 서로 격려하여 버티고 끝내 흔들리지 않았다.

하루는 아시다와 우에다가 우리를 보고 이르기를, "그대들이 기어코 마음을 돌리지 않는 사실을 상부에 보고하였다. 앞으로 원근간에 어디 출입하는 때에는 반드시 헌병대와 주재소에 신고하는 것이 좋겠다" 한다.

나는 "우리의 행동거지를 너희들이 캐물을 바 아니다"고 말했다.

"만약 신고하지 않으면 반드시 엄중히 취체할 것이다."

"너희들 마음대로 하라. 그것은 내가 알 바 아니다."

그 다음부터 헌병과 경찰의 밀정이 항상 내 뒤를 따라 다녔다. 그때 중추원에서는 건의서를 내각으로 이첩했는데 역적 이완용 등이 필경 처리하지 않고 방치해 버렸다. 통곡할 일이로다.

그 선인 병오(丙午; 1906)년 무렵에 국중 인사들이 단연 동맹회(斷烟同盟會)[15]를 창설하고 단연금(斷烟金)을 모아서 국채(國債)를 상환(償還)하려는 운동이 일어났었다. 그때 모아진 금액이 국채를 상환하기 부족하므로 부호(富戶)들이 갈라 맡아서 이자를 기르고 있었다. 경술(庚戌; 1910)년 봄에 단연회 모금을 처리하는 모임이 서울에서 열렸다. 나는 성주군 대표로 회의에 참석했다. 이 회의에 3백여 명이 참가해서 저마다 처리할 방법을 제안하여 중론이 통일되지

---

15) 1905년 전후 정부는 일본으로부터 많은 外債를 지고 있었는데, 먼저 이것을 갚아야만 國權의 自主性을 회복할 수 있다고 하여, 國債報償運動이 경향 각지에서 일어났다. 그 방법으로 각자가 피우던 담배를 끊어 절약된 돈을 모아 국채 보상에 쓰자 해서 성립된 것이 斷烟同盟會이다.

않았다. 일진회 대표 김상범(金相範)이란 자는 전국에서 모금한 돈을 전부 중앙에 집결시킨 다음 각 정당의 감독을 통해 처리하도록 할 것을 역설하고 나왔다. 나는 큰 소리로 외쳤다.

"이 돈을 전부 중앙에 모아두고 정당이 관리하는 것도 벌써 위험한데 더구나 일진회 매국 역당에게 맡겨서 되겠는가? 국채를 상환하지 못할 바에는 차라리 교육 기관에 투자해서 인재를 양성하는 것이 옳다. 나는 귀향하는 길로 우리 군에서 모금한 전액을 사립학교의 기금에 충당시키겠다."

그리고 곧 탈퇴 성명서를 제출해 버렸다. 고향으로 내려와서 김원희(金元熙)·도갑모(都甲模)·이항주(李恒柱)·이진석(李晋錫)·배동옥(裵東玉) 등과 의논하였다.

"나는 처리회(處理會)를 탈퇴하는 자리에서 이미 사립학교 설립 취지를 선언하였다. 여러분은 어떻게 생각하는가?"

모두들 찬성했다. 나는 "우리 군에서 맡고 있는 단연금은 10여만 원에 불과하니 이 돈을 기금으로 삼아 이자를 받아서 학교 경상비에 충당해야 할 것이다. 교사를 신축하려면 비용이 거창하게 들 것이니 군내에 거리가 적당한 곳의 서원 건물을 택해 쓰는 것이 어떤가?" 하니 역시 모두 찬성하였다.

"청천서원(晴川書院)16)과 회연서원(檜淵書院)17)이 다 이용할 만한데, 청천은 지대가 낮고 비좁으며 회연은 약간 크고 널직하니 회연 쪽을 택하는 것이 어떤가?"

"좋다."

---

16) 心山의 선조인 東岡 金宇顒을 모시는 서원.
17) 漢岡 鄭逑를 모시는 서원.

▲ 심산의 선조 동강(東岡)을 모신 청천서당

"회연서원은 정씨가 주인이니 먼저 정씨에게 교섭해서 승낙을 얻어야 할 것이다."

이에 김원희·배동옥 등이 수차 정기락(鄭基洛)과 상의했으나 승낙을 얻지 못했다. 김원희·도갑모 등이 나에게 "회원서원은 틀렸으니 청천서원이 비록 지대가 낮고 비좁더라도 우선 이용하다가 차차 신축해 보도록 하는 것이 어떤가?" 하므로, 나도 찬성하였다.

의논이 확정된 다음 곧 목수를 불러서 청천서원(晴川書院)을 수리하여 교실을 정비하고 사립성명학교(私立星明學校)라는 간판을 걸었다. 그리고 날짜를 잡아 학생을 모집하여 9월 초순에 개교하기로 예정하였다.

이에 신교육을 반대하는 향중 및 도내의 완고한 유림들은 떼지어 일어나서 "김창숙이 나와서 청천서원이 망한다"고 공격하였다.

청천은 곧 나의 선조 동강 선생(東岡 先生)을 향사(享祀)하는 사원으로 향중과 도내 유림들이 함께 귀의하는 곳이다. 내가 학교를 설립하면서 먼저 향중과 도내 유림에게 알리지 않은 것은 실로 알리고 보면 일을 이루지 못할 것이기 때문이었다. 유림들에게 배척당한 것은 참으로 이유가 있었던 것이다.

나는 "걱정할 것이 없다. 내가 어찌 우리 조상을 잊고 유림을 저버릴 사람인가. 유림의 뜻만 순종하느라 사방에서 배우러 오는 학생들을 거절하기보다는 신진 영재를 양성해서 새 시대에 통하는 선비가 나오기를 기대하는 것이 옳지 않겠는가" 하였다.

망국(亡國)의 비분(悲憤)

경술년 8월 나라가 망하자 나는 통곡하며 "나라가 망했는데 선비로서 이 세상을 사는 것은 큰 치욕이다" 하고, 매일 술을 마시어 취하지 않고는 그만두지 않고 취하면 문득 울었다.

누군가 옆에서 말리면서 "흥망은 천운인데 술 취해 통곡한들 무엇하겠는가" 하였다. 나는 그에게 "너는 개, 돼지에게 절하려느냐? 개, 돼지에게 절하는 자 또한 개, 돼지이다."

혹시 나를 싫어해서 도망하는 자가 있으면 쫓아가 때리기도 하였다.

어느 날 취해서 산골에 쓰러져 엉엉 울고 있었다. 지나가던 친구가 보고 "자네 갓을 어디 두고 쓰지 않았는가." 물었다. "나는 갓과 신발이 거꾸로 되었는데 갓은 써 무엇하겠나" 하고 바로 갓을 찾아서 부숴 버렸다. 그 후로 출입할 때 갓을 쓰지 않고 대신 삿갓을 썼다.

때로는 술을 마신 다음 남의 낚싯대를 가지고 낚시터에 앉아 있기도 하였다. 비바람이 몹시 쳐도 종일토록 돌아갈 줄을 몰랐다. 어떤 사람이 물었다. "고기를 얼마나 잡았나?" "못 잡았네." "고기도 못 잡으면서 무슨 재미가 있나?" "나는 물고기가 마음대로 놀고 즐기는 것을 보고 스스로 즐거워한다네."

그 무렵 성주의 일본 경찰이 나의 집을 샅샅이 수색해서 단연금 장부를 빼앗아 갔다. 내가 "이것은 성명학교 운영 기금의 장부이니 결단코 너희들이 함부로 빼앗아 갈 것이 아니다" 하니 일본 경찰이 크게 성을 내었다.

"이것은 본래 국채 보상을 위해 모금한 것이다. 국고로 들어가야 마땅하지 사립학교 비용으로 쓰는 것은 불가하다."

나는 "이미 나라가 없어지지 않았는가. 나라가 없어졌는데 학교라고 남아 있겠는가" 탄식하고 다시는 성명학교 일은 참견하지 않았다.

그때에 왜정 당국은 관직에 있던 자 및 고령자 그리고 효자 열녀에게 은사금이라고 돈을 주자 온 나라의 양반들이 많이 뛸 듯이 좋아하며 따랐다.

나는 혹 이런 자들을 만나면 침을 뱉으며 꾸짖었다.

"돈에 팔려서 적에게 아첨하는 자는 바로 개, 돼지다. 명색 양반이라면서 효자 열녀 표창에 끼어 든단 말이냐?"

그리고 늘 "나라가 망하니 양반이 먼저 망해서[亡國先亡士大夫], 양정에 춤추는 자들 대부분 최가 노가이더라[梁廷舞蹈半崔盧]"[18]라는 시구를 읊으며 통곡하였다.

그 후로는 평소에 서로 알고 지내던 양반들과도 상종하지 않고 이속 하인배 따위의 술꾼 노름꾼과 어울려 놀기를 좋아하였다. 매일 술을 퍼마시고 윷이나 던지며 읍내 장터를 미친 듯이 노래하며 쏘다니고 산과 바다를 헝크러진 머리로 방황하기도 하였다. 혹시 마음이 통하는 친구라도 찾아가 만나면 통쾌하게 마시며 두어 달이 지나도 돌아갈 줄 몰랐으며 더러 천하사를 토론하다가 생각이 맞지 않으면 문득 침을 뱉아 꾸짖고 일어섰다. 그래서 사람들이 모두 "김창숙이 미쳤다"고 하였다. "남들이 나를 미쳤다고 하는 것은 나를 업신여김이 아니고 참으로 잘 본 말이다. 내 스스로 생각해도 미쳤다고 할 밖에 없다" 하였다.

평소에 친하게 지내던 한 친구가 나를 길에서 만나 손목을 잡고 눈물을 흘렸다.

"남들이 자네를 미쳤다 하는데 정말 자네가 미쳤단 말인가?"

"자네는 나를 위해 눈물을 흘리는가?"

"나라가 망해서 소나 말처럼 얽매어 살게 된 것도 어쩔 수 없는 형편이다. 자네가 조심해서 자신을 잘 지키면 일본 놈인들 자네를 어떻게 하겠나."

나는 그를 크게 꾸짖어, "자네는 나보고 자네를 따라서 소나 말이 되라는 말인가? 자네가 나를 생각한다는 것이 나를 소나 말이

---

18) 梅泉 黃玹의 싯구인데, 唐나라가 망함에 崔氏 盧氏 등 대표적인 귀족들이 모두 梁나라에 투항하여 계속 벼슬하고 있었던 것을 풍자한 내용.

되게 하는 것이다" 하고 그의 뺨을 때리고 엉덩이를 걷어찼다.

그는 "이 사람이 정말 미쳤군" 하며 눈물을 닦고 한 번 웃더니 일어나서 달아나 버렸다.

계축(癸丑; 1913)년 여름에 정처 없이 멀리 돌아다니다가 그 해 겨울에야 비로소 집으로 돌아오니 어머님께서 나를 붙들고 크게 우시었다.

"너는 훌륭하신 어른의 종손으로 책임이 중하다. 집안의 바람이 전적으로 너에게 있을 뿐 아니라, 네 어미가 의지하고 살아가는 것도 너 말고 누구겠느냐? 네가 경술년 이후로 오직 술꾼 노름꾼 같은 무뢰배들과 어울려 놀아, 하는 짓이 남을 욕하고 때리기만 일삼는 난봉꾼·악소배와 다름이 없구나. 남들이 다 너를 미치광이라 하는데 이 어미가 보아도 네가 정말 미쳤는가 싶기도 하다. 네가 들어 선세의 유업을 더할 수 없이 떨어뜨렸으니 네 어찌 문정공(文貞公)의 사당에 서겠느냐. 네가 비록 울분과 불평의 감정에 휘말려 자제하지 못하고 패악한 행동을 했다 하나 명교(名敎)[19] 중에도 스스로 즐거움을 찾을 곳이 있어 안신 입명[20]할 수가 있다. 네가 과감히 개과천선하여, 구름 속에 가려졌던 해와 달이 다시 떠오르듯이 하면 사람들이 반드시 너를 우러러 보고 탓하지 않을 것이다. 또 너는 나이가 아직 젊다. 학술을 닦으면서 서서히 우리나라의 광복을 도모하되 기회를 보아 움직이는 것이 곧 너의 나아갈 길이다. 네가 늙은 어미의 훈계를 잘 생각해서 스스로 새 사람

---

19) 儒敎의 정통적인 사고와 규범을 말함. 「名敎內自有樂地」(晋書 樂廣傳).
20) 安身立命. 하늘이 준 사명을 깨달아 동요 불안이 없이 자기 경지를 지키며 확고한 자세로 살아간다는 뜻.

이 되고 분발한다면 이 어미는 비록 죽는 날에도 아무런 여한을 갖지 않을 것이다."

나는 어머님 앞에 엎드려 깨우치시는 말씀을 다 듣고서 서로 껴안고 통곡하였다. 동리에 사는 일가들이 곡성을 듣고 왔다가 다들 따라서 슬프게 울었다.

나는 이에 물러나서 뜰 아래 엎드려 죄 주시기를 청했다.

이윽고 어머님께서 엄히 꾸중하시기를

"네 죄를 아느냐."

나는 머리를 숙이고 복죄하였다.

어머님께서 다시 엄히 말씀하시었다.

"이 다음에 또 감히 그런 짓을 하겠느냐?"

"맹세코 다시는 않겠습니다."

어머님께서 노염을 풀어 웃음을 띠우고 타이르셨다.

"네가 정말 잘못된 길을 바로잡아 허물을 고치기에 과감하다면 좋은 사람이 되기 어렵지 않을 것이다. 힘쓸지어다."

그리고 여러 일가를 돌아보시며 말씀하시기를

"이 아이가 새 사람이 되기로 맹세하였소. 여러 어른들의 채찍질을 받아서 마침내 착한 사람이 될 것 같으면 어찌 김씨 일문의 다행이 아니겠습니까?"

나는 이에 나 자신을 원망하고, 다스리고, 매질하여 속으로 말하였다.

'세상에 나의 어머님처럼 거룩한 분이 다시 있겠는가?'

드디어 죄인으로 자처하여 문을 닫고 들어앉아 전에 어울리던 술꾼 노름꾼이 찾아오면 사절하고, 오직 손님을 접대하는 외에는 늘 어머님을 가까이 모셨으며, 무슨 일에나 내 멋대로 하지 않고 어머님의 뜻을 순승하였다. 어머님은 "내가 이제야 마음을 놓게 되었다"고 기뻐하여 이렇게 경계하셨다.

"네가 전날 굴레 벗은 말처럼 날뛴 것은 글을 읽지 않은 때문이다. 지금부터라도 성현의 글을 읽고 의리의 학에 마음을 가다듬어서 특별히 경세의 도를 궁구하여 언젠가 쓰이는 날에 대비해도 늦지 않다."

나의 집에는 예전부터 장서가 많았다. 이에 먼저 경서를 들고 심오한 뜻을 탐색하여 담겨진 뜻을 이해한 다음 백가에 들어가서 치란(治亂)을 고찰하고, 옳고 그른 것을 분간해 보되 의심이 있으면 눈을 감고 조용히 사색하고, 터득한 바 있으면 촛불을 켜고 바로 적어 두었다. 이러기를 여러 해 쉬지 않고 계속하매, 비로소 인욕(人慾)을 막고 이성을 지킴이 학문하는 진수이며, 격물치지(格物致知)·성의정심(誠意正心)·수신제가(修身齊家)·치국평천하(治國平天下)의 도가 모두 여기서 벗어나 딴 데 구할 것이 아님을 믿게 되었다.

나는 4, 5년 동안 독서에 전념하면서 세상사는 전혀 묻지 않았다. 나의 일평생에 학문의 득력은 실로 이때 이루어진 것이다.

파리장서(巴里長書)

기미(己未; 1919)년 2월, 벽서장 성태영(碧棲丈 成泰英)[21]이 서울서

보낸 편지를 받았는데 사연은 이러했다.

"광무황제의 인산(因山)을 삼월 초이틀에 거행하는데 그때 국내 인사들이 모종의 일을 일으키려 한다. 기운이 이미 성숙했으니 자네도 바로 상경하여 혹시 시기를 놓치고 후회하는 일이 없도록 하라."

나는 마침 친환(親患)이 계셔서 떠나지 못하다가 그믐께서야 비로소 서울로 올라가니 벽서장이 나를 보고 말하였다.

"자네 왜 이제 오는가. 3월 1일에 조선 독립선언서를 발표할 참인데 자네는 서명할 기회를 벌써 놓쳤으니 안타깝네."

그 이튿날이 3월 1일이었다. 민족대표 손병희(孫秉熙) 등 33인이 서울 태화관(泰和館)에 모여서 독립선언서를 발표하였는데, 거기에 서명한 사람은 천도교·예수교·불교 3파의 대표였다. 나는 선언서를 읽고 통탄하였다.

"우리나라는 유교의 나라였다. 실로 나라가 망한 원인을 따져보면 이 유교가 먼저 망하자 나라도 따라서 망한 것이다. 지금 광복운동을 선도하는데 3교의 대표가 주동을 하고 소위 유교는 한 사람도 참여하지 않았으니 세상에서 유교를 꾸짖어 '오활한 선비, 썩은 선비와는 더불어 일할 수 없다' 할 것이다. 우리들이 이런 나쁜 이름을 뒤집어썼으니 이보다 더 부끄러운 일이 있겠는가?"

마침 해사 김정호(海史 金丁鎬)[22]가 찾아와서 나에게 말하기를

---

21) 구한말 양심적인 地主로서 젊은 인재를 보살피며 애국적인 사업에 여러 가지로 참여했던 인물. 知禮(경북 금릉군) 川谷이 그의 집이며, 자는 能河, 따로 一舟라는 호가 있었다.

22) 경북 星州 출신의 독립 지사(1882~1919).

"자네 통곡하지만 말고 이 치욕을 씻을 길을 도모해야 할 것이네."

나는 눈물을 씻고 대답했다.

"이 치욕을 씻지 못하면 나와 자네는 모두 유교의 죄인이지."

"그렇다. 자네 무슨 방도가 있으면 가르쳐 달라."

나는 나의 생각을 털어놓았다.

"지금 서울에 모인 유교인이 거의 수십만 명이다. 자네와 내가 함께 이들을 단결하도록 공작할 수 없을까? 참으로 단결만 한다면 유교의 부진함을 걱정할 것이 전혀 없다. 지금 손병희 등이 선언문을 발표해서 국민을 고취시켰는데 국제적인 운동이 있다는 말은 듣지 못했다. 손병희 등과 서로 호응해서 파리 평화회의에 대표를 파견하여 열국 대표들에게 호소해서 국제 여론을 확대시켜 우리의 독립을 인정받도록 한다면 우리 유림도 광복운동의 선구가 됨에 부끄러움이 없을 것이다."

해사는 책상을 치며 좋다 하고 "자네가 이런 뜻이 있으면서 어찌 당장 시작하지 않는가" 하고 좋아하였다.

"이 일은 반드시 명망이 가장 높은 유림의 종장(宗匠)이 나와서 주동해야만 전국을 움직일 수 있다. 거창(居昌)으로 급히 사람을 보내 곽면우(郭俛宇) 선생의 지시를 들어

▲ 장충공원에 있는 파리장서사건 기념비

서 행해야 할 것이다. 또한 이 일은 극비에 붙여 평소 친하게 지내던 사람부터 시작해야 할텐데, 우리가 영남 사람이니 영남서 시작할 수밖에 없다. 일을 함께 할 만한 성망(聲望)과 풍력(風力)이 있는 분으로 기암장 이중업(起巖丈 李中業)[23) · 이강장 유만식(二江丈 柳萬植)[24) 같은 분은 지금 서울에 있다. 먼저 이 두 어른에게 의논한 다음, 차차 유림에게 연락하면 어떤가?"

나의 의견에 해사도 찬성하였다. 우리는 곧 기암장이 묵고 있는 여관으로 가서 계획을 쭉 말하니, 기암장도 강개한 어조로 승낙하였다. 그래서 이강장에게 통해 주기를 청하였더니, 기암장은

"나는 이강과는 교분이 성글어서 혹 일에 낭패될까 염려되니 자네들이 직접 찾아가 보게" 하였다.

내가 해사와 함께 이강장을 방문하여 온 뜻을 자세히 말하였더니 이강장은 한동안 골똘히 생각하다가 대꾸했다.

"내가 지금 추진하는 대사가 있어서 자네들의 논의에 참여하지 못하겠네."

"어르신네가 계획하는 대사가 무엇인지 알고 싶습니다."

"내가 융희황제에게 상소해서 복제를 고쳐 바로잡도록 할 참일세."

"융희황제가 복상을 기년(朞年)[25)으로 정한 것도 왜놈에게 협박을 당한 때문입니다. 융희황제가 좋아서 한 것이겠습니까? 나라가 광복되면 이런 따위 그릇된 예절은 당연히 따라서 바로 잡힐

---

23) 경북 安東 출신 유림 인사로 庚戌 國恥 때 단식 절명한 李晩燾의 자제.
24) 경북 尙州 출신 유림 인사로 左議政 柳厚祚의 자손.
25) 상을 당해서 복을 1년으로 입는 것.

것입니다. 어르신네께서 그릇된 예절을 바로잡고자 하면서 이 의논에 찬동하지 않는 것은 의리를 잘못 보신 것이 아닙니까?"

"내 뜻은 이미 정해졌으니 다시 거론할 필요가 없네."

해사가 나서서 말했다.

"이강장께서 이 의논에 참여하기를 거절하는 것은 화를 두려워해서지요. 우리도 화를 두려워하는 분과 일을 함께 하고 싶지 않습니다. 다만 이 일은 극비에 속한 것이니, 만약 일이 누설되면 이 강장께서 책임을 지셔야 합니다."

우리가 돌아와서 기암장에게 말하니 기암장은 깜짝 놀라며 "어떻게 하나" 하였다. 나는 웃으면서 "이강장께서 비록 찬성은 아니했지만 경솔히 누설하지는 않을 것이니 겁낼 것이 없습니다" 하였다.

이날 저녁에 곽윤(郭奫)[26]과 김황(金榥)[27]을 초청해서 전후 경위를 자세히 이야기하고 곧 면우 선생에게 내려가서 아뢰어 유림 대표가 파리 평화회의에 보낼 글을 미리 준비하도록 하였다. 그 이튿날 두 사람은 거창으로 떠났다.

다음날 기암(起岩)·해사(海史)·벽서(碧棲)·유준근(柳濬根)·백은 유진태(白隱 俞鎭泰) 등과 함께 벽서의 집에 모여서 각 지방에 연락할 방도를 상의하였다. 기암은 강원·충북을 담당하고, 해사는 충남·북을, 벽서는 경기·황해를, 유준근은 전남·전북을, 나는 경남·경북을, 윤중수(尹中洙)는 함남·함북을, 백은은 평남·평북을 각기 담당하기로 정하였다. 그리고 이튿날 모두 출발해서 삼월 보

---

26) 경남 居昌 출신 유림 인사.
27) 경남 山淸 출신 유림 인사. 호는 重齋.

름쯤 다시 서울에 모이기로 약조하였다.

나는 바로 경북으로 가서 순흥(順興) 사는 족숙(族叔) 김교림(金教林)을 먼저 방문하고, 석탄(石灘)을 지나면서 김동진(金東鎭)을 보고, 경상 좌도(左道)를 움직일 방법을 상의했다. 그리고 안동 바래미[海底]로 가서 족형 창근(昌根)·창순(昌洵), 족숙 한식(漢植)·뇌식(賚植)과 족질 홍기(鴻基) 등 여러 사람과 함께 좌도 각 지방 인사와 연락할 일을 부탁하니 모두 쾌히 호응하였다.

어느 날 점심 때 친척 수십 인과 족제 창도(昌道)의 집에서 회식을 하는데 왜경 한 놈이 갑자기 문을 밀치고 들어왔다. 그 자가 나를 그 집 뒤꼍으로 끌고 가서 심문하며 갖은 협박 공갈을 하여 자못 위급한 지경이었다. 나는 태연히 친척간에 정회를 풀기 위해 모였을 뿐, 딴 일이 없다는 뜻으로 말하였고, 홍기군도 옆에서 의심을 풀어주니 그 자는 나에게 빨리 행장을 챙겨서 떠나라고 요구하였다. 그날 밤에 뜻이 맞는 두세 사람과 홍기의 집에 모였다. 모두들 낮에 있었던 일로 두려운 기색이 남아, 내가 안동 예안 쪽으로 가는 것을 말렸다.

다음날 닭실[酉谷] 권상원(權相元)씨와 상의하니 그도 또한 "이처럼 바람이 좋지 못한 즈음에 꼭 위험을 무릅쓰고 각처를 방문할 것이 없다. 좌도 일원은 우리 몇 사람이 전담할 터이니 자네는 조심하는 것이 좋겠다" 하여, 나는 부득이 여러 사람의 말대로 이튿날 새벽에 길을 떠났다.

왜관에 당도해서 이윤(李潤)을 만나 연락의 기능을 그에게 부탁하고, 한개[大浦]로 가서 이기원(李基元)을 보고 경남·북 지방의 뒷일을 당부한 다음, 집으로 돌아와 어머님을 뵈었다. 어머님은 여러 날 독감을 앓고 계셨는데 며칠 지나자 차츰 나아지셨다. 나는 이번 거사한 일의 자초지종을 아뢰고 장차 해외로 나갈 뜻을 비쳤다. 어머님께서는 흔연히 나의 손을 잡으시고 말씀해 주셨다.

"너의 이번 거사와 이번 걸음은 실로 네가 평소에 소원하던 바니 늙은 어미에게 마음을 쓰지 말고 힘써 하여라."

드디어 어머님 앞에 하직을 여쭙고 문을 나서매, 발길이 무거워 얼른 옮기지를 못하고 열 발짝에 아홉 번 뒤돌아보았다. 어머님께서 문간에 나와 배웅하시면서 조금도 슬퍼하는 기색을 밖으로 나타내지 않고 나를 타이르셨다.

"네가 아직도 가사를 잊지 못하느냐? 네가 국인(國人)과 약속을 했으니 맡은 짐이 무겁다. 빨리 떠나가서 대사를 그르치는 일이 없도록 하여라."

집을 떠난 다음날, 거창 다전(茶田)으로 가서 면우 선생을 뵈었다. 면우 선생은 병석에 계시다가 놀라 일어나 내 손을 잡고 "군이 어찌 이제야 오는가? 지난번 윤(淪)과 황(槐)이 서울서 내려온 편에 이번 거사의 전말을 자세히 들었다. 이 늙은이는 망국대부(亡國大夫)[28]로서 늘 죽을 자리를 못 얻어 한하였는데 방금 전국 유림을 이끌고 천하 만국에 대의를 소리치게 되니 나도 죽을 자리를 얻게 되었다" 하시고 이어서 "부탁한 파리에 보낼 문자는 병으로 정신이 맑지 못해서 붓을 들지 못하고 진작 장회당(張晦堂)에게 지어 보내도록 부탁했다. 군이 회당에게 가서 받도록 하라" 하시었다.

---

28) 망국을 겪은 벼슬아치. 일단 상당한 벼슬을 지낸 사람은 그 나라와 운명을 같이 하는 것이 의리이다.

곧 암포(岩浦)로 가서 회당(晦堂) 선생을 뵈었더니 선생은 노해서 책망하시었다.

"군이 지난 번 서울서 내려올 때 내 집 앞을 지나가면서도 들리지 않다니 그럴 수 있는가? 군이 방금 천하사를 하면서 먼저 노부에게 알리지 않은 것은 노부와는 일을 함께 할 수 없다는 뜻인가?"

나는 과문불입(過門不入)한 잘못을 깊이 사죄하고 인해서 파리에 보낼 글의 초고를 물었다. 초고를 받아 몇 번 읽어보고 나서 옷깃을 여미고 내 의견을 말했다.

"이와 같은 외교 서한은 영·불 등 각국 말로 번역해야 되므로 반드시 사실을 선명하게 써야 합니다. 지금 지어주신 글을 읽어보매 문장은 극히 좋으나 사실이 소략(疎略)한 곳이 많으니 다시 좀 수정하는 것이 어떻겠습니까?"

"군은 이 글이 용도에 맞지 않는다고 보는가?"

"감히 용도에 맞지 않는다는 뜻은 아니옵고, 다만 약간 수정하면 좋을 것 같기 때문입니다."

"이미 한 벌을 써서 면우에게 보냈네. 내 생각에는 수정할 곳이 없으니 군이 알아서 하게."

그날 밤에 회당 선생의 처소에서 모시고 자며 다시 고칠 것을 간청했으나 끝내 허락을 얻지 못했다.

출국(出國)

나는 다시 다전으로 가서 면우 선생을 뵈었다.

선생은 웃으면서 "저번 날 군이 떠난 후에 회당이 지은 글을 보고 군이 필시 다시 올 줄로 요량하였다. 회당이 지은 것을 보니 문장은 극히 좋으나 사실이 자상치 못한지라 부득이 고쳐 지어 놓고 기다리던 참이다" 하였다.

나는 두세 번 읽어보고 나서 "사실은 극히 선명하게 서술되었습니다. 다만 문장에 지루한 곳이 없지 않은 듯하오니 좀더 깎고 다듬는 것이 어떻겠습니까" 하고 몇 곳을 지적해서 물었더니 선생은 "군의 말이 옳다" 하시고 즉각 붓을 들고 수십 줄을 뭉개면서 "이러면 아마 큰 잘못은 없겠지" 하셨다. 그리고 자기 조카 곽윤을 불러 징본을 쓰게 한 다음, 그것을 메투리[麻履] 날 줄로 꼬아서 숨겨 가지고 가기 좋도록 해주었다. 선생의 마음씀이 주밀(周密)한 것이 이 같았다.

선생은 이날 나를 조용히 불러서 말씀하셨다.

"파리에 갈 대표는 사세가 누구에게 강요하기 곤란한데 군 말고 달리 사람을 구하기도 어렵다. 비록 결행하더라도 첫길에 애로가 적지 않을 것이다. 이미 이현덕(李鉉德)에게 부탁하여 돕도록 했는데 그는 일찍이 중국에 왕래한 적이 있기 때문이다. 여비 등의 문제는 당연히 유림 전체가 책임질 일이니 군은 염려할 것이 없다. 이번 길은 필시 북경 상해를 경유해서 파리로 갈 것인데, 자네는 해외 사정에 생소한 터이니 외국에 있는 선구자로서 이승만,

이상룡(李相龍),29) 안창호 같은 사람들과 상의하는 것이 좋을 것이다. 군이 파리에서 돌아오는 길에 중국에 머물러 활동하게 될 터인데, 아무래도 중국 혁명당 요인과 손을 잡아야만 지원을 받을 수 있을 것이다. 나와 전부터 아는 사이인 운남(雲南) 사람 이문치(李文治)30)는 바로 중국 국민당 안에서 문학으로 명망 있는 사람이다. 군은 부디 이 사람과 사귀어 저들의 지원을 청해 보아라."

이날 밤 왜경이 나를 뒤밟아 와 다급하였다. 나는 부득이 이웃 친구 집에 잠깐 피신했다가 이튿날 새벽 출발했다. 면우 선생은 지팡이를 짚고 동구 밖까지 나와서 전송해 주었다. 재를 넘어 10여 리 가서 김천행 자동차를 기다렸으나 만원이어서 타지 못했다. 오십 리나 걸어서 구지례(舊知禮)에 당도해서는 두 발이 다 부르터서 촌보도 나아갈 수 없었다. 세마(貰馬)를 내어 타고 김천에 닿으니 벌써 밤 열시 종이 친 뒤였다. 친족 김치안(金致安)이 경영하는 주막을 들어서니, 술청에 앉았던 그 소실이 나를 보자 황급히 내 손을 끌고 한쪽 구석의 어두운 방으로 밀어 넣고 달아나 버렸다. 나와는 겨우 안면만 있고 전에 말 한 마디 주고받은 적이 없었으므로, 못내 괴이쩍게 여겨졌다. 이윽고 치안이 와서 내 손을 잡고 벌벌 떨며 말 한 마디도 하지 못했다.

"무슨 영문이오?"

"대구에서 왜경 몇 놈이 자네를 추적해 와서 기다린 지 벌써 4~5일이 지났는데 그 자들이 방금 밖에 나가서 5분밖에 안 되었네.

---

29) 경북 安東 출신의 독립운동 지도자. 호 石洲.
30) 중국 國民黨 인사. 雲南 출신. 참의원 의원. 앞서 중국에 망명했던 大溪를 통해 俛宇와 연락이 있었던 것 같다.

여기는 잠시도 머물 수 없으니 얼른 뒷문으로 빠져나가 바로 감천(鑑川)을 건너 위험을 피하게."

이때 그의 소실이 들어와서 나에게 얼른 떠나기를 재촉했다. 그러더니 두 사람이 힘을 합쳐서 나를 끌어안아서 뒷문을 열고 감천 물가로 밀쳐 내 버리고 부리나케 문을 닫아 걸었다. 나는 부르튼 발이 몹시 아파서 한 발짝도 떼어놓기가 어려웠으나 하는 수 없어 기다시피 해서 간신히 물을 건넜다. 엎어지고 자빠지며 갈대점(葛垈店)에 당도하니 닭이 벌써 세 홰째 울고 있었다. 어떤 노파의 집을 빌려 휴식을 취하고 다음날 새벽에 출발해서 해질 무렵 대신역(大新驛)에 닿았다. 그 다음날 서울에 도착하여 전에 사관하던 집에 투숙하였다. 들으니 해사(海史)는 어제 밤에 영남으로 내려갔으며 각 지방에 간 사람들도 아직 하나도 돌아오지 않았다 한다.

7~8일 머물러 있노라니 기암(起岩)·벽서(碧棲)·백은(白隱) 등 여러분들이 시골서 상경했다. 각 지방에서 왜군에게 학살당한 동포들의 상황을 자세히 들었다.

더욱이 해사(海史)가 길에서 강도를 만나 피살당했다는 소식을 듣고 모두들 경악했다.

유준근(柳濬根)씨가 전남·북을 쭉 돌아 간재 전우(艮齋 田愚)[31]의 처소로부터 올라왔다. 전우는 유림 대표의 파리 청원서 문제를 집요하게 반대하여 "유자(儒者)가 도(道)를 위해 죽는 의리는 실로 머리 깎은 자들이 벌이는 복국운동(復國運動)과는 아무 상관이 없다"고 주장한다는 것이었다. 슬프다. 저가 유자로 자부하면서 지금 국

---

31) 구한말 일제 초 湖南의 대표적 유학자.

가 흥망이 유자와 상관이 없는 일이라 한다니 저는 임금을 업신여기는 양씨[楊朱]인가. 아비를 없이 여기는 불자(佛子)인가. 저의 이른바 받드는 도는 과연 무슨 도인가.

이현덕(李鉉德)은 기다려도 오지 않았다. 벽서(碧棲)와 백은(白隱)은 나의 출발이 지연됨을 걱정하여 중국말을 잘하는 박돈서(朴敦緖)에게 부탁해서 함께 떠나도록 했다.

그리고 여비와 외교 문서는 직접 휴대하는 것이 불편하다고 화상(華商) 동순태(東順泰)의 점원에게 부탁해서 비밀리에 봉천 분점(奉天 分店)으로 보냈다.

어느 날 백은이 의당 이득년(毅堂 李得年)과 함께 와서 나에게 말했다.

"의리는 천하 공통이다. 서로 의논하지 않고도 일치되는 수가 있다. 지금 호서 사람 경호 임석후(敬鎬 林錫厚)란 이가 기호 유림의 영수인 지산 김복한(志山 金福漢)[32] 선생 이하 17명 연명으로 파리 평화회의에 보낼 편지를 가지고 상경했다. 며칠 안에 출발할 참이라 하니 그대와 동행하게 되었다. 어찌 우연이라고만 하겠는가."

그날 저녁 백은과 벽서 그리고 임석후와 함께 의당의 집에서 모였다. 서로 속마음을 털어 내어 옛 친구와 조금도 다름이 없었다.

내가 임석후에게 "다 같은 유림이 같은 뜻의 일을 가지고 따로따로 서신을 보내면 내외에 우리의 체모를 크게 깎게 될 것이오 그대와 이에 대한 해결책을 논의하는 것이 좋겠소" 하니 모두들 찬동하였다.

---

32) 구한말 일제 초 충청도의 대표적 유학자.

"양쪽 글을 자세히 검토해 보아서 공론을 따라 그중 하나를 채택하는 것이 어떻소?" 하고 내가 제의하자 모두들 역시 좋다고 하였다.

그래서 두 글을 놓고 여럿이 함께 검토한 결과 모두들 "면우 선생이 지은 것이 매우 선명하고 충실해서 다시 더 말할 나위 없다" 하였고, 임석후도 이론이 없었다.

"두 분이 다 함께 전권대표(全權代表)이니 양 대표가 일을 추진할 방법을 결정하는 것이 옳지 않겠는가?"

내가 "면우 선생이 지은 글을 쓰고 명단은 합쳐 하나로 하되, 면우를 먼저 지산을 다음으로 놓는 것이 어떻겠소?" 하니 임석후도 그러자고 하였다.

즉시 양쪽 명단을 합쳐 기록하니 총 137명이 되었다. 이에 여러 분들이 잔을 들어 축하의 말을 했다.

"이번 전국 유림이 동서남북 없이 원만하게 단결되었으니 실로 독립운동사에 빛이 있을 것이다."

내가 임석후에게

"나와 그대가 함께 해외로 가게 되었으니 앞으로 모든 일을 서로 타협해서 해야 되겠소 그런데 나는 일에 당해서 소루한 점이 많으니 그대는 언제나 꺼리지 말고 고쳐주오"

임석후는 한동안 깊이 생각하다가 이윽고 말했다.

"나도 정말 같이 가고 싶은 마음이나 지금 서한을 보내는 데는 한 사람이면 충분하지요 나의 뜻, 그대는 해외로 떠나고 나는 국내에 남아 금후 국내 국외의 연통(聯通)하는 일을 맡는 것이 좋겠오 그대와 동행해서 일에 별 도움도 되지 못하느니보다 낫지 않겠소?"

다른 여러 사람들도 임석후의 말이 실로 일리가 있으니 굳이 같이 가기를 강요할 필요가 없다 하였다.

이현덕(李鉉德)은 여태도 오지 않았다. 벽서·백은 등 여러분들이 이군을 무작정 기다릴 수 없다고 떠나기를 재촉하였다.

나도 하는 수 없어 박돈서(朴敦緒)를 데리고 발정했다. 그때가 3월 23일 밤 10시였다. 안동현(安東縣)에서 일단 하차하여 잠깐 박광(朴洸)[33]을 찾아보고 영남 방면으로 연락할 길을 부탁한 다음 곧 봉천으로 갔다.

동순태 분점을 찾아가니 서울 본점 점원이 먼저 와서 기다리고 있었다. 화상(華商)이 비밀리에 우리의 독립운동을 도운 것은 매우 감사할 일이다.

내가 당초 서울에 체류해 있을 때 여러 동지들이 나에게 머리 깎기를 권하기로 나는 이렇게 대답했었다.

"내가 상투를 보전한 것은 왜놈의 신하가 아님을 밝힌 뜻이다. 지금 국가의 독립을 위해서 이 몸을 바쳤으니 이미 몸을 바치고 머리털을 버리기 아까워할 것인가. 다만 해외로 나가기 전에 머리를 깎으면 혹 수상히 여겨 화를 부르는 단서로 될 염려가 없지 않다. 여러분은 조금 기다려주기 바란다."

봉천에 도착하자 곧 이발사를 불러서 머리를 깎고, 중국 옷과 중국 모자까지 사서 착용하였다. 그리고 거울을 찾아서 비춰보니 영락없이 한 만주방자(滿洲帮子)[34]라, 한편으로 눈물이 돌고 한편으로 웃음이 나왔다.

---

33) 경북 고령 출신으로, 중국 安東縣에서 상업을 경영하며 독립운동자들을 위해 여비 조달 및 통신 연락의 일을 도왔던 사람.
34) 만주 되놈이라는 뜻.

박군을 데리고 시내 명승을 두루 관람하고 서탑(西塔)으로 가서 이해천(李海天)을 만나 보았다. 해외 각처 동지들의 근래 동정을 물어 비로소 석오 이동녕(石吾 李東寧),[35] 성재 이시영(省齋 李始榮),[36] 청사 조성환(晴簑 曺成煥),[37] 우사 김규식(尤史 金奎植),[38] 성재 이동휘(誠齋 李東輝)[39] 등 여러분이 벌써 상해로 간 줄을 알게 되었다. 그래서 박군과 의논하여 곧 상해로 향하였다. 다음날 새벽 차에 올라 천진·제남·곡부·남경을 거쳐, 상해에 이르러 차에서 내렸다. 그 날은 3월 27일이었다.

중화 여관에 숙소를 잡았다. 여러 날 차에 지친 몸을 며칠 조리한 다음, 박군과 함께 석오·성재를 그분들 묵는 사관(舍館)으로 방문하였다. 성재, 청사, 단재 신채호(丹齋 申采浩), 우천 조완구(藕泉 趙琬九),[40] 예관 신규식(睨觀 申奎植)[41] 같은 분들과 만나서 파리에 가려는 뜻을 알리니, 그들은 "우리 임시기관(臨時機關)에서 민족 대표로 김규식(金圭植)을 파리에 특파하였다. 이미 7~8일 전에 상해에서 출발하였는데 그대가 기회를 놓쳐서 함께 가지 못하게 되었다"고 애석해 하였다.

그 후 매일 석오 등 여러분들과 만나 앞으로 할 일을 의논하였다.

---

35) 독립운동가. 1910년 서간도로 이주. 신흥중학 설립, 상해 臨政의 의정원 의장을 지낸 바 있다(1886~1949).
36) 구한말 관인 출신으로 1910년 중국으로 이주, 독립운동을 계속했음. 초대 부통령에 당선됨(1868~1953).
37) 독립운동가. 구한말 군인 출신으로 중국 망명. 임정 요인(1877~1951).
38) 일찍이 美國에 유학하고 1910년 이후 망명해서 독립운동을 계속한 인물(1881~1950).
39) 함경도 端川 출신 독립운동가. 임시 정부 국무총리 역임(1875~1948).
40) 독립운동가. 임정 재무부장 역임.
41) 충북 청주 출신 독립운동가. 임시 정부 법무총장, 외무총장 역임(1879~1922).

"그대는 서양말을 아는가?"

"모른다."

"서양말을 아는 이와 동행할 사람이 있는가?"

"없다. 서양말을 아는 이로 함께 갈 만한 사람을 지금 구하는 중이나 아직 적당한 사람을 구하지 못했다."

"이것은 장님에게 길잡이가 없는 격이다. 장님에게 길잡이가 없으면 자기 동네서도 출입하기 어려울 터인데, 몇 만리 밖의 서양이야 어떠하겠는가. 그대는 서양행을 중지하고 휴대하여 온 글은 서양말로 번역하여 상해서 우편으로 직접 파리 평화회의에 보내는 것이 좋겠다. 그러면 천하 만국의 사람들에게 한국 유교인의 대운동이 알려져 대내외에 큰 선전이 될 것이다. 지금 우리들이 중국을 독립운동의 근거지로 삼고 있으니, 중국인과의 교제는 매우 중요한 일이다. 한학에 정통한 사람이 아니고는 이들을 움직이기 어렵다. 그대는 한학에 조예가 자못 깊다 하니 단재·우천 등과 더불어 중국에 대한 외교를 강구해서 우리가 앞으로 중국 내에서 활동할 길을 개척해 보라. 그러면 그대도 적소를 얻을 뿐 아니라 중국에 있는 동지들에게도 그런 다행이 없겠다."

자리에 있던 다른 분들도 모두들 좋다고 했다. 나는 여러분의 말씀이 자못 이치에 맞으니 다시 깊이 생각해서 처리하겠다고 하였다.

그때 호봉 손진형(瑚峯 孫晋衡), 만오 홍진(晩悟 洪震), 손영직(孫永稷), 장지필(張志必), 정영식(鄭永植) 등 여러분이 앞뒤 이어 상해로 와서 나와 함께 있었다. 나는 석오 등 여러분의 의견을 말하니 호봉과 만오도 모두 찬성하여 "주저할 것 없이 단행하라"고 하였다.

나는 곧 상해에 있는 여러 동지들에게 두루 알리고 파리행을 그만 두기로 하였다. 면우 선생이 지은 파리 장서(長書)는 서양어로 번역 인쇄해서 우편으로 파리 평화회의에 송부했다. 한편 각국 대사, 공사, 영사관 및 중국의 각 정계 요인에게 보내고 또 한편 해외의 동포가 거주하고 있는 여러 항구나 도시에도 산포(散布)하였다.

그때 도산 안창호는 미주에서 건너오고 백범 김구는 국내에서 나오고 백암 박은식은 북만주에서 와서, 석오·성재·단재·예관 등 여러분과 날마다 모여 임시정부 설립 문제를 의논하였다. 모두의 의견이 정부를 세우려면 먼저 의정원을 구성해야 한다고 하였다. 이에 상해에 있는 한인거류민회(韓人居留民會)를 개최하여 각도의 의원을 선출했는데, 나는 경상북도의 의원으로 피선되었다. 의정원이 성립되자 의원 중에서 임시 헌법기초위원을 선정하였고, 그들이 작성한 헌법 초안을 가지고 여러 날 토론한 끝에 비로소 헌법이 통과되었다. 드디어 임시 의정원 대회를 개최해서 대통령 및 각부 총장을 선출하여 임시정부가 성립되었음을 선언하게 되었다. 그것이 4월 중순이었다.

5월에 서울서 온 신문을 보니 면우 선생 이하 유림 5백여 명이 파리장서 사건으로 대구 감옥에 체포되어 전국이 시끄럽다 하였다.[42] 그 전에 예관과 상의하여 정운택(鄭雲澤)을 기호 등지로 보내서 이득년(李得年) 및 여러 동지들에게 밀서를 부친 것이 탄로가 나서 모두 투옥된 것이다.

---

42) 이는 곧 제1차 儒林團 事件으로 불리워지는 것이다.

나는 일찍이 이완(李浣)을 만나 면우 선생이 부탁한 이문치(李文治)의 소식을 물어보니, 그는 지금 광주(廣州)에 있다 한다. 편지를 보내서 면우 선생이 당부한 일을 말했더니 이내 답장이 왔는데 불원간 상해에서 한 번 만나자는 약속이었다.

손문(孫文)과의 회견(會見)

9월 중순경에 어떤 중국 사람이 여관으로 찾아와 보기를 청하였다. 그는 하남인으로 중의원 의원인 능월(凌鉞)이었다. 더불어 필담을 했는데, 그는 일찍이 광주에 있을 때에 이문치를 통해서 대명(大名)을 듣고 방문한 것이라 하며, "중국과 한국은 일본에 대해 원수를 함께 갚아야 할 의리가 있으니 마땅히 중국 혁명의 여러 동지와 더불어 한국의 독립을 힘껏 돕겠소" 하였다.

그 이튿날 호봉(瑚峰)과 함께 능월의 숙소로 가서 사례하였다. 그 다음날은 능월이 또 와서 필담으로 흉금을 털고 돌아갔다. 여러 날 뒤 능월이 어떤 양장 부인을 동반하고 와서 나와 호봉에게 소개하며, 자기 부인인데 두 분 선생을 만나 보고 싶어한다고 하였다. 그 양장 부인은 나와 호봉을 향해서 악수하기를 청한다. 나는 처음에 주저하다가 억지로 응했다. 대개 중국은 이적(夷賊)의 풍속에 젖은 지 이미 오래라, 양장 부인이 서양 예를 쓰는 것도 괴이할 것이 없다. 내가 마지못해 응한 것은 '어떤 나라에 들어가면 그 나라의 풍속을 알아본다'는 뜻에서 나온 것이었다. 그리고 그들의 뜻을 거슬러서 그들의 환심을 잃는 것도 또한 우리가 이웃 나라와 사귀는 도리가 아닌 것 같기 때문이었다. 사교에 노련하고 예절에 밝은 이가 이런 경우를 당하면 어떻게 처신할지 모르겠다.

그날은 능월과 내일 저녁에 남경로(南京路) 영안루(永安樓)에서 회합하기로 약속하였다. 호봉과 함께 약속한 장소로 가니, 능월은 자기 부인과 함께 주석을 성대하게 벌여놓고 맞았다. 술이 시작될 때 그 부부는 잔을 들고 '한국 독립 만세'를 세 차례 불렀고, 나와 호봉도 잔을 들어 '중화민국 만세'를 세 번 불렀다. 밤이 이슥하도록 실컷 이야기하다가 파하고 돌아왔다.

그 이틀 후에 나와 호봉은 능씨 부부를 영안루로 초대해서 소연을 베풀고 환담하였다. 그리고 며칠이 지나 능씨가 다시 들러 필담했다.

"귀국의 혁명 동지로서 중국에 있는 사람은 몇 분이나 되며, 영도하는 분들은 지금 어디 있습니까?"

"각처에 있는 우리 혁명가는 대략 수십만이 되는데, 지금 영도자들은 대부분 상해에 모여 임시정부를 세워 끌어가고 있소"

"귀국이 이왕 상해에 혁명정부를 설립했으며 모름지기 우리 중국 혁명정부와 중한호조(中韓互助)의 조약을 체결해서 우리 동양 대국(大局)의 영원한 평화를 도모함이 좋지 않겠오?"

"좋다 뿐입니까?"

"귀공들이 만일 중국 혁명 정계 인사와 상호 연락코자 한다면 반드시 국민당 총리 손중산 선생을 먼저 뵙고 그의 지시 방침을 들어서 행하는 것이 매우 유리할 듯하오 내가 손 선생을 소개해서 귀공들의 진로를 도모해 보지요"

나와 호봉은 함께 일어나서 인사하였다.

"훌륭한 가르침이 이에 미치니 감사함을 이기지 못하겠소"

7월 초에 능월이 나와 호봉 및 손영직(孫永穆)을 청해서 통역 한 명을 데리고 손중산을 방문하였다.[43] 법조계(法租界) 막리애로(莫利愛路)에 있는 중산저(中山邸)로 가서 명함을 전했더니, 안내하는 사람이 인도해서 응접실로 들어갔다. 자리에 앉기를 권하고 차를 내오면서 "총리 선생께서 지금 손님과 요담하고 있으니 조금만 기다리십시오" 한다. 둘러보니 실내에 놓여진 의자와 탁자가 모두 아주 검소하고, 사치스런 물건은 하나도 없어 그 아담한 지취가 느껴졌다. 이윽고 먼저 왔던 사람이 안에서 나와, 우리에게 한 번 읍하고 가는데, 이가 국민당의 요인 서소증(徐紹曾)이었다.

안내하는 사람이 우리를 내청으로 인도하는데, 친한 빈객을 응접하는 방이었다. 중산과 동서로 갈라서서 손을 올려 서로 읍했다. 중산은 나의 앞으로 다가와서 손을 내밀어 악수를 청하고 다른 사람에게도 그렇게 하였다. 그리고 탁자 동편으로 돌아가 앉아서 인사말을 건네고 이어서,

"근래 신문을 통해서 귀국에 혁명 운동이 일어났음을 알고 기뻐 잠을 못 잤습니다. 그런데 자세한 내용을 듣지 못해 자못 안타깝더니 지금 여러분의 방문을 받으니 반갑습니다. 그 개요를 들려주기 바랍니다."

---

43) 孫文은 이때 廣東省 廣州에 혁명 정부를 수립해 있었다. 당시 북방 군벌을 상대로 한 남북 평화회의가 결렬되고 上海에 머물러 있던 중이었음.

나와 호봉은 차례 차례 그 거쳐온 상황을 말했다. 중산은 다 듣고 나서 처참한 기색으로 말했다.

"왜의 포학이 이 지경에 이르렀는가. 대저 나라가 망한 지 10년이 못 되어서 이같은 대혁명이 일어난 일은 동서고금의 역사에 보기 드문 일입니다. 세계의 같은 인류로서 누군들 귀국의 독립을 위해 원조하기를 바라지 않겠습니까? 더구나 중국과 한국은 형제요 순치(脣齒)라, 한국이 망하면 중국도 또한 병들게 됩니다. 한국이 독립하지 못하면 중국도 독립을 보전하지 못할 것은 형세상 필연입니다. 저 왜는 중국 대륙을 엿보아 먼저 한국을 대륙으로 건너오는 교량으로 삼고 있지요. 중국을 위한 계책은 먼저 저 교량을 끊지 않으면 우리 4억 인민은 반드시 편하게 잠잘 날이 없을 것입니다. 또한 세계 대세로 말하더라도 동양의 한국은 서구의 발칸 반도와 흡사합니다. 서구의 전단(戰端)이 매양 발칸 때문에 일어나는데 발칸이 안정되지 못하면 서구의 평화의 날이 없습니다. 한국은 곧 동양의 발칸이라, 한국이 광복되지 않으면 동양에도 또한 평화로운 날이 영구히 없을 것입니다. 지금 우리들 중국사람으로서 한국의 독립을 원조하는 것은 곧 우리 중국의 독립을 보전하는 것이기도 합니다. 그런 까닭으로 일찍이 우리 중국의 혁명동지들이 한국 혁명을 원조함이 마땅함을 주장한 지 오래입니다. 지금 여러분이 이미 중국을 운동의 근거지로 삼았으니 모름지기 우리 국민당의 여러 동지들과 긴밀하게 제휴해서 중국과 한국이 상호 원조하는 방책을 강구하면 아주 좋겠습니다."

그리고 나에게 무슨 직책을 맡고 있는지 물어서, 나는 지금 의정원 의원으로 있다고 대답했다.

"의정원은 언제 폐회하게 됩니까?"

"폐회하는 시기가 있지만 비상회의가 수시로 열려 한가한 때가
별로 없습니다."

"우리 중국 국민당 동지들이 지금 광주에서 북벌을 위한 군정
부44)를 설립했고 참·중 양원(參·衆 兩院) 의원들도 또한 광주에서
개회중입니다. 여러분은 귀국 임시정부와 상의하여, 광주로 가서
우리 국민당 동지들과 앞으로 서로 손을 잡고 양국의 혁명의 나아
갈 길을 강구하는 것이 어떻겠습니까? 당신들이 출발할 날짜를 정
해주면 광주에 있는 기관에 미리 연락해 두겠소"

우리들은 자리에서 일어나 절하고 "훌륭한 가르치심에 감읍(感
泣)하옵니다" 하고 사례하였다.

중산은 시자를 시켜 서재에 두었던, 새로 찍은 『손문학원(孫文學
院)』 2책 두세 질을 꺼내다가 제자(題字)를 쓰고 인장을 찍어서 여
러 사람에게 나눠주는 것이었다.

"이것은 나의 30여 년 혁명운동의 실기(實記)입니다. 한 번 읽어
보면 귀하의 혁명 투쟁에 혹 참고가 될지 모르겠습니다."

우리는 그 책을 감사히 받아들고 후일을 기약하고 돌아왔다.

8월 초, 광주에 갈 작정으로 떠날 날짜를 중산에게 통고하였다.
손호봉·손영직과 함께 행장을 챙겨서 배편으로 떠나려는데 호봉
이 갑자기 호열자에 걸려서 급사하고 말았다. 낯선 타국에서 5~6
개월 동안 기거, 음식을 함께 하던 좋은 동지를 잃고 나니 비통한
마음을 진정할 수 없었다. 능월과 이문치의 아들 후본(厚本)이 번갈

---

44) 孫文을 중심으로 혁명을 추진하는 군사 정부.

아 들러서 같이 광주에 가기로 의논을 정하였다.

기약한 날짜에 상해 부두에서 영국 상선 신강호(新疆號)를 타고 광주로 출발했다. 손영직·강대현(姜大鉉) 그리고 능월, 이후본이 일행이었다.

5일이 지나서 향항(香港)에 닿아 광태래잔(廣泰來棧)에 숙소를 잡았다. 5, 6일 머물면서 시내를 관광하여, 등산전차(登山電車; 케이블카)를 타고 향항의 뒷산 마루에 올라 지형을 두루 살펴보기도 했다. 이곳은 곧 중국 남방의 문호요, 요로였다. 저 영국인이 아편전쟁으로 빼앗아 차지했으니 중국인의 숨통을 제압한 지 어언 백년에 가깝다. 이곳이 저들 해군의 주요 항구로 되어 호령 지휘하고 있기 때문인 것이다. 지금 우리들 혁명에 뜻을 둔 자는 비단 일본을 타도해야 할 뿐 아니라, 반드시 영국도 아울러 타도해야 동양 전체의 평화를 도모할 수 있으니 이것이 어찌 중국·한국 혁명 동지들의 공동 과제가 아니겠는가.

이문치는 내가 향항에 도착한 줄 알고 사람을 보내 편지로 원로의 수고를 위로하였다. 이문치의 사위 이완(李俒) 부부도 상해에서 뒤따라 왔으므로 함께 같은 배를 타고 광주로 떠났다. 광주에 당도해서 태안잔(泰安棧)에 여장을 풀었다.

이윽고 이문치 부부와 임복성(林福成)·박병강(朴炳彊)이 찾아 왔다. 이문치는 현 참의원 의원이고, 임복성은 광동 공교회(廣東 孔教會) 회장이며, 박병강은 평북 박천 사람으로 의암 유인석(毅庵 柳麟錫)45)의 제자이다. 임과 박은 상투를 높이 들고 치포관(緇布冠)46)을

---

45) 구한말 강원도 출신 유학자. 義兵運動의 대표적인 인물.
46) 유생이 평소에 쓰는 관. 검은 빛깔의 베로 만든 것.

썼는데, 광동인들이 괴물로 지목하는 자였다.

다음날 세 사람이 또 찾아왔다. 이문치는 내가 여관에 묵어 불편이 많다고 여장을 자기 집으로 옮기자 하는데, 임복성 또한 자기 집으로 옮기자고 청해서 두 사람이 서로 양보하지 않았다. 이들의 호의는 감사하지만 경솔하게 허락하기 어려운 일이라 양쪽 다 완곡한 말로 사양하였다. 이(李)가 나를 청함은 면우 선생의 부탁이 있어서요, 임이 나를 청함은 내가 유림 대표이기 때문이었다.

그 후로도 둘이 번갈아 들러 서로 여장을 옮기자고 청하는데 이문치가 더욱 간곡하였다. 나는 생각에 임은 괴물로 지목받는 자라서 정계 교제에 불편함이 있을 듯하고, 이는 국민당에 성망이 있는 자라서 정계 교제에 잘 통하겠기로 드디어 손영직과 함께 동산 문명촌(東山 文明村) 이씨의 집으로 옮겨갔다.

그 이튿날 군정부 외교부 차장 오산(吳山)이 찾아 왔는데, 총장 서겸(徐謙)이 파리에 가서 아직 돌아오지 않아 그가 지금 대리하는 중이라 한다.

능월은 제 여관이 성 서쪽 조금 먼 곳에 있어 나와 상종하기 불편하다고 이웃으로 옮겨와서 조석으로 내왕했다.

이문치의 집에 머문 지 며칠이 지나 이문치, 능월 및 통역 한 사람과 참의원으로 가서 의장 임삼(林森)을 방문, 다시 중의원으로 가서 의장 오경렴(吳景濂)과 부의장 저보성(褚輔成)을 방문하고 돌아왔다. 그 후 매일 정계·군계·교육계의 요인들과 인사를 닦았다. 군정부 총재 오정방(伍廷芳), 참모총장 이열균(李烈鈞), 참의원 의원 주염조(朱念祖), 장추백(張秋白), 이몽경(李夢庚), 중의원 의원 황원백(黃元白), 경정성(景定成), 조폐창장(造幣廠長) 공정(龔政), 교육회장 진

(陳)모, 성장(省長) 조(趙)모 등이 있었는데, 이중 진과 조는 이름을 잊었다. 이들은 그 중 뚜렷하고 그 나머지 많은 사람들은 다 기록할 수도 없다.

어느 날 오산이 이문치, 능월과 함께 찾아 왔다.

"선생께서 광동에 온 이래로 각계 요인을 많이 접촉했는데 각계에서 모두 크게 환영하는 뜻을 표하며, 한국 독립을 위해 힘껏 돕기를 원치 않는 이가 없습니다. 이에 한국 독립후원회를 결성하려는데, 참·중 양원에서 먼저 제창하였고 군·정·교·상(軍政教商) 각 방면에서도 보조를 맞추어 호응하고 있습니다. 일간에 발기회를 개최할 터인데 선생을 필시 그 자리에 초청할 것입니다. 선생은 먼저 귀국의 독립운동의 경과를 대충 보고하고 앞으로 중한 양국이 상호 협조해야 함을 역설하여 회의에 참석한 사람들의 마음을 움직이도록 하면 매우 좋겠습니다."

나는 이렇게 대답했다.

"망명 온 천한 몸으로 여러분의 과분한 환영을 받고 감격할 따름입니다. 더구나 지금 여러분이 한국 독립후원회를 결성해서 원조할 방책을 강구하시겠다니 참으로 우리나라 사람에게 있어서는 마른 뼈에 살이 다시 오른 격이라, 감격한 마음은 말로 다 표시하지 못하겠습니다."

10여 일 후에 장제(長堤) 대신공사(大新公司)의 누상(樓上)에서 발기회를 개최하게 되었다. 오산이 나에게 임석하기를 청하여, 나는 그와 한 차로 갔다. 군정부 참·중 양의원과 독군서(督軍署), 성장서(省長署), 교육회, 상업회의소 등 각계에서 회의에 참여한 수가 3백여 명이었다. 중의원 부의장으로 있는 저보성이 의장에 추대되었다. 의장이 개회사를 한 다음, 나에게 연단에 올라 강연하기를 청했다. 나는 드디어 한국 독립운동의 개략과 중·한 양국의 공동의 원수를 함께 갚아야 할 대의를 통절하게 말하여 만장의 박수갈채를 받았다. 이어 의장은 앞으로의 실행 방법을 토론하자고 제안했다. 오산(吳山)이 먼저 발언하기를,

"우리들이 참으로 한국의 독립을 도우려면 마땅히 중화민국 정부로부터 원조가 있어야 합니다. 그러나 지금 북방의 매국정부는 공일병(恐日病)에 걸려서 동삼성(東三省)[47]에 거주하는 한인을 도리어 억압하고 내쫓는 형편입니다. 또한 우리 북벌군 정부는 광동한 구석에 있어서 도울 만한 실력이 전혀 없습니다. 그래서 우리 혁명당의 동지들이 개인적으로 이 후원회를 결성하게 된 것입니다. 이미 개인적으로 이 회를 결성했으니 각자 개인의 역량에 따라 도와야 할 것입니다. 의연 은화(義捐 銀貨)를 모집해서 수시로 상해에 있는 한국 정부에 보내주어 다소 비용에 보조가 되게 함이 어떻겠습니까?"

모두 대찬성하였다.

"의연금 모집은 의논이 이미 결정됐으니 의연금 모집위원 및 회계위원을 선정해서 책임을 맡긴 다음, 의장은 수시로 독려해서 혹시라도 소홀해서 실수하는 일이 없도록 함이 어떻겠습니까?"

이러한 능월의 제의에 역시 모두 찬성하였다.

이에 의연금 모집위원 30명과 회계위원 3명이 선정되었다. 의연금 모집위원은 수가 많아서 기록하지 못하겠고, 회계원은 이문

---

47) 만주의 吉林省·遼寧省·黑龍江省을 가리키는데, 일제 때 우리 교포들이 많이 거주하였음.

치·오산·능월 세 사람이다. 모두 군정부 및 참·중 양원 의원 중에 영향력과 신망이 있는 이들이었다.

"의연금 모집 위원이 만 원 이상을 모금했으면 필히 회계원에게 건네주고 회계원은 10만 원 이상이 수합되면 광동에 있는 한국 대표에게 기탁해서 상해 한국정부에 송부함이 어떻겠습니까?"

주염조(朱念祖)가 제의해서 모두들 좋다고 하였다.

오산과 능월은 거금을 가난한 사람에게 위탁함은 이 중대한 일을 소홀히 하는 것이라고 굳이 사양했으나 의장은 허용하지 않았다. 그래도 그 두 사람은, "이문치 혼자서도 통괄할 수 있으니 꼭 세 사람이 분담할 것은 없습니다. 우리들도 들어오는 대로 이문치에게 전달하겠습니다"라고 고사하고 의장도 허락하게 되었다.

회의가 끝나갈 무렵에 나는 일어나 회원들에게 후원회를 결성해준 거룩한 뜻에 감사를 드렸다. 폐회하자 이어 대식당에서 연회를 벌여 실컷 즐기고 돌아왔다. 다음날부터 매일 손영직과 함께 후원회를 발기한 인사들을 두루 방문하여 감사의 뜻을 표하였다.

하루는 오산과 능월이 나에게 물었다.

"귀국의 학생들도 망명해서 상해에 많이 와 있다고 들었는데 지금 그들은 어떻게 지내며 공부하고 있습니까?"

"현재 상해에 거주한 우리나라 학생은 천여 명이 됩니다. 당초 황급히 빠져 나오느라 큰 돈을 준비하지 못해서 다소 가졌던 것은 이미 떨어져 학업도 계속하지 못하고 생활들이 몹시 곤란해서 길거리를 방황하는 자가 많은 실정이지요"

그들은 탄식하고 가더니 다음날 다시 와서 말했다.

"어제 밤에 상해에 와 있는 귀국 학생들의 실정을 듣고 돌아가서 우리 국민당 동지 몇 사람과 구제할 방법을 의논한 끝에 이미 성안을 보았습니다. 선생께서 급히 상해로 통지하여 학생들 중에 경제가 특히 곤란한 자 40~50명을 선발해서 이곳으로 오도록 하십시오 중어·영어 강습회를 개설하되 그 경비는 우리 국민당 동지들이 책임지겠습니다. 중어와 영어가 익숙해지기를 기다려 지원하는 바에 따라 광동의 각 대학에 소개해서 특별 면비생(免費生)으로 학업에 힘쓰도록 하면 어떻겠습니까?"

"귀공들이 우리나라 학생들을 이처럼 곤경에서 건져주시니 은혜를 어떻게 보답하겠습니까."

이문치(李文治)

10월 초에 손영직을 상해로 보내서 학생 중에 유망한 인재로, 희망자를 선택해서 데려오게 하였다. 손영직이 떠난 후에 혼자 지내자니 무료해서 일찍이 상종하던 중국 친구들을 찾아다니며 중국과 우리나라의 고사도 서로 이야기하며 앞으로 두 나라가 협조해 나갈 방법을 의논하기도 하였다.

하루는 공교회관(孔教會館)에 가서 회장 임복성(林福成)에게 공교회 상황을 물어보았다. 임복성은 음력 8월 27일 공부자 탄신일에는 광주 문묘에서 석전(釋奠)[48]을 거행한다고 하며 나에게 참례하기를 청했다. 26일날 박병강(朴炳彊)과 함께 명륜당 재소(明倫堂齋所)

로 가니 모인 이가 거의 수백 명이었으며, 용택후(龍澤厚)란 사람이 집례(執禮)로서 방금 유생들을 거느리고 의식을 연습하고 있었다. 의식이 끝나서 용과 임이 나를 맞이해 인사를 나누었다. 용은 곧 남해 강유위(南海 康有爲)[49]의 제자로서 예학(禮學)에 깊은 것으로 알려져 있었다. 그날 날씨가 몹시 더웠다. 용은 나에게 명륜당 뒤편 나뭇 그늘에서 납량(納涼)하기를 청했다. 두 소년이 나를 안내하는데, 문묘 뜰 앞에는 쑥대가 우북했고 동서 문의 빗장이 빠져 있는데, 웃옷을 벗은 자, 소매를 걷어붙인 자, 머리를 깎은 자, 머리를 땋은 자들이 난잡하게 들락거리고 있었다. 보기에 하도 해괴해서 소년에게 물어보았다.

"저게 웬 괴물들인가?"

"장바닥 사람들이 한가한 틈에 들락거리는데 늘 이렇답니다."

그리고 바로 뜰 앞에 이르러 내가 지알(祗謁)[50]도 않고 묘정을 지나가기 미안하다 하니 소년은 "평소에는 지알하는 예가 없으니 잠깐 둘러보아도 무방합니다" 하였다. 서쪽 문이 열린 곳으로 가서 문묘 내부의 제도를 살펴보니 우리나라와 다름없었으나 신주(神主)는 모두 독(櫝)이 없어 먼지가 쌓여 있었다.

그 아래로 도깨비 같은 것들 30~40명이 탁자 다섯을 벌리어 놓고 마작을 하여 떠들썩하는 것이 아닌가, 나는 놀라움을 금할 수 없어, 곧 명륜당으로 돌아가서 정색을 하고 용과 임에게 말했다.

---

48) 文廟에서 공자를 제사지내는 의식, 음력 2월과 8월의 上丁日에 거행함.
49) 중국 근대 계몽 사상가. 廣東省 南海 사람이어서 南海 先生이라 칭했다 (1857~1927).
50) 삼가 절하고 뵈움.

"오늘이 석전 재일(釋奠 齋日)이 아니오 임 선생은 공교회의 주인으로서 지휘하는 분이요, 용 선생은 집례로서 의절(儀節)을 강습하는 분이 아니십니까? 내 지금 두 소년을 따라서 묘정에 가보니 하도 해괴해서 선생들께 감히 한 마디 하지 않을 수 없소 나는 조그만 나라의 하찮은 사람으로 일찍부터 중화 문물을 사모해서 한번 보기를 소원하였소 지금 망명하여 국외로 나와 다행히 여러 군자들과 교유하며 중화의 문물을 대하게 되니 어쨌건 나의 숙원을 이루었다 하겠지요 그런데 아까 묘정에서 보았던 바는 내가 평소에 흠모하던 중화 문물과 너무도 다르오 대저 존엄한 성묘를 웃통 벗고 소매 걷어붙인 도깨비 같은 잡패들에게 들싸도록 맡겨두어 심지어 마작 노름을 해도 금하지 않는단 말이오? 보통 때라도 감히 그러지 못할 터인데 하물며 석전의 재일에 이럴 수 있겠오? 대저 제향(祭享)은 그 정성과 공경을 다 하는 것이지요 여러분이 정성과 공경을 바치는 것이 이러하니, 혼령이 계시다면 필시 강림하지 않을 것이오 우리나라는 비록 바다 밖의 구석진 곳이나 수천 년 유교의 빛나는 문화가 썩 볼 만하여, 지금 불행히 왜놈의 종노릇을 하게 되었으되 유교의 한 맥은 지켜서, 경건하게 받드는 문묘의 의식 절차는 아직 크게 무너지지 않았다오 이 점에 대해 느낀 바가 있어 감히 한 말씀드리는 것이오. 대개 중화와 이적(夷狄)의 구분은 의당 예의 문물이 문명인가 아닌가로 판별됩니다. 공자께서 춘추를 지으면서 이적이라도 중국만큼 문명이 진보하면 중국이라 하고, 중국이라도 이적의 습속에 빠지면 이적이라 하였으니 그 뜻이 매우 엄합니다. 지금 중국의 공자도(徒)로서 어찌 공자의 가르침을 널리 펴기를 도모하지 않을 것이오 천하의 이적으로 하여금 모두 중국처럼 진보시켜 공자를 높이 받들게 하면 얼마나 거룩한 일이겠소 여러분이 만약 이런 중요한 뜻을 잊어버리고 급급히 밝힐 것을 생각지 않는다면 지금 성탄절의 의식도 끝내는 허식으로 돌아갈 뿐일 것이오 문묘 앞에 쑥대가 우북한 것 또한 문묘를 삼가 수호하는 도리가 아니지만, 이는 자잘한 일이기에 굳이 말하고 싶지 않소"

이에 용은 일어나서 배례하고 "훌륭한 가르침이 여기 이르시니 나의 잘못을 알겠습니다. 삼가 가르침을 받들지요" 임도 또한 일어나 절하며 "황공합니다. 삼가 가르치시는 대로 거행을 하다 뿐입니까?" 하고, 곧 일 맡은 자에게 명해서 사당 안에 들어온 잡인을 쫓아내고 뜰의 우북한 잡초를 제거하도록 하였다. 모두들 숙연한 빛이었다.

그 이튿날 날샐 무렵에 대제(大祭)를 거행하여, 나와 박병강은 함께 가서 참석하였다. 그 조두(俎豆)51) 및 기물을 보니 대략 우리나라의 현행 양식과 같았고, 춤은 팔일(八佾)52)을 쓰고 있었다. 헌관(獻官)53) 이하 제례에 참여한 이들이 배례를 세 차례 꿇어앉고 아홉 차례 고두(叩頭)하는 식으로 거행하는 것이었다. 나와 박병강은 "저것은 청나라 습속이니 우리들은 굳이 따를 것이 없다" 하고는 사배(四拜)를 거행하였다. 저들은 우리의 절하는 것을 보고 모두 서로 돌아보며 웃었고, 우리 역시 서로 돌아보며 웃었다. 저들이

---

51) 제사 지낼 때 쓰는 그릇. 祭器.
52) 여덟 명 여덟 줄로 늘어서서 춤추는 의식, 원래는 천자의 나라에 쓰도록 되어 있었다.
53) 제사를 지낼 때 술잔을 올리는 사람. 제사 의식에 가장 중요한 역임.

우리를 보고 웃는 것이나 우리가 저들을 보고 웃는 것이나 서로 자기네 습속과 다름을 괴상하게 여긴 것이니 참으로 가소로운 일이다.

10월 그믐께, 상해서 김상덕(金尙德)·장필석(張弼錫)·김제민(金濟民)·강대곤(姜大坤)·김주(金柱)·민병위(閔丙偉)·조성천(趙聖天) 등 30여 명이 광주로 왔고, 얼마 안 있어 20여 명이 뒤따라 왔다. 커다란 집 한 채를 빌려 같이 지내게 하면서 중어와 영어를 강습시켰는데, 이들의 의식주와 기타 비용은 모두 오산, 능월 두 사람이 책임을 졌다. 학생 중에 혹 행동이 빗나간 자도 있어 나는 매양 준절히 타일렀다.

"군들은 이역 만 리에서 중국 혁명가의 각별한 애호를 받아 넓은 집에 편히 지내며 학업을 닦게 되었으니 이런 다행이 없다. 그런데 군들이 혹 청루(靑樓)에 오르기도 하고 혹 술집에 드나들기도 해서 좋지 못한 소문이 들리고 있다. 중국 사람들로부터 조롱과 욕설을 얻어 들을 뿐 아니라, 우리 민족의 수치가 되지 않겠는가"

경신(庚申; 1920)년 3월, 군정부 참모총장 이열균(李烈鈞)이 그 부하 이근원(李根源)과 정견이 맞지 않아 광동 옹원 지방(翁源 地方)에서 서로 싸움을 벌여 4월 초에 군정부가 이근원의 손에 함락되었다. 군정부 및 참·중 양의원의 여러 요인들도 상해나 홍콩 등지로 뿔뿔이 흩어졌다. 나와 늘 접촉하던 오산·능월도 벌써 광주로 떠났고 이문치도 그의 사위 이완과 어느 곳으로 도망갔는지 알 수 없었다.

그전에 오산과 능월이 나에게 묻기를

"후원회에서 모집한 돈은 우리 손을 거쳐서 이문치에게 건네준

것도 20여 만 원이 되고, 이문치가 직접 모금한 것이 수십만 원이 넘는데 선생께서 진작 추심(推尋)해서 상해에 있는 귀국 정부로 보냈습니까?"

나는 전혀 모르는 일이었다.

"이문치가 아직 그 사실을 말하지 않은 까닭으로 우리 정부에 송부(送付)하도록 독촉하지 못했습니다."

세상의 변고(變故)는 실로 예측하기 어려운 것이다. 이문치가 이미 도망쳐서 찾을 곳이 없으니 개탄스럽기 짝이 없었다.

오산과 능월마저 떠나버림에 광동에 있는 학생들의 강습회 경비도 나올 데가 없게 되었다. 할 수 없이 여러 학생들을 불러서 알렸다.

"나와 친하게 지내던 중국 요인들은 모두 흩어져 버렸다. 나 또한 길 잃은 사람처럼 되었으니 군들의 강습 비용은 달리 변통할 방법이 없다. 급히 상해로 가야 할 형편이니 군들은 행장을 챙겨 놓고 기다리도록 하라."

부두로 가서 상해행 57명 분의 배표를 구입하도록 했더니 선인(船人) 말이 두창(頭艙)에서 관창(官艙)까지는 6, 7일 후에 떠나는 배표까지도 모두 다 팔렸고 오직 통창(統艙)이면 수용할 수 있다는 것이었다. 통창이란 선복(船腹) 최하층 짐칸 위에 있는 방으로 더워서 견디기 어려운 곳이었다.

학생들이 모두 타기를 원치 않았고 나도 강요할 수 없었다.

6, 7일 지내다가 할 수 없어서 학생들을 데리고 통창에 올랐다. 그 곳에서 주염조(朱念祖)와 장추백(張秋白)을 만났다. 서로 손을 잡고 도망쳐 다니는 괴로운 형편을 이야기했다. 그리고 학생들을 불

러서 주·장 두 분에게 인사하도록 하고 "주 선생, 장 선생 같은 중국의 대정치가도 지금 이 통창에 타셨다. 난리 중에 사람 일을 예측할 수 없음이 이와 같으니 군들은 부질없이 번민하지 말라"고 타일렀다.

주·장과 함께 5, 6일을 지내면서 각자 가졌던 술병을 꺼내 서로 권하며 회포를 풀었다. 중·한 고사도 말하고 천하 대세도 논하여, 혹 은근히 간담을 토로하기도 하고 강개하여 팔을 걷어붙이기도 하였다. 그리고 중·한 혁명은 반드시 서로 손을 잡고 힘껏 도와야만 성공할 수 있다는 뜻으로 맹세하였다. 당장 태풍 부는 바다 한 가운데서 어렵고 위태로움을 겪고 있는 신세임을 잊을 수 있었다.

배가 상해에 닿자 우선 학생들을 이끌고 집을 하나 빌려서 거처했다. 학생들이 돌아갈 곳이 전혀 없었던 것이다. 손영직과 함께 구제할 방책을 의논해서 개인의 주머니를 털어 공급하고 또 꾸어다가 잇대었다.

하루는 장필석(張弼錫)이 "학생 중에 5, 6명이 돈을 흙같이 뿌리는데, 행적이 자못 수상하니 엄하게 조사하기 바랍니다" 하여, 나는 장필석·김제민(金濟民) 등 두세 학생에게 비밀리에 조사하도록 부탁하였다. 4, 5일 지나서 장필석이 편지 두어 장을 손에 들고 와서 나에게 보고하였다.

"큰일 났습니다. 이것은 가장 수상한 자인 김상덕(金尙德)의 가방 속에서 나왔는데 바로 이문치의 사위인 이완의 편지입니다."

내가 받아서 읽어보니, 대개 이문치와 이완이 지금 홍콩에 있으면서 후원회에서 모금한 거액을 삼키려는 계획이었다. 학생 중에 무뢰배 몇을 매수해서 권총 세 자루와 일본도(刀) 한 자루를 주어 김창숙을 암살하여 입을 막고자 한 것이다. 그 편지 속에 꾸며진 흉계는 엄청나게 흉악해서 무서워 떨지 않을 수 없었다. 상해에 있는 동지 중에 이 사건을 들은 사람은 모두 깜짝 놀라 위로하러 오기도 했다.

그날 저녁에 흉계에 가담했던 학생들은 일이 탄로난 줄을 알고 숙소에서 도주해 버렸다. 이에 장필석·김제민·민병위 등 여러 학생이 도망간 자들의 종적을 비밀리 수탐하였다. 하루 저녁에는 어느 여관에 든 것을 습격해 그 중에 가장 혐의를 받는 자 하나를 잡아 왔다. 나는 여러 동지와 학생들을 대청에 모아 놓고 이완의 편지를 낭독한 다음 엄하게 심문했다. 장필석이 회초리를 가지고 모질게 내리치는데, 문 입구에서 갑자기 고함치는 소리가 들렸다. 돌아보니 강대곤(姜大坤)·김주(金柱) 등이 나의 뒤에서 가졌던 권총으로 쏘려는 것이었다. 내가 "너희들이 감히 이러느냐?" 꾸짖으니 강대곤 등이 아까 묶어 있던 자를 끌고 나갔다. 이때 자리에 있던 사람 4, 50명이 모두 놀라 실색해서 감히 움직이지도 못하였다. 슬프다, 세로(世路)의 험악함과 인심의 흉측함이 이처럼 극도에 이르렀는가. 며칠 후에 흉악한 모의에 가담했던 몇 학생이 와서 우매한 생각으로 금전에 팔렸던 사실을 사죄하였다. 나는 먼저 대의를 들어 엄하게 꾸짖은 다음 좋은 말로 타이르니 저들은 감동해서 울며 돌아갔다.

4월 하순 경, 나는 위병 때문에 약을 먹고 누워 조리하고 있었다. 만주서 온 친구가 <만주일보>를 가지고 와서 보이는데, 거기에 나의 어머님께서 정월 초이레 날 별세하였다는 기사가 실렸다.

나는 통곡하고 쓰러져 정신을 잃었다. 여러 동지들이 달려 와서 구호하여 간신히 일어났다.

그날 밤이라도 나서서 돌아가려 했으나 여러 분들이 꽉 잡고 만류하였다.

"지금 우리 혁명 동지 가운데 이런 일을 당한 이가 당신 한 사람뿐만 아니다. 사세가 부득이 권도(權道)를 좇아서 분상(奔喪)하지 못한 사람이 많다. 더구나 그대는 지금 병을 조리하는 중인데 만약 병을 무릅쓰고 가다가 중도에서 죽게 되면 효도를 다한 도리가 아니다. 또한 상사가 난 지 이미 두어 달이 지났으니 당신이 돌아오는 것을 기다리지 못하고 장례 절차를 거행했을 터인즉 지금 돌아가더라도 미치지 못할 것이다. 위험을 무릅쓰고 간다 하더라도 적의 정탐이 사방에 깔려 있어 필시 먼저 투옥되고 말 것이니, 여막(廬幕)에서 예제(禮制)를 지킬 수도 없을 것이다. 예도는 진실로 상(常)이 있고 변(變)이 있다. 지금 당신은 정상이 아닌 곳에 처해 있으니 변통할 바를 생각함이 옳다. 일찍이 들으니 당신이 집을 떠날 때에 선부인께서 당신을 격려하시어, 가사에 마음을 두어서 국인과의 언약을 저버리지 말도록 경계하였다는데, 이는 실로 국사를 중하게 여기신 뜻에서 나온 것이다. 당신은 모름지기 선부인의 뜻을 본받아 국사를 중하게 여기고 혁명 운동에 분투하는 것이 옳은 일이다. 혁명이 성공한 날 돌아가 선부인의 무덤 밑에 여막을 짓고 3년복을 입어서 애모하는 효성을 다할 수도 있지 않는가. 이는 실로 정상이 아닌데 처해서 변통하는 도리에 맞는다."

석오(石吾)·백범(白凡)·백암(白巖)이 모두 이 주장을 내세웠으며 다른 동지들도 한결같이 이 말에 찬성하였다. 나는 실상 병도 중해서 아무리 돌아가려 해도 조금 회복되기를 기다리지 않을 수 없었다. 그래서 동지들에게 성복(成服)하는 예절을 물으니 석오와 백범이 이르기를, "만주 신문에 실린 것을 꼭 사실로 믿는데 성급한 생각인 것 같소 본가에 전보를 쳐서 회보를 들은 연후에 성복을 하는 것이 신중한 처사일 것이오" 하였고, 다른 동지들도 그렇다고 해서 마침내 나의 본가에 전보를 쳤다. 두어 달이 지나도 끝내 회보가 없었다.

"본가에서 회보가 없으니 <만주일보>가 혹시 와전한 것일지도 모르지요 신빙할 수 없으니 다시 확실한 소식을 기다려서 성복을 해도 늦지 않겠습니다."

동지들이 이렇게 말해서 나는 분상을 못했을 뿐 아니라, 성복도 하지 않았다. 그리고 동지들의 강권에 못 이겨 술을 마시고 고기도 먹어 평인과 다름없었다. 어머님의 혼령이 계시다면 자식을 두었다 생각지 않으시리라. 돌아보건대 이 불효한 죄는 천지간에 용납될 데가 없으니 비록 뼈를 노룡(盧龍)[54] 사이에 버릴지언정 장차 어떻게 돌아가서 지하에 계시는 어머님을 뵙겠는가. 아아! 슬프다.

상해에 있는 여러 동지들은 이완의 흉악한 음모가 아직도 노리고 있을 것이라고 나의 신변을 위태롭게 여겼지만 나는, "저들의 음모가 이미 깨어졌으니 염려할 것은 없다. 다만 저 흉칙한 자가 집어삼킨 후원회의 거금을 아직도 추심할 길이 없으니 통탄할 노릇이다"고 탄식했다.

동지 몇 사람은 나에게 광주로 가서 이문치와 이완의 행적을

---

54) 중국 북쪽 변경의 지명.

탐문하여 추심할 방도를 꾀해 보기를 권했으나, 모두들 지금은 위험을 무릅쓰고 호랑이 굴에 들어가는 격이라고 반대했다.

나는 이에 개연히 여러 사람들에게 "우리가 혁명사업에 분투함은 무엇이고 모험이 아닌 것이 없소" 하고 드디어 광주로 가기로 결단을 내렸다.

6월 중순에 민병위(閔丙偉)·김공집(金公輯) 두 학생을 데리고 광동으로 갔다. 먼저 박병강을 찾아가서 그 지방 정세를 물어 보았다.

"그대와 사이 좋은 요인들은 진작 사방으로 흩어졌는데 용택후와 임복성은 도피했다가 다시 돌아왔고 오산(吳山)은 지금 홍콩에 있다지요"

내가 이문치와 이완이 꾸민 음모의 전말을 이야기하자 박은 이렇게 말했다.

"그 자들은 본디 좋지 못한 사람으로 보이더니 필경 이런 흉계를 꾸미고 말았군요 지금 그 자들의 종적이 묘연하다니 향항·호문(虎門)[55] 등지에 있다면 수탐하기도 쉽지 않을 것이오 저 흉악한 놈이 선생이 이번에 다시 온 것을 알면 반드시 해치려 들 터이니 선생의 신상이 매우 염려되는군요"

용택후와 임복성을 만나서 이번에 온 뜻을 말하니, 임은 "저들이 도피해서 숨어 버렸으니 계책이 없다" 했고, 용은 "법률상으로 보면 추심할 방도가 있을 듯하지만 지금 광주 지방의 정계는 그대와 좋게 지내던 이가 없으니 조력을 얻기 어렵겠다" 하였다.

이에 김공집과 함께 향항으로 가서 오산을 찾았다. 오는 신발을

---

55) 중국 廣東省에 있는 지명.

거꾸로 신고 달려나와 맞이해서 매우 정답게 대하는 것이었다. 내가 이문치와 이완이 거액을 삼킨 흉계의 전말을 쭉 이야기하니, 그는 깜짝 놀라서,

"이문치는 평소에 깨끗한 이름을 들었는데 이제 그 사위와 공모해서 거액을 삼키고 선생을 죽이려 했단 말이오? 저 두 사람이 거액을 착복하고 도망쳤으니 당국에 고발해서 체포령을 내려 붙잡는다면 추심할 수 있겠지요. 그러나 지금 광주의 정권이 이근원(李根源)의 손에 넘어갔는데 이 자는 북경 매국 정부 서세창(徐世昌)의 일당이라 우리 국민당이 한국 혁명가와 제휴하는 것을 질시하고 있습니다. 이 사건은 조처할 도리도 없을 뿐 아니라, 선생께서 이 지방에 체류하는 것도 위태합니다" 하고 탄식해 마지 않았다.

그와 더불어 하루 이틀 지내다가 다시 광주로 돌아가서 박병강과 한 여관에서 묵었다.

하루는 박이 밀정이 지금 나의 뒤를 밟고 있어, 사세가 몹시 급박하니 경찰청장을 가서 만나 보고 보호 요청을 하는 것이 좋겠다고 권하여, 곧 경청으로 갔다.

경찰청장을 보고(그의 성명은 잊어 버렸다) 찾아온 뜻을 말했더니 그는 본래 나와 아는 사이도 아니었으나 친절하게 대해 주었다.

"망명 정객의 보호는 본래 국제간의 통례이니 선생은 걱정 마시기를 바랍니다."

또 성장(省長) 양(楊)을 찾아보았다.

그 이름은 잊었으나 전부터 안면은 있었다. 그가 마침 여행 중이어서 만나지 못하고 돌아왔다. 돌아온 길로 편지를 써서 민병위를 시켜보냈다.

다음날 답서가 왔는데 힘껏 보호해 주겠다고 하여 위로가 되었다. 두어 달 광주에 있으면서 누가 경청을 통해 이문치와 이완의 종적을 탐지했으나, 저들은 지금 향향에 있으며, 향향은 이곳 경찰의 힘이 미치지 않아서 결국 속수무책이었다. 부득이 다시 상해로 돌아가기로 작정하고 양(楊)성장에게 작별을 고했더니, 그는 노자를 후하게 주어 감사히 받았다.

중·한호조회 (中·韓互助會)

8월 하순 광주서 상해로 돌아왔다. 백암(白巖) 및 그 아들 박시창(朴始昌)이 사는 후덕리(厚德里)에서 함께 지냈다. 얼마 후에 임복성(林福成)이 박병강과 같이 광주서 왔다. 나는 백암과 함께 가서 임복성을 보고 신문사를 하나 설립해서 중·한 혁명을 고취할 것을 의논하니 임은 한참 생각하다가 비로소 승낙하였다. 임은 재산을 가진 자여서 신문사를 창설하는 자금을 전담하게 되었다. 신문의 명칭은 <사민일보(四民日報)>로 정했으며 임을 사장으로 삼고, 백암과 박과 내가 함께 편술원(編述員)이 되었다. 매일 3만여 부를 찍어, 그중 2천여 부는 한국 내로 우송하였던 것이다.

얼마 전에 이승만 박사가 북미주에 있으면서 민족 대표라 자칭하고 미국 대통령 윌슨에게 청원서를 제출한 바 있었다.

청원서의 내용은 "우리 조선인은 일본의 학정에 시달린 지 오래이다. 청컨대 전날 독일령을 영·불 정부가 위임 통치하던 방식에 따라서 미국 정부가 우리 조선에 위임 통치를 실시하면 매우 좋겠다." 운운한 것이었다.

기미 독립선언이 있기 직전의 일로 덮어두고 발표하지 않아서 아는 사람이 없었는데 뒤늦게 북미 동포의 연락으로 그 사실이 알려진 것이다. 이에 나와 백암·단재 등 여러 동지들은 이 박사가 조선 민족 대표라 자칭하고 미국의 노예가 되기를 원한 것은 우리 광복 운동 사상에 큰 치욕이라 이 일은 그대로 두고 불문에 부칠 수 없다고 주장하였다.

이에 편지로 이 박사에게 그 청원서를 취소하고 국민에게 사과할 것을 요구했으나 오래도록 회보가 없었다. 단재, 백암이 성토론을 강력히 주장했고 나도 거기 찬성하였는데, 임시 정부의 성재(誠齋)·석오(石吾)·성재(省齋)·백범·도산 등은 대통령을 성토하면 임시 정부가 분열될 우려가 있다고 주저하며 호응하지 않았다. 성토를 주장하는 편은 "이 일은 결코 덮어둘 수 없다" 하여, 여러 동지들과 성토문에 연명해서 인쇄 배포했으나 임정 인사들은 끝내 호응하지 않았다. 이로부터 이 박사를 성토하는 파와 이 박사를 편드는 파로 나누어졌다. 그 후 해가 갈수록 여론이 더욱 격렬해서 드디어 나창헌(羅昌憲)이 검사로, 최창식(崔昌植)이 재판장으로 특별 법정이 열리게 되었다. 검사는 이승만이 멋대로 위임 통치를 제창한 죄를 기소하였고 재판장은 대통령직 파면 선고를 내렸다.

10월에 항항서 부친 오산(吳山)의 편지를 받았다. 그가 중순 전후해서 상해에 도착하겠다는 내용이었다. 기일이 되어 과연 그가 왔다.

"이번에 내가 여기 온 것은 별다른 일이 있어서가 아니오 귀국 혁명 동지와 교유해서 제휴할 방도를 도모하는 것이 나의 목적이니 선생께서 소개해주시기 바랍니다."

나는 곧 그를 인도해서 임시 정부 요인인 성재(誠齋)·석오·백암·성재(省齋)·백범·도산·예관(睨觀)·동농 김가진(東農 金嘉鎭)[56] 등 여러 분을 두루 방문하였다. 그는 돌아와서 소감을 이렇게 말하였다.

"내가 귀국 정부의 인물들을 보니 참으로 초초하지 않습디다. 팔십 노혁명가인 김가진 선생은 더구나 공경할만한 분입니다."

나는 임정 요인들에게 의논하였다.

"오산이 이번에 온 것은 오로지 우리 동지와 제휴하기 위해서요. 그는 마음이 독실한 사람이니 한번 환영하는 모임을 갖는 것이 좋겠소. 또 서겸(徐謙)이 근래 파리에서 상해로 돌아왔으니 오와 함께 초청해서 자리를 같이 하면 더욱 좋겠지요"

모두 찬성하여 날짜를 잡아 영안루에서 연회를 열었다. 국무총리 이동휘(李東輝) 이하 50여 명이 출석하였는데, 오산이 주빈으로 서겸은 배빈으로 앉았다. 연회가 시작되어 이동휘가 환영사를 하자 오가 답사를 하는데, 그의 열렬한 웅변은 사람을 감동시키는 대목이 많았다. 서가 이어서 말하였는데 그의 연설은 평범해서 들을만한 것이 없었고, 기독교인이라 맺음말에 한국 동지는 반드시 기독교를 믿어야 한다고 역설했다. 마땅히 기독교를 믿느냐 믿지 않느냐를 가지고 혁명의 성공이 빠르냐 늦느냐를 점칠 수 있다는 논조였다. 성재(誠齋)와 도산은 기독교인이라 손뼉을 치며 환호하

---

56) 開化派 인사로 한때 친일 대신이 되기도 했으나 3·1운동 전후에 태도를 바꾸어 중국에 망명, 독립운동에 가담했다.

였다. 대개 이 모임은 국제간에 외교하는 자리로, 교인이 전도하는 마당이 아닌데 서는 외교 대가로서 이런 탈선을 하다니 사람은 실로 알기 어려운 줄 알겠다. 이날 모임에 참여한 사람들은 불쾌한 기색들이었으나 환영하는 뜻을 잃을까 하여 내색하지 않았다.

다음날 나는 오와 함께 별도로 서를 방문하였다. 겨우 인사를 마치자 서는 또 나에게 기독교를 믿는가 묻는 것이었다. 믿지 않는다고 하자 "혁명에 종사하면서 기독교를 믿지 않는 이는 참다운 혁명가가 아니다"면서 교리를 장황하게 늘어놓으며 믿기를 권했다. 나는 내심 매우 불쾌했으나 겉으로는 적당히 대꾸해 넘겼다. 서로 사귀는 예의를 내가 먼저 파괴하고 싶지 않은 때문이었다. 그 후에도 두서너 번 만나기만 하면 그러했는데, 다섯 번째 가서는 다시 그러지 않았다. 그가 나의 표정을 살펴 자기 말이 먹혀들지 않은 줄 알고 중지한 것인지 모르겠다. 오와 서와 오랫동안 상종하여 서로 정의가 제법 두텁게 되었다.

"우리들이 입만 떼면 중·한 양국이 서로 협조해야 한다고 하면서 아직 무슨 협조 기관 하나도 개설한 것이 없소 우리 양국 동지들이 동합해서 한 회(會)를 창립하여 상해에 본부를 두고 차례로 각 도시에 지부를 설치하는 것이 좋겠오 그래서 긴밀히 연락을 취하며 물심 양면에 수시로 협조할 방도를 강구해서 실효를 얻도록 합시다."

내가 이렇게 제안하자 오와 서는 크게 기뻐했다.

"우리들도 숙원하는 바요 때에 맞춰 일을 도모하지 않으리오"

유혈륜(喩血輪)이란 사람이 나서서 크게 찬조해서 드디어 중·한 각계 동지들에게 연락하여 우선 발기회를 개최하였다. 명칭은 중·한호조회(中·韓互助會)로 하였다. 이 회의를 결성하는 데는 유혈륜과 오산의 노력이 가장 컸으니 그 열성에 경의를 표하지 않을 수 없다.

11월에 북경으로 갔다. 국내와 연락하는데 북경이 상해보다 편리하기 때문이었다. 윤중수(尹中洙)가 정양문 밖 역두에 나와서 맞이하였다. 윤이 묵고 있는 집으로 가서 단재 및 족제 김창돈(金昌敦)과 함께 지냈다. 그때 단재는 박숭병(朴嵩秉)과 함께 잡지 『천고(天鼓)』를 운영하고 있었는데 나에게 같이 일하자고 요청하였다. 나는 본시 신문이나 잡지를 편찬하는 일에 익숙하지 못해서 매사를 단재와 상의하여 처리하였다. 성질이 단재는 급하고 나는 느린 편이어서 서로 보완이 될 수 있었다.

이기일(李基一)을 국내로 보내서 여러 동지들에게 편지를 부쳤다. 한 달 남짓 있다가 일이 있어 다시 상해로 내려왔다. 박시창(朴始昌)을 경남·북 지방으로 보냈다. 또 백암·백범과 의논하여 사람을 기호 지방으로 보내어 여러 동지들에게 자금을 청구하였다.

자서전(自敍傳) · 중(中)

고뇌(苦惱)와 좌절(挫折)

신유(辛酉; 1921)년 2월 나는 상해에서 다시 북경으로 올라왔다. 마침 이기일(李基一)이 국내에서 돌아와 여러 동지들의 동정을 자세히 알게 되었다.

3월에 손영직(孫永稷) · 김진우(金振宇)가 상해에서 오고 이호태(李鎬泰) · 정수기(鄭守基)가 국내에서 돌아와 여러 동지들의 동정을 자세히 알게 되었다.

당시 북경 상해 등지에 거류하던 한인으로 경제적 곤란 때문에 살아갈 수 없는 사람들은 대부분 귀국하였고 또한 사상이 타락해서 용기를 잃은 자들은 대부분 적에게 귀순하였으니, 손정도(孫貞道) · 김병조(金秉祚) · 이광수(李光洙) · 최완(崔浣) 등이 그러했다.

천도교 대표 신숙(申肅)과 박용만(朴容萬)이 군사통일회(軍事統一會)를 북경에서 소집하여, 국내 및 미령(美領)·아령(俄領)·중령(中領) 등 각지 대표들이 연달아 북경으로 오게 되자 그 성세가 자못 적막하지 않았다. 신(申)과 박(朴)이 나에게 함께 일하기를 요청하였는데, 내 보기에 박은 말이 과장이 심하고 실속이 없으며 행동도 황잡하고 조심성이 적고, 신은 박에 비해 더 떨어져서 모두 뜻을 함께 해서 일할 만한 사람이 아닌 것으로 생각되었다. 이에 좋은 말로 군사에는 관여치 않겠다고 사양하였다. 석주 이상룡(石洲 李相龍)씨가 성주식(成周寔)·송호(宋虎) 등을 데리고 길림으로부터 왔는데 군사통일회에 참석하기 위해서였다. 석주는 문학과 행의(行誼)로써 원래 우리 유림 사이에 명망이 높았는데, 일찍이 전 만주의 동포들을 선도해서 길림에 군정서(軍政署)를 설치하고 총재로 추대되어 해외 동지들이 전부터 신뢰하던 분이었다.

나는 석주에게 "선생은 신과 박의 사람됨을 아십니까?" 하고 물었더니 석주는 모르겠다고 한다. 나는 대략 저들의 언어 행동을 들어 같이 일하기 어려운 실정임을 말했으나 석주는 자못 그렇게 생각하지 않았다.

그러더니 얼마 되지 않아서 석주는 낭패를 당하고 길림으로 돌아갔다. 그 뒤 몇 년이 못 가서 박은 적과 내통한 일이 발각되어 의열단원(義烈團員)[1]에게 사살되었고, 신도 또한 북만주에 있으면서 일본에 붙었다는 추문이 돌았다. 이에 이르러 사람들이 비로소 나의 선견을 인정하였다.

---

1) 1919년 만주 吉林省에서 결성된 비밀 항일 운동 단체, 일제에 대한 폭력 투쟁을 계속했다. 1923년 申采浩는 의열단을 위해 「朝鮮革命宣言」을 쓴 바 있다.

임술(壬戌; 1922)년 봄에 월남 이상재(月南 李商在)[2]씨가 김활란(金活蘭)과 함께 서울로부터 왔다. 월남은 기독교인이라 기독교청년회 대표로서 만국 기독교 청년대회에 참석하기 위해서 북경으로 온 것이다. 마침 김달하(金達河)의 집에 기숙하고 있어서 찾아가 보았다. 그의 풍모를 살펴보고 언론을 들어보니 썩 기백이 있어 사람을 움직일 만한 인물이었다. 내가 묻는 말에 월남은 많이 해학으로 받아 넘겼다.

"사람들이 선생을 보고 해학을 잘 한다 하는데 해학도 도(道)입니까? 배우처럼 해학을 하시는 것은 선생같은 군자로서 하실 일이 못 되는 듯합니다."

내가 이렇게 말하자 월남은 한바탕 껄껄 웃고 나서 "유자들은 근졸(謹拙) 겸손만 하여 일을 만나면 물러서 피하고 용감히 맡겠다고 나서는 자가 적다"라고 반박하면서, 해학을 섞어서 방약무인으로 늘어놓는 것이었다. 대개 월남은 분방하고 활달하여 정도를 지키는 선비는 아니지만 일대의 호걸이 되기에는 손색이 없었다.

내가 김달하와 알게 된 것이 이때부터였다. 그는 제법 학식이 풍부하고 이승훈(李昇薰)[3] · 안창호와도 친하여 관서의 인물로 일컬어지고 있었다. 나는 그와 상종하며 경사를 토론해 보고 그 해박한 지식에 서로 얻는 바 있어 기뻤다. 당시 사람들이 그를 일본의 밀정이라 의심을 두었는데 나는 실로 눈치채지 못했다.

하루는 도산을 달하 집에서 만났다. 도산이 웃으면서 나에게

---

2) 徐載弼과 함께 독립 협회를 조직, 부회장이 되었고, <조선일보> 사장 · YMCA 회장 역임(1850~1927).

3) 五山中學 설립자. 3 · 1운동의 33인의 1인. 기독교 지도자(1864~1930).

"소봉(小峰)을 일본의 밀정으로 생각하시오?" 하고 묻는다. 소봉은 곧 달하의 호이다.

"나는 전혀 모르오 정말 그가 밀정 노릇을 하는 줄 안다면 당신은 어찌해서 상종하고 있소?"

"돌아다니는 말은 있지만 나는 믿지 않고 있소. 다만 농담으로 해 본 것입니다."

그 뒤 하루는 달하가 서신으로 만나자 하여 갔었다. 이야기로 밤이 깊어져, 그는 천하 대세를 통론하다가 문득 우리나라 독립운동가들이 파당을 일삼는데 이르러 독립을 성취할 가망이 없다면서 슬픈 기색으로 눈물을 흘렸다. 그러더니 내 손을 잡고 은근히 묻는 것이었다.

"선생은 근래 경제적으로 자못 곤란한 터인데 숨기지 말고 말씀해 주시오"

"곤란하기야 곤란하지만 분투하는 혁명가의 본색이 그렇지 않겠소?"

"천하에 어찌 자기 식생활도 해결하지 못하는 혁명가가 있단 말이오? 만약 자기 식생활도 해결하지 못한다면 소위 혁명 운동은 빈 말에 지나지 않는 것이오"

그는 이렇게 말하고서 다시 나의 손을 굳게 잡고 눈물을 흘리며 "선생은 끝내 성공하지도 못 할 독립운동에 종사하시니, 무엇 때문에 이같이 고생을 사서 한다는 말입니까? 곧 귀국할 결심을 하여 안락한 가정의 낙을 얻는 것만 같지 못합니다. 내가 이미 선생의 귀국 후 처우 등의 절차를 조선 총독부에 보고하여 승낙을 얻어 놓았습니다. 경학원 부제학 한 자리를 비워 놓고 기다리고 있으니 선생은 빨리 도모하기 바랍니다."

나는 대노하여 그를 꾸짖었다.

"네가 나를 경제적으로 곤란하다고 매수하려 드는구나. 사람들이 너를 밀정이라 해도 뜬 소문으로 여겨 믿지 않았더니 지금 비로소 헛말이 아닌 줄 알았다."

나는 와락 그의 손을 뿌리치고 돌아와서 김달하가 밀정 노릇하는 실상을 널리 알렸다. 얼마 가지 않아 다물단원(多勿團員)[4]이 그를 목을 졸라 죽여 버렸다.

얼마 후 교분이 두터운 일가 사람이 나에게 편지로 귀순을 권고하였다. 대개 총독부 경무국에서 경북 경찰서에 명령하여 그 사람에게 편지를 내도록 한 것이다. 그 편지에는 경무국에서 집을 개축하고 장토(庄土)를 매입해서 생활을 보장해 주며, 그 동안의 범행은 불문에 붙이고 특별히 보호해 준다는 내용이 담겨 있었다.

나는 이 편지를 받고 몹시 분노하여 즉시 집에 편지를 보내 그 사람과 절교하게 하였다. 전부터 나는 결핵 증세가 심해서 의사의 권고로 술과 담배를 끊은 지 여러 해였다. 이 편지를 받은 뒤로 가슴에 울화가 치밀어 백건주 한 두루미를 혼자서 다 마시고 대취하여 혼수상태에 빠지고 말았다. 그리고 깨어보니 석양녘이었다. 곁의 사람 말이 이틀 밤을 지냈다는 것이었다. 그 후로 번뇌가 생겨 미칠 것 같으면 곧 큰 잔으로 술을 퍼 마시어 해소했다. 해묵은 병이 더욱 심해지자 다시 술 끊기를 권하는 이들이 있었지만 나는 귀담아 듣지 않았다.

---

4) 李圭駿을 중심으로 조직된 비밀 독립운동 단체.

계해(癸亥; 1923)년 여름, 나는 치질 때문에 통증이 심하여 걸어다니기도 어려웠다. 미국인이 경영하는 협화병원에 입원하여 미국인 의사의 수술을 받았으나 몇 달 지나자 재발하여 다시 그 해 가을에 협화병원에서 치료하였다. 이 무렵 손영직(孫永稷)과 함께 있었는데 그는 경제가 극히 곤란해서 고통을 견뎌내지 못하고 종종 불평하는 말이 있어 내가 늘 좋은 말로 위로하고 타일렀다. 하루는 손이 서글피 말하였다.

"우리가 고초를 겪으며 여기 머물러 있는 것은 의미가 없다. 빈손으로 혁명을 도모해서 될 이치가 있겠는가. 나를 만약 국내에 들어가게 한다면 기필코 다소의 자금을 구해 가지고 다시 오겠으니 허락해주게."

"자네는 국내로 들어갈 때 종적을 감추려는가, 아니면 귀순하려 하는가? 둘 중에 어느 방법을 택하려나?"

"종적을 감추면 행동에 구애되어 자금을 구하기 쉽지 않고 짐짓 귀순하는 형식을 취해야 자금을 구할 수 있을 것이매 나는 후자의 방법을 취하겠네."

나는 정색해서 말했다.

"자네는 한갓 공리만 도모하고 도의에 죄를 얻게 됨은 알지 못하는가? 자네가 만약 도의에 죄를 얻으면 소위 공리라는 것도 필시 이루어지지 못할 것일세. 자네가 귀순하고 나면 평소에 자네와 교분이 두터웠던 사람들도 자네를 보고 모두 침뱉고 욕할 것이다. 자네를 보고 침 뱉고 욕하는 사람에게 자금을 구하여 성사되길 바라겠는가. 자네가 그런 마음을 먹다니 부끄러운 일이네."

"자네 말이 옳네. 어찌 승복하지 않겠는가."

그 후 몇 달 못 가서 손이 또 전에 한 말을 되풀이하기에 나는 여지없이 공박해 버렸다. 손은 단지 슬프게 울기만 하고 더 말이 없었다. 다시 몇 달 뒤에 손은 밖에서 술이 대취해 돌아와 고함을 질렀다.

"나와 자네는 이제 굶어 죽게 되었다. 자네는 백이 숙제를 따라 수양산으로 가서 굶어 죽으려는가? 나는 자네를 따라가고 싶지 않네. 나는 귀국하기로 이미 결정했으니 자네 나의 갈 길을 막지 말게. 내가 귀국하면 내게 대한 의논이 분분할 터이니 내가 다시 돌아오는 날 나에게는 다른 뜻이 없었다고 보증해주면 나는 자네에게 유감이 없겠네."

"자네에게 이미 내 말이 들어가지 않으니 난들 자네를 위해 무엇을 하겠는가? 자네는 남들의 타매(唾罵)로 다시 돌아올 면목이 없을 때 내가 그대를 위해 마음을 써주지 않는다고 나를 탓하지 말게."

얼마 안 있어 과연 손은 국내로 돌아갔다. 이에 손이 적과 내통했다는 소문이 나서 북경과 상해가 시끄러웠다. 나 또한 이 일에 관여되었다는 의심을 받았다.

나는 손과 함께 상해와 광동(廣東)에서 북경에 이르기까지 침상을 나란히 지낸 지 거의 4, 5년이나 되었다. 서로 정이 깊지 않다 할 수 없거늘, 나는 귀국하겠다는 그를 넉 달 동안 입이 아프도록 말렸으나 끝내 그의 발길을 저지하지 못하였다. 내가 덕이 박하여 그에게 신의가 미치지 못했으니 참으로 안타까운 일이다.

개조파(改造派)와 창조파(創造派)

　얼마 전부터 재외 동포 청년학생들이 마르크스(Marx)의 학설을 애독하여 사상이 크게 변하였고, 노숙(老宿)한 사람 중에도 물든 이가 많았으니, 이동휘(李東輝) · 여운형(呂運亨)5) · 안병찬(安秉贊)6) · 김두봉(金枓峰) 등이 그러했다. 이에 이동휘 등은 상해에서 공산당을 조직하고 안병찬 등은 노령(露領)의 이르쿠츠크(Irkutsk)에서 따로 한 당을 조직하여, 양 파가 서로 세력을 부식하기 위해서 경쟁하고 있었다. 또한 민족주의자를 원수같이 보아 마침내 니하(尼河; Nera)와 흑하(黑河)의 대학살 사변을 연출하였다.

　일찍이 임시정부에서 소련 정부에 교섭하여 3천만 원 차관의 약속을 받았다. 이동휘는 당시 국무총리로서 자기 비서 김립(金立)과 모의하여 김립을 모스크바로 밀송했다. 임시정부 대표를 사칭하고 차관금 가운데 6십만 원을 가로채어 두 사람이 나누어 먹었다. 이동휘는 해삼위(海蔘威; 블라디보스톡)로 도망쳤다가 얼마 후 죽었고 김립은 창녀를 끼고 상해의 조계에 숨어 있다가 의열단원에 의해 사살되었다. 3천만 원 차관 약속은 마침내 깨어져 버리고 말았다. 이때부터 공산주의자와 민족주의자는 사사건건 반목하여 드디어 동족상잔의 큰 화근이 되었다.

　그 무렵 무정부주의자(無政府主義者)들이 있어 별도로 기치를 세웠으니 이을규(李乙奎) · 이정규(李丁奎)7) · 유자명(柳子明)8) · 유림(柳

5) 경기도 출신으로 독립운동가이며 정치가(1886~1946).
6) 독립운동가이며 변호사(1854~1921).

林)9)·정화암(鄭華岩)10)·백정기(白貞基)11) 등이 그러했다.

나는 비록 저들 각파의 사람들과 접촉도 하고 마르크스·레닌 (Lenin)·바쿠닌(Bakunin)·크로포트킨(Kropotkin) 등 제가의 학설도 읽어 보았지만 전혀 취미가 붙지 않았다. 저들 각파가 당을 만들고 기치를 올리는데 조금도 상관하지 않았지만 저들에게 지목될 하등 원한도 없었다.

당시 상해 및 중령(中領)·노령(露領) 등지의 동포들이 임시정부에 대해 불평을 많이 품어 개조(改造)와 창조(創造)의 양론이 일어났다. 국민대회를 상해에 소집하자 해내외(海內外)에서 일제히 호응하여 파견되어 온 대표들이 거의 3, 4백 명이 되었다. 개회를 하고 '개조'·'창조' 두 안에 대한 토론에 들어가서 임정 인사에 석오·성제·백범·조완구 같은 이는 '창조'를 반대하는 주장을 폈으나 일송 김동삼(一松 金東三)12) 및 안창호 등이 '창조'를 적극 주장하여 대세가 그 쪽으로 휩쓸렸다. 임정 일파와 격렬히 파란을 일으키다가 이윽고 대부분 창조론(創造論)으로 기울어진 것이다. 드디어 국민의회를 조직하고 국민대의원으로 김동삼·안창호 등 30인을 선출했는데, 나도 거기에 끼였다. 장차 해삼위에서 대회를 다시 열어 그 곳에다 정부를 새로 세운다는 것이었다. 나에게도 같이 가기를 요청해왔으나 나는 응하지 않았다. 처음 상해에서 국민대회를

---

7) 경기도 인천 출신의 독립운동가·무정부주의자.
8) 무정부주의 계열의 독립운동가·義烈團의 中心人物.
9) 경북 安東 출신의 독립운동가·무정부주의자.
10) 독립운동가·무정부주의자(1897~1981).
11) 전북 출신의 독립운동가. 1932년 중국 天津의 일본 총영사관과 일본군 사령부를 습격한 바 있음(1896~1936).
12) 경북 안동 출신 독립운동가(1878~1937).

개최할 때도 나는 여러 번 참석 요청을 받았으나 완강히 거부하고 가지 않았더니, 많은 사람들이 나를 임정파로 지목해서 공격하였다. 나는 웃으며 반문했다.

"창조로 분열하여 횟덩이를 빚어내기보다는 보합(保合)[13]하여 개조함이 낫지 않겠는가?"

얼마 후 일송(一松) 및 김응섭(金應燮)·유우국(柳佑國)·남형우(南亨祐) 등이 상해에서 북경으로 왔다. 나는 일송을 보고 "선생이 지금 '창조'를 주장하여 국민의회를 결성하고 장차 해삼위로 가서 새로 정부를 세우겠다니 선생의 역량이 능히 분열된 민족을 포섭해서 영도해 나갈 수 있겠소? 나는 이제부터 우리 민족이 더욱 분열되어 수습할 사람이 없을까 걱정됩니다. 개탄할 일이외다"고 하였더니 일송도 한숨을 내쉬며 말했다.

"처음 내가 '창조'를 주장한 것은 임정 여러분들이 자기 견해만 고집하고 남의 말을 받아들이지 않아서였거니와 크게 국민의 마음을 잃었기 때문에 대회에서 불만이 갑자기 격화되어 마침내 '창조'로 결론이 내려진 것이요. 그러나 지금 현상은 분열이 더욱 심하여 보합할 가망이 없고 또 구석진 해삼위는 도저히 정부 기관을 설치할 땅이 못 되는지라, 방금 여기 여러 사람들과 함께 수습할 방도를 다시 의논하고 떠날 것이며, 또 만주로 가서 그 곳의 동지들과도 함께 선후책을 강구할 작정입니다."

"내가 처음 상해회의에 불응했던 것은 분열될까 우려했기 때문이었고 뒤에 해삼위 행에 응하지 않은 것은 그 곳은 마땅한 장소

---

13) 화합과 같은 말.

가 아니라고 보았기 때문이었오. 지금 선생 역시 분열을 우려하고 해삼위로 가려 않는군요. 책임은 선생이 아니고는 짊어질 사람이 없습니다. 각별히 도모해야 할 것이외다."

"감히 힘쓰지 않겠습니까?"

그 후 일송은 만주로 가서 다시 '창조'의 일에 상관하지 않았고 그밖에 이미 해삼위로 갔던 사람들도 서로 알력이 생겨 마침내 저절로 해산되고 말았다.

한편 국내에 있으면서 혁명에 뜻을 가진 인사들이 왜정의 압력을 견디지 못해 표면상 합법 운동으로 전개하였다. 홍명희(洪命熹)·허헌(許憲) 등 여러 사람들이 신간회(新幹會)를 조직했는데 파쟁이 있었다. 최린(崔麟) 일파는 자치 운동을 주장하여 송진우(宋鎭禹)·김성수(金性洙) 등이 이 자치론으로 기울어지고 <동아일보(東亞日報)>가 그 선전 기관지로 되었다. 나는 당시 신채호(申采浩) 등과 함께 북경에서 <동아일보> 성토 대회를 개최하고 그 신문을 구독하지 않을 것을 선언하였다.

당시 북경에 있는 동지로 남형우(南亨祐)·김응섭(金應燮) 두 사람은 모두 국내에서부터 사귀어 온 친구이다. 북경에 와서도 자주 상종했는데 오랜 후에 그들의 언어·동작을 보니 경제적 고통을 견디지 못해 종종 탈선하는 일이 있었다. 나는 마음속으로 저 두 사람이 머지 않아 제2의 손영직이 되지 않을까 우려하였다. 두 사람은 종종 나를 찾아왔지만 나는 그들의 문전에 전혀 발걸음을 아니 했다. 몇 년 후에 두 사람은 과연 잇달아 적에게 귀순하고 말았다. 사람의 현명치 못함이 이 지경이란 말인가!

갑자(甲子; 1924)년 봄에 이봉노(李鳳魯)·송영우(宋永祐)·김화식(金

華植) 등이 국내로부터 와서 북경대학에 유학하면서 가끔 나의 처소에 들러 경서의 뜻을 묻곤 했다. 그들은 소탈하고 진실해서 서로 기댈만하여 반가웠다.

우당 이회영(友堂 李會榮)14)은 곧 성재 이시영(省齋 李始榮)의 형이다. 가족을 데리고 북경에 우거한 지 여러 해가 되었다. 생활 형편이 극난한 모양이었지만 조금도 기색을 나타내지 않아 나는 매우 존경하였다. 하루는 내가 우당을 집으로 찾아가서 함께 공원에 나가 바람이나 쐬자고 청하였더니 거절하였다. 그의 얼굴을 살펴보니 자못 초췌한 빛이 역력했다. 내가 마음속으로 의아하게 생각하여 그의 아들 규학(圭鶴)에게 물었더니 "이틀 동안 밥을 짓지 못하였고 의복도 모두 전당포에 잡혔습니다. 아버지께서 문 밖에 나서지 않으려는 것은 입고 나갈 옷이 없기 때문입니다" 하여 나는 깜짝 놀라 주머니를 털어 땔감과 식량을 사오고 전당포에 잡힌 옷도 찾아오게 하였다.

이윽고 규학이 의복을 들고 와서 올리니 우당은 "이것은 심산(心山) 선생한테서 나온 것이 아니냐?"고 하기에, 나도 "선생이 나한테 실정을 말씀하지 않다니 원망스럽소이다" 하고 서로 한바탕 웃었다. 그로부터 우의가 날로 더욱 친밀해졌다. 그 해 겨울에 우당과 단재와 상의하여 김상호(金尙昊)를 영남 지방으로 보내어 여러 동지들에게 자금을 구해 보도록 하였다.

을축(乙丑; 1925)년 봄에 김상호가 내 아들 환기(煥基)와 함께 왔다. 환기 말이 "가족은 간신히 생명을 보전하고 있으며, 국내 인심

---

14) 서울 양반 출신의 독립운동가. 心山이 가장 존경했던 지도자의 한 분.

은 모두 죽어 자금을 구해도 응하지 않았고, 약간 입수한 것은 상호가 낭비해 버렸다"는 것이다. 상호는 단재와 친분이 두터운 사이라 단재의 체면을 보아 불문에 부쳤다. 환기에게 중국어와 영어를 강습시켜 조금 익숙해지는 대로 북경중학에 보내 공부하게 할 계획이었다.

독립기지(獨立基地) 건설(建設)

일찍이 내가 우당에게 이런 의견을 말했다.

"독립운동의 전도는 해와 달로 성취를 기약하기 어렵습니다. 만약 일본 세력이 미치지 못하는 열하(熱河)[15]나 찰합이(察哈爾; Ch'ahai)[16] 등지의 황무지로 경작이 가능한 땅을 얻는다면 만주의 동포들을 이주시켜 살리고 가르쳐서 실력을 양성하였다가 때를 기다려 움직이는 것이 지금 우리로서는 실로 상책이라 하겠습니다. 그러나 우리에게는 땅도 없고 자금도 없으니 무슨 도리가 있습니까?"

그랬더니 우당이 "한탄만 하고 있을 것이 아니라 먼저 자네와 친한 중국 정계의 요인을 찾아가서 땅을 빌리는 문제를 의논해 보게. 다행히 땅만 빌려주면 자금을 구하는 문제는 그때 의논해도

15) 중국 북동부 지방의 지명. 원래 강 이름인데 그 곳의 省 이름으로 되었다.
16) 중국 북동부 국경 지방 지명.

되지 않겠는가?" 하였다.

어느 날 중국 참의원 이몽경(李夢庚)을 찾아가서 땅을 빌려 개간하는 문제를 상의하였더니 반응이 좋았다.

"중·한 혁명은 반드시 상호 협조해야만 성공할 수 있습니다. 참으로 상호 협조에 유익하다면 어찌 황무지를 빌려주는 것쯤을 아끼겠습니까? 다만 지금 열하와 찰합이의 정권이 풍옥상(馮玉祥)[17] 장군의 손에 있으니 풍장군과 의논하여 도모해 보시는 것이 좋겠습니다."

"나는 풍장군과 본래 알지 못하니 당신이 소개해주실 수 있겠소?"

"나는 풍장군과 교분이 깊지 못하외다. 들으니 당신은 전 외교총장 서겸(徐謙)과 서로 친하다고 하더군요. 서는 풍과 매우 친밀하지요. 당신이 서를 만나서 의논해 보는 것이 좋겠습니다."

다음날 이몽경과 함께 서겸을 찾아가서 땅을 빌리는 문제를 꺼내었더니, 서겸은 "중·한 양국의 상호 협조는 풍장군도 매우 찬성하는 터이요. 황무지 개간은 중국 정부가 본래 환영하는 바라, 풍장군이 필시 허락하지 않을 이치가 없을 것입니다. 내가 풍장군을 만나 주선해 보지요"라고 말하였다.

며칠이 지나 다시 서겸을 찾아갔더니 "풍장군이 개연히 허락합디다. 그런데 열하와 찰합이에는 적합한 땅이 없고 수원(綏遠)[18]·포두(包頭)[19] 등지에 3만 정보의 개간 가능한 땅이 있으니 적당히

---

17) 중국 군대 북방 군벌의 한 사람.
18) 중국 북부 내몽고 중부지방.
19) 綏遠省에 있는 지명.

▲ <동아일보>, 1928년 8월 9일 게재

이용하라 합디다."

나는 자리에서 일어나 절하고 사례하였다.

"선생과 중국 혁명 인사들이 우리나라의 독립을 위하여 도움을 아끼지 않으시니 감사하기 그지없소이다."

그 후 황무지 개간 자금을 얻기 위해 동지들과 의논하였으나 끝내 거액을 마련할 방도가 없었고 국내로 사람을 보내서 동지들에게 급한 사정을 알리고자 해도 역시 적당한 사람이 없었다. 탄식하고 있던 중 국내 인사가 면우(俛宇) 선생 문집 간행 관계로 서울에 모였다는 말이 들렸다. 이 기회를 놓쳐서는 안 되겠기에 나는 험난함을 무릅쓰고 직접 가서 황무지 개간 자금을 모아 오기로 결심하였다.

그런데 또한 나를 따라가서 일할 사람도 선뜻 나서지 않았다. 어느 날 밤에 송영우(宋永祐)와 같이 자다가 실정을 토로했더니 그는 흔연히 함께 일할 것을 허락하였다. 이어 이봉노(李鳳魯)와 김화식(金華植)의 동조를 받아 매일 이들 세 사람이 함께 상의하였다. 송영우를 먼저 귀국시킨 다음, 이봉노를 상해에 보내서 호신용 권총 두 자루를 사오게 하여 김화식이 휴대하고 귀국하였다. 이 일은 극비에 부쳐, 오직 단재에게만 알렸고 다른 사람은 전혀 아는 이가 없었다. 나는 떠날 때 북만주 등지에 볼 일이 있는 것으로 말했다. 환기는 단재에게 가서 공부하도록 시키고 역시 이 사실을 말해주지 않았다. 17세 어린 아이에게 알릴 필요가 없기 때문이었다. 이봉노는 북경에 남아서 내외의 정보를 연락하도록 하였다.

8월 초에 나는 북경을 출발하여 길림성의 하얼빈으로 갔다. 음력으로는 6월 하순이었다. 하얼빈에 10여 일 머물면서 만주 각지의 우리 동포들의 상황을 대략 알게 되었다. 그리고 농군의 누더기 옷으로 바꾸어 입은 다음 기차를 타고 안동현까지 가서 도보로 압록강 철교를 건넜다. 신의주서 다시 기차를 타고 곧 서울에 당도했다. 송영우와 김화식에게 쪽지를 보내 나에게로 곧 오게 하였다. 그 두 사람을 면우집간소(俛宇集刊所)로 보내서 곽윤(郭奫)과 족숙 김황(族叔 金榥)을 초청하였다. 죽음을 무릅쓰고 들어온 뜻을 자세히 이야기한 다음, 곽윤을 경북으로 김황을 경남으로 내려보내서 친척과 지구(知舊) 중에 재산을 많이 가진 이들에게 연통하도록 했다. 그리고 김화식을 경주로 보내서 정수기(鄭守基)와 함께 오게 하여 정수기를 봉화 등지로 보냈다. 따로 하장환(河章煥)에게 부탁해서 진주·함안 등지로 보냈는데 하장환이 돌아와서 이런 말을 하였다.

"진주의 어떤 부호가 방금 선생을 귀순시키고자 경무국에 알선하고 나로 하여금 선생의 뜻을 알아오게 하였습니다. 그렇게 하시렵니까?"

나는 정색을 하고 대답했다.

"친일 부자의 머리를 독립문에 걸지 않으면 우리 한국이 독립할 날이 없을 것이다. 자네가 나를 위해 그 부자에게 이 말을 전하게."

그 뒤 곽윤이 또 그 부자의 말을 와서 전하기에 나는 노하여 소리쳤다.

"면우 선생의 후예로 그런 소리를 한단 말이요? 면우 선생의 글을 읽고도 선생의 심법을 모르는 자가 선생의 글을 간행하여 장차 어디에 쓰겠소? 처음에 내가 바로 간소로 가지 않은 것은 나의 종적이 탄로나서 발간하는 일에 크게 방해될까 염려해서였소. 내일 당장 간소로 가서 선생의 제자 여러분과 이 일을 토론하여 간행하는 일을 파의시킬 터이오."

"나는 남의 말을 전했을 따름이오. 간소의 여러분들이 모두 그에게 부화하는 것은 아니니 노여움을 풀기 바라오. 내가 기필코 간소의 여러분들과 힘을 합쳐서 자금을 마련하도록 주선해 보겠소." 하고 곽윤은 사과했다. 곽윤은 계속 경상남도와 북도를 왕래하며 주선하였다.

9월에 김황이 경남에서 돌아와 다시 내려보냈고, 정수기는 경북에서 돌아와 또 경남 등지로 내려보냈다. 손진수(孫晋洙)와 후익(厚翼) 부자분도 교대로 찾아와 진행 방안을 강구하였다. 이들의 독실한 뜻은 갸륵한 일이었다.

종제(從弟) 창백(昌百)이 매부 이길호(李吉浩)의 편지를 가지고 와서 내 본가의 근래 소식을 전하고 또 고령 이씨에게 출가한 누이동생이 방금 서울에 와 있다는 사실을 알려주었다.

"내가 지금 친척에게 인사를 닦기 위해 온 것이 아니다. 내 본가에도 기별하지 않았으니, 이실(李室)을 보더라도 내 말을 해서는 안 된다."

대개 누설이 되어 일이 낭패될까 염려한 때문이다.

비밀모금활동(秘密募金活動)

그때 나는 적선동의 구석진 집에 틀어박혀 있었다. 곽은·김황·송영우·김화식 네 사람이 때때로 연락하는 외에 아무도 아는 이가 없었다.

하루는 비가 와서 혼자 누워 책을 보고 있는데 돌연 왜경 한 명이 문을 열고 들어왔다. 조사 추궁하여 사람을 놀래키는 일이 한두 가지가 아니었다. 나의 몸과 행장을 두루 수색하고 문답한 내용을 수첩에 기록하는 것이었다. 그러나 내가 본래 임무를 띠고 온 일에 관여하는 말이 미치지 않아서 무엇 때문에 이러는지 알수 없었다. 그 자가 그 집안으로 들어가서 또 나에 대해서 캐묻는데 주인이 대는 내 성명이 아까 내가 그에게 말한 것과 일치하지 않았다. 묻고 답하는 소리가 벽을 사이에 두고 있기 때문에 자세히 들렸다. 비록 주인이 잘못 대답한 것이지만 화가 목전에 닥칠 것은 틀림없었다. 왜경은 곧 나를 붙잡아 적선동 파출소로 끌고 갔다. 그 자가 수첩의 기록을 꺼내놓고 처음부터 심문하는데 고함을 질러 "진짜 성명을 대라"고 한다.

"나는 가짜 성명이 없다."

"김이다 박이다 하는데, 어느 것이 진짜고 어느 것이 가짜냐? 속히 대라."

"박은 네가 지어낸 것이니 나한테 무례한 짓을 하지 말라."

"감히 심문하는 경관에게 무례라는 말을 쓰느냐?"

그 자는 성을 버럭 냈다.

"경관으로 터무니없이 남의 가짜 성명을 지어내어 협박 공갈하니 무례가 아니고 무엇인가?"

"집 주인이 그렇게 말했다."

그 자는 큰 소리로 따지며 금방 후려칠 것 같았다. 나도 마주 큰 소리를 질렀다.

"집 주인이 무엇 때문에 남의 성명을 지어내서 사람을 속이는가? 죄는 응당 남을 속인 자에게 돌아갈 것이니, 내가 알 바 아니다."

나는 왜경과 다투어 몇 시간을 버티었는데 다행히 다른 일로 심문을 받지는 않았다. 그러다가 그 자는 옆에 있던 다른 순경 몇과 한참 상의하더니 밖으로 나가면서 조금 기다리라고 하였다. 이윽고 밖에서 들어오더니 웃으면서 위로하는 투로 말했다.

"우연히 그 집에서 잘못 댄 말 때문에 받지 않을 심문을 받은 것이니 탓하지 마오"

그 집으로 돌아갔더니 집 주인 부부는 자기들이 조심하지 못한 잘못을 깊이 사과하는 것이었다. 나는 그네들에게 "고의로 남을 무고한 것이 아니니 유감을 갖지 않지만 당초 무슨 까닭에 왜경이 돌연히 들어와서 만행을 부렸는지 몰라 의아스럽다"고 했다. 그 다음날 아침 신문을 사서 읽어보고 비로소 그 전날 밤에 종로 상점에 들었던 강도가 적선동으로 도주하여 수색하였던 것을 알게 되었다.

다음날 곧 다동으로 숙소를 옮겨 김화식과 같이 지냈다. 다시 김·송 두 사람과 상의하여, 나는 금강산 아래서 휴양하는 것처럼 있으려고 원산으로 떠나고, 각지의 연락은 김과 송에게 맡겼다. 원산을 거쳐 고성 온정리(溫井里)에 당도했을 때는 음력 8월 중순이었다. 단풍은 2월의 꽃보다도 붉었고 유람 온 시인 묵객, 수학여행 온 청년 학생들로 사람들이 구름처럼 모여 있었다. 어느 날 유람객을 따라서 구룡폭포까지 갔는데 안면이 있는 경남 사람 하나가 나의 앞에 서 있는 것이 눈에 띄었다. 나는 못 본 체하고 2, 30보 빨리 걸어가서 뒤돌아보니 그 사람도 이상한 듯 나를 바라보며 곧 부를 것 같았다. 나는 얼른 고개를 돌리고 가 버렸다. 그 사람과는 본래 마음이 통하는 사이가 아닌데 지금 나의 숨긴 종적이 탄로나면 위험하기 때문이다. 그 후로는 수십 일 온정(溫井)에 머무는 동안 혹 안면 있는 사람이라도 만날까 두려워 감히 만물상(萬物相)·삼일포(三日浦)·해금강(海金剛) 같은 곳으로 탐승의 발길을 시도하지 못하였다.

하루는 여관 주인이 나를 보고 "손님께서 여기 오신 후 수십 일

동안 꼼짝 않고 있으면서 오직 전보만 빈번히 왕래한다고 왜경이 지금 손님을 의심하여 정탐하고 있답니다. 빨리 돌아가시는 것이 좋겠습니다"고 귀뜸해 주었다.

부득이 그 다음날 출발해서 원산을 경유 서울로 돌아왔다. 송과 김에게 각지 연락 상황을 물었더니 모두 생각했던 바와 너무도 틀린다고 걱정을 하였다.

"한갓 탄식만 한다고 무슨 일이 되겠는가?" 하고 드디어 하장환(河章煥)·정수기(鄭守基)·이태호(李泰鎬)·김화식(金華植)·송영우(宋永祐)·곽윤(郭奫)·김창백(金昌百) 등 여러 사람을 경기도·충청남북도·경상남북도·전라남북도·강원도 등지로 파견하였다. 관서·관북은 본래 기맥이 닿지 않아 소통할 길이 없어 안타까웠다.

10월, 나는 서울서 10여 일 머무는 동안 혹 변민이 생기면 소로로 산보를 나다녔다. 길에서 우연히 안면 있는 사람을 만나면 얼른 부채나 수건으로 얼굴을 가리고 피하였다. 마음이 몹시 유쾌하지 못해서 정수기와 함께 충남 진잠(鎭岑)으로 내려가서 이원태(李源泰)를 방문하였다. 이원태가 매우 반갑게 맞아 그의 집에서 10여 일 묵었다. 이재락(李在洛)이 유성 온천에 와서 나를 기다린다기에 이원태와 함께 가서 만났다. 이재락은 곧 나의 사돈으로 초면이었다. 당초 둘째 딸을 그 집으로 출가시킬 때 내가 국외에 있어 보지 못했던 것이다. 그도 재산이 넉넉한 사람이기에 만난 자리에서 자금을 내놓도록 권고하였다. 10여일 후 송영우가 전보를 쳐서 서울로 올라왔다. 각 지방에 나갔다 돌아온 사람들의 말이 모두 "국민의 기운이 다 죽어 냉담히 거절하는 자도 있고, 겁이 나서 불응하는 자도 있으며, 응하는 자가 있더라도 기껏 몇 사람의 일시 노자

정도에 지나지 않으니 매우 한심하다"는 것이었다. 나는 기호 지방과 관서 지방은 이미 희망이 없으니 내가 직접 영남 지방으로 내려가서 최후로 한 번 시도해 보리라 하였다.

11월, 내가 김과 송 두 사람을 데리고 대구로 내려가자 족숙 김헌식(金憲植), 매부 이영노(李泳魯) 및 이수기(李壽麒), 홍묵(洪默), 이동흠(李棟欽)·종흠(棕欽) 형제들이 전후하여 찾아왔다. 김헌식과 종제 김창백·이수기·이종흠·정수기·김화식·송영우·홍묵·이영노 등 여러 사람을 안동·예안·영주·봉화·상주·선산·영양·영천·경주·양산·울산·청도·밀양·성주·고령·창녕·합천·안성·진주·의령·함안·마산·부산 등지로 보내면서 아울러 편지를 써서 주었다. 나는 남산동의 박인동(朴仁同) 노파 집에 깊숙이 들어앉아 여러 사람의 활동을 독려하였다.

12월, 김화식이 진주·밀양 등지로부터 돌아와, 여러 곳의 형편을 알아보니 불응자가 십중팔구라는 것이었다.

어느 날 갑자기 한 왜경이 문을 두드리고 주인 노파를 찾았다. 나는 때마침 변소에 있었다. 내 종적을 밟아 온 것으로 느껴져 짐짓 머뭇거리고 있는데 얼른 나오라고 재촉한다. 나에 대해 딱딱거리며 캐어물어, 마음속으로 놀랍고 불안했지만 태연히 웃으면서 대꾸하였다. 그 자는 수첩을 꺼내서 대답하는 말을 적었다. 그때 마침 주인 노파가 집에 없어 다행이었지 만약 대면해서 내 대답과 혹 틀리기라도 했으면 일이 필시 위태로웠을 것이다. 꽤 오랫동안 말을 물었으나 띠고 온 임무에는 관련이 없었다. 캐묻기를 한 시간 남짓 걸려서 그 자는 어찌할 수 없었던지 실례했다고 사과하며 나가 버렸다. 김화식이 그때 권총을 차고 방안에 있다가 나의 곤경을 목격하고 곧 기회를 엿보아 쏘려고 하였으니 그 자가 다행히 방안을 열어보지 않아서 무사했던 것이다. 마침 이동흠·정수기가 와서, 내가 당했던 일을 이야기하고 달리 은신처를 의논하였다. 이동흠의 소개로 그 날 바로 칠곡 관음동 배석하(裵錫夏)의 집으로 옮겨갔다.

관음동에 머문 지 열흘이 지났을 즈음 이웃 마을에서 들려오는 소문이 자못 좋지 못하여 즉시 송영우·이수기·김화식 등을 오게 하여 대구의 연락 방법을 부탁하고 정수기만 데리고 울산으로 떠났다. 양산 물금에서 자동차를 탔는데 언양의 냇가를 지나다가 차가 그만 서너 길 낭떠러지 아래로 굴렀다. 중경상자가 많이 생겨, 나도 허리에 절상을 입어 몸을 기동할 수 없이 되었다. 얼마 후 언양과 울산의 왜경들이 급보를 듣고 수십 명이나 조사하러 나왔다. 그 중에 다행히 내 얼굴을 아는 자가 없었다. 이 날 늦게 울산의 입암에 당도하니 손진수(孫晋洙)씨와 그 아들 후익(厚翼)이 동구 밖 몇 리까지 마중을 나왔다. 그 집에 유숙하며 조리를 했지만 워낙 중상이었기 때문에 수십 일을 누워 일어나지도 못하였다. 그 부자는 극력 구호하여 밤낮도 없이 부축하고 손수 대소변까지 받아 내기를 여러 달 했는데 소홀하거나 귀찮아하는 기색이 없었다. 아무리 가족이나 처자식이라도 하기 어려운 노릇이었다.

병인(丙寅; 1926)년 2월, 음력으로 정월 초하룻날 사위 이동립(李東立)이 와서 보고, 그 아버지 이재락(李在洛)의 편지도 전했다. 자기 집으로 와서 부녀간의 오래 못 본 정을 풀라고 청한 내용이었다. 나는 왜경의 이목에 띄기 쉽다고 사양하였다.

이우락(李宇洛)을 동래로 보내서 어떤 부호를 권유하였고, 또 족제 김창희(族弟 金昌禧)가 멀리 찾아와 만났더니 바래미[海底] 일가들이 힘껏 호응할 뜻을 알렸다.

김창백이 이길호를 보고 와서 왜경이 지금 사방으로 정탐하여 사태가 매우 험악하니 얼른 국외로 빠져나가라고 권하였다. 이때 각지의 연락도 대부분 끊어지고 전후에 모인 금액은 너무 기대에 어긋났다. 온 국민의 기운이 죽은 재[死灰] 같이 되어 다시 불태울 수 없는 지경에 이르렀는가? 아니면 왜경의 사찰이 워낙 위급하여 호응할 도리가 없는 것인가? 어쨌건 나의 사정은 서두르지 않을 수 없었다. 정수기·송영우·김화식 등과 함께 진퇴를 결정해야겠기에 즉시 전보를 쳐서 그들을 급히 오도록 했다. 이재락이 또 편지로 초청하기에 나는 손후익과 그의 집에 갔다. 이재락이 동구까지 마중을 나와 웃으며 "사돈 같은 귀빈을 맞으면서 남에게 사돈이란 말도 못한 일이 옛날에 혹시 있었소? 우리 집에 지금 손들이 많아서 바로 들어가는 것이 마땅찮으니 대청 앞 행랑채에 과객 방에서 잠시 기다리셔야겠습니다" 하고 대문 안으로 인도해서 방 하나를 지시하며 "지금 과객 몇이 저기 있으니 잠시 들어가서 쉬십시오" 한다.

조금 있자니 이재락이 과객방으로 나와서 나를 향하여 인사를 청하여 마치 초면인 것처럼 꾸몄다. 나에게 어디 사느냐고 물어, 내가 안동 사는 김가라고 하였더니 이재락이 자기 외척이라면서 대청으로 가서 이야기나 하자고 청하였다.

"손님들은 흩어졌으나 집안 비복들의 이목이 심히 번거로우니 따님은 밤이 이슥해지기를 기다려서 보셔야겠습니다."

닭이 몇 홰를 쳐서야 부녀가 비로소 상봉하였다.

그 다음날 이웃에 사는 이석강(李錫强)이 내가 왔다는 소식을 듣고 달려왔다. 어떤 사람이 울산 경찰서장이 지금 경관 서넛을 데리고 오고 있다고 알려서 이석강의 집으로 급히 피신하였다. 왜경이 다녀간 뒤에 이재락은 다시 자기 집으로 맞아 갔다.

"경찰이 사돈을 뒤밟아 온 것이 아닌데 아까 공연히 겁을 먹었습니다."

다음날 손후익·이석강과 함께 범어사를 향해 떠났다. 이석강은 중도에 교분이 두터운 부호에게 연통하기 위해서 기장(機張)으로 갔다.

범어사에 당도해서 금강암에 숙소를 정하고 사람을 마산으로 보내서 족제 김창탁(族弟 金昌鐸)을 불러오게 하였다.

"내가 지금 재차 압록강을 넘어 가는데 몸에 거금을 휴대하기 매우 곤란하네. 자네는 상인이니 나를 위하여 봉천까지 가져다 줄 수 있겠는가?"

창탁이 그렇게 승낙하여 5월 5일 삼랑진에서 만나기로 약조하였다.

금강암에서 10여 일 지나자 이재락·이석강·손후익·정수기·송영우·김화식·김창백 등이 와서 모였다. 나는 여러 사람들에게 말하였다.

"내가 이번 위험을 무릅쓰고 들어온 것은 나라 사람들이 호응해줄 것을 진심으로 기대했던 것이오 전후 8개월 동안 겪고 보니 육군(六軍)[20]이 북을 쳐도 일어나지 않을 지경이고 방금 왜경이 사

---

20) 천자의 군대, 많은 숫자의 군대라는 뜻.

방으로 깔려 수사한다니 일은 이미 낭패되었오. 나는 실로 다시 압록강을 넘어 갈 면목이 없지만 한 번 실패로 다시 일어나지 못하는 것도 혁명가의 일이 아닙니다. 나는 장차 여장을 꾸려서 밖으로 나가 해외 동지들과 함께 재기할 방법을 모색할 것이오 지금 내가 가지고 나가는 자금으로는 황무지 개간 사업을 거론하기도 만 번 어려울 것이니, 서겸을 다시 만날 면목이 없소이다. 출국하는 대로 당장 이 돈을 의열단 결사대의 손에 직접 넘겨주어 왜정 각 기관을 파괴하고 친일 부호들을 박멸하여 우리 국민들의 기운을 고무시킬 작정이오 국내에 계신 동지 여러분이 만약 그 기회를 잡아 일제히 일어나면 누가 감히 혁명가의 호령에 응하지 않겠습니까?"

모두들 찬동하였다.

이어 송영우와 김화식에게 당부하였다.

"자네들이 나와 함께 들어왔다가 같이 나가지 못하니 매우 섭섭하네. 앞으로 국내에 남아서 수습하는 책임은 자네들이 아니고 맡을 사람이 있겠는가? 이 자리에 있는 여러분과 수시로 연락해서 큰 공을 세워주기 바라네."

나석주 의사 (羅錫疇 義士)

3월 15일, 부산에서 밤차를 타고 삼랑진에 와서 김창탁을 만나 함께 상경했다. 그 다음날 무사히 압록강을 건너 안동현을 거쳐 봉천에 도착하게 되었다. 봉천은 일본의 세력권 내여서 위험하니 오래 머물러 있기 어려워 창탁과 함께 이틀 밤을 자고 헤어졌다. 바로 황고둔(黃故屯)에서 기차에 올라 산해관(山海關)으로 향하였다. 그 무렵 장작림(張作霖)[21]이 풍옥상(馮玉祥)과 전쟁을 시작하여 산해 관 서쪽으로 철도가 불통이 되었다. 그날 기차에 가득찬 사람은 모두 군인이고 일반 승객은 전혀 없었다. 그 군인들과 한담을 주 고받는데 한 장교가 내게 묻기를 "당신은 한국 사람이 아니오?" 하기에 그렇다고 하였더니, 그는 "당신은 어쩌려고 험난을 무릅쓰 고 이런 전쟁이 벌어진 지역으로 들어가시오?" 하고 다시 물었다.

"병든 자식을 보기 위해 지금 북경으로 가는 길이오"

내 대답에 그는 산해관에서 길이 언제 트일지 모르는데 곤란하 겠다고 말했다. 닭이 세 홰 칠 무렵 산해관에 도착하여 차에서 내 렸다. 그 장교에게 여관을 물었더니 자기들을 따라 오라 하여 장 교들과 함께 여관에 들었다.

다음날 그 장교가 "여기서 진황도(秦皇島)가 멀지 않은데 왕래하 는 영국과 미국의 상선이 있을 것이니 그 곳으로 가서 배가 떠나 는 것을 기다려 천진으로 가시오" 한다.

나는 그 말대로 진황도로 가서 배표를 사려고 하였으나 그 곳 사람이 상선의 왕래는 본래 일정한 기간이 없으니 언제 올지 알 수가 없다는 것이었다. 그래서 온 섬 안의 크고 작은 여관을 찾아 다녔으나 모두 군인이 차지하고 있어 묵을 곳이 없었다. 어느 술

---

21) 중국 근대의 북방 군벌.

집으로 들어가 술을 사 마시며 시름을 달래다가 동석했던 장교 몇과 이야기를 나누었다. 묵을 만한 여관을 물었더니 소위 하나가 일본 사람의 여관이 있으니 가서 투숙하라고 했다.

다른 한 장교가 "당신은 한국 사람 아니오? 내가 당신을 보건대 결코 일본 사람 여관에 투숙할 것 같지 않으니 매우 딱하오" 한다.

그날 밤 별 도리가 없어서 술집에서 의자에 기대어 졸고 있는데 술집 주인이 주방 밑의 토상에서 같이 자자고 청하였다. 이렇게 지내기 4일 만에 한 장교의 후의로 군용차를 얻어 타고 당산(唐山)에 도착하였다. 다시 5, 6일 지나 천진에 도착하니 천진과 북경 사이에는 전쟁이 치열하고 진포(津浦) 사이에도 길이 트이지 않아 부득이 해로를 이용해서 상해로 갔다. 5월 그믐께였다.

석오 · 백범 · 김두봉 · 유자명 · 정세호 등 여러 분이 내가 국내에서 왔다는 소식을 듣고 달려와 맞이해서 위로하였다. 김두봉 집에서 묵게 되었는데, 그는 본래 공산당원이었지만 진작 공산당을 탈퇴하여 배척하는 사람이었다. 나는 석오와 백범에게 조용히 국내의 정세를 설명하고 "인심이 이미 죽었으니 만약 비상 수단을 써서 진작시키지 않으면 우리들 해외에 있는 사람들도 또한 장차 돌아갈 곳이 없이 궁박하게 됨을 면치 못할 것이오 지금 내가 약간 가지고 온 자금으로 대규모 사업을 착수하기는 실로 어렵습니다. 청년 결사대들에게 자금을 주어 무기를 가지고 국내로 들어가서 왜정 기관을 파괴하고 친일 부호를 박멸하여 한 번 국민의 의기를 고취시켜 봅시다. 그런 연후에 다시 국내와 연락을 취하면 되겠지요" 하였더니 두 분이 모두 좋다고 하였다.

"나와 친한 결사 대원으로 나석주(羅錫疇)[22] · 이승춘(李承春)[23]

▲ <동아일보>, 1928년 4월 8일 게재

같은 이가 지금 천진에 있고, 의열단원도 많이 그 곳에 거주하고 있으니 당신은 유자명과 상의하여 먼저 무기를 구입해 가지고 천진으로 가서 기회를 보아 실행하는 것이 옳겠소"

백범이 이렇게 말하여 즉시 유자명을 오게 해서 의향을 물었더니 그도 명령대로 따르겠다고 하였다. 곧 무기를 구입할 자금을 유자명에게 주었다.

5월 초에 유자명과 함께 구입한 무기를 휴대하고 북경으로 갔다. 환기와 이봉노(李鳳魯) 등 여러 동지들이 정양문 밖 역두에 나

---

22) 황해도 출신의 독립 투사. 東拓과 殖産銀行에 폭탄을 던지고 자결함(1889~1926).

23) 황해도 출신의 독립 투사. 일명 化翼. 1927년에 일제에 체포되어 종신형을 받았음.

와서 마중하였고, 단재 및 장건상(張建相)·배천택(裵天澤) 같은 이도 와서 회포를 풀었다. 그날 밤에 유우국(柳佑國)이 와서 울며 내 앞에 쓰러지는 것이었다. 그는 이강 유만식(二江 柳萬植)씨의 아들이니 금번 아버지의 상을 당한 것이다. 봉노 등과 함께 위로하여 울음을 그치게 하자 울면서 말했다.

"여비를 마련하지 못해 분상도 못하는데 만약 선생의 애휼하는 힘을 입어 돌아가서 선인의 후사를 돌볼 수 있게 되면 생사육골의 은혜입니다."

"자네가 돌아가면 필시 먼저 투옥되는 화를 만나게 되고 3년상을 지키지도 못할 것이네. 나는 자네를 투옥시키려고 자금을 도와줄 수는 없네."

우국은 또 울면서 "얼마 전 자형 장직상(張稷相)의 편지를 받아 보니 이미 당국에 알선하여 양해를 얻어 놓았다고 합니다. 투옥될 염려는 없을 것 같습니다."

"자네는 분상한다는 명분으로 적에게 귀순할 생각인가?"

내가 소리를 버럭 질렀더니 우국은 나의 무릎 위에 엎드려 큰소리로 울며 말했다.

"장직상이 제 의사로 알선한 것이지 결코 내가 소원한 것은 아닙니다. 선생은 실정을 헤아려 주십시오."

"비록 자네가 소원해서 된 것은 아니라 하더라도 직상에게서 팔리게 된 것임은 분명하다. 자네가 만약 단충(丹忠)의 뼈대가 꿋꿋이 서 있다면 비록 직상이 백 명이라도 움직일 수 있겠는가? 내가 재물을 아껴서 거절하는 것이 아니라 자네가 적에게 투항함이 부끄러워 거절하는 것이다. 들으니 자네는 근래 생활의 고통을 견디지 못한다는데 생활의 고통 때문에 자기 지조를 바꾼다면 어떻게 세상에 설 수 있겠는가? 자네가 만약 지키는 바를 바꾸지 않고 혁명 운동에 노력한다면 나는 응당 자네와 재산을 상통하여 추위와 주림을 같이 할 것이로되 자네가 적에게 투항하기 위하여 청하는 여비는 단 한 푼이라도 주지 않을 것이다."

"선생의 가르침은 의리가 지극히 엄해서 제 죄를 알고도 남습니다. 그러나 내가 이번 귀국하여 분상하고 나서 적에게 붙으려는 것이 아니고 실은 백방으로 군자금을 모아, 나의 토지까지 팔아서 가족을 데리고 나오려는 것입니다. 진실한 이 마음은 천지신명도 반드시 알아줄 것입니다. 선생은 깊이 통찰하소서."

"자네가 이미 적에게 붙게 되면 반드시 사람들의 욕을 들을 터인데, 누가 자네의 모금에 응하겠는가? 또 이미 사람들의 욕을 들으면서 능히 토지를 팔고 가족을 데리고 다시 오겠는가? 나는 못하겠네."

유우국은 나의 무릎 앞에서 밤새도록 울었다.

이에 이봉노가 나를 보고 말했다.

"우국이 땅을 팔아 가지고 가족과 함께 다시 오겠다 맹세하였으니 선생은 다시 한 번 고려해 보십시오"

내가 "자네 우국을 적에게 투항시키려 하는가?" 하고 화를 냈더니 봉노는 "우국이 천지 귀신께 맹세하였으니 원컨대 선생은 깊이 생각해 보십시오" 한다.

우국이 또 반나절을 계속 울며 조르고 봉노도 힘껏 권하므로 나는 드디어 우국의 손을 잡고 물었다.

"모금해 보겠다는 망발은 남에게 말할 필요도 없고, 자네가 귀국하여 탈상한 연후에 오늘 맹세한 바를 잊어버리지 않고 곧 토지를 팔아서 가족을 데리고 나오겠는가?"

"선생의 엄한 가르침을 받고 또 천지신명께 두고 맹세하였는데 어찌 감히 저버리겠습니까?"

이에 여비를 마련하여 보냈는데 그 후 우국은 끝내 오지 못하고 길에서 죽었다.

서울에서 온 신문을 보았더니 경북 경찰부에서 전국 유림 인사 손후익(孫厚翼)·김황(金榥)·하장환(河章煥)·권상익(權相翊)·김헌식(金憲植)·이동흠(李棟欽)·이종흠(李棕欽)·김화식(金華植) 등 6백여 인을 검거하였다고 대서특필하였는데 나의 모금 운동이 탄로난 때문이었다.[24]

유자명(柳子明)에게 부탁하여 의열단원 중 일을 부탁할 인물을 찾았더니 한봉근(韓鳳根) 등 몇 사람을 데리고 함께 왔다. 이에 천진으로 가서 나석주·이승춘 등을 만나 백범의 소개 편지와 계획안을 내보였더니 모두 비분강개하여 팔뚝에 힘을 주면서 "우리들은 한 번 죽기로 진작 결심하였으니 어찌 즐겨 가지 않겠습니까?" 한다.

나는 드디어 가지고 온 무기와 행동 자금을 나석주 등에게 주면서 "제군의 의에 용감함은 후일 독립사에 빛나게 될 것이니 힘써주오" 하고 당부하였다. 이들은 즉시 위해위(威海衛)를 향하여 떠났는데 대개 해로로 잠입할 계획이었다.

나는 북경으로 돌아와서 단재·장건상 등과 함께 사당(私黨)을

---

24) 이는 이른 바 제2차 儒林團事件으로 불리워지는 것이다.

타파하고 통일 단체를 결성하는 문제를 누차 의논하여, 만주 상해 등지에 있는 여러 지도자들에게 널리 통지했다. 석오·석주·백범·일송과 같은 분들은 모두 적극 찬동하였으나 군소 각파의 상호 알력으로 제대로 추진되지 못하였다.

7월, 아들 환기(煥基)를 고국으로 보냈다. 병이 들었기 때문이었다. 나석주 등이 아직도 위해위에 머물러 있다는 소식을 듣고 나는 천진을 경유해서 위해위로 가 만났다. 배를 매입하기가 어려워 부득이 수십 일이나 지연되었던 것이다. 이들과 수십 일 같이 기거하며 기회를 엿보아 실행하도록 격려하였다. 그 뒤 오래지 않아서 나석주는 단신으로 무기를 가지고 먼저 국내로 들어가고, 이승춘·한봉근 등은 위해위에 남아서 대기하였다. 나석주는 서울에 당도해서 식산 은행 및 동양 척식 회사에 폭탄을 던져 파괴하고, 또 권총으로 척식 사원 및 왜경 여러 명을 사살하고 나서 남은 탄환으로 자살하였다. 장하고 열렬하도다. 단신에 총 한자루를 가지고 많은 적을 쏘아 죽인 다음 자신은 태연히 죽음으로 돌아가는 듯이 생각했으니, 3·1운동 이래 결사대로 순국한 이가 퍽 많았지만 나군처럼 한 사람은 없었다.

피검(被檢)

8월, 위해위에서 상해로 와서 석오·백범 등 여러 분과 함께 지내며 군소 당파를 없애고 합의 단체로 결성하는 문제를 의논하였다. 각계 인사들이 모두 호응하여 대동 통일의 희망이 있게 되었다. 그래서 임시 의정원을 개편하여 석오가 의장으로 추대되고 내가 부의장이 되었다.

의정원에서 누차 비밀회의를 열어 국내외에 연락할 방안을 모색하였다. 극비에 부쳐 비밀리에 진행한 회의 내용이 상해의 일본인이 발행하는 신문에 낱낱이 자세하게 보도되어 있었다. 이에 상해 동포들이 "틀림없이 의정원 안에 일본의 밀정이 있어 누설시킨 것이다" 하고 떠들썩하니 의원들도 상호간에 의심하게 되었다. 의원 비밀회의를 소집해서 조사하는데, 석오·백범과 나는 서로 바라보며 "이는 필시 여운형이 누설시킨 것이다. 그를 불러 물어보는 것이 좋겠다" 하였다. 전부터 여운형은 일본 정부에서 특파한 밀정인 공산당원 청목(靑木)이라는 자와 상종하고 있었기 때문이다. 백범이 여운형에게 "당신은 청목이 일본 정부의 밀정임을 아느냐."고 물었더니 그는 이미 알고 있다고 하였다. 백범이 "당신이 알면서 만난 것은 무슨 까닭인가?"라고 하니 그는 "나는 그 자를 통해서 일본 정부의 정보를 얻으려 한 것이다"라고 하였다. 백범이 웃으며 "당신이 청목을 매수하려 했단 말인가? 나는 당신이 도리어 매수되리라 생각된다"고 하였다. 백범은 이 일을 의정원에 보고하였다. 여운형도 또한 의원의 일원이었으므로 회의 석상에서 그의 조심성 없는 태도를 엄책하고 다시는 상종하지 말 것을 경고하였다.

그 후에 또 여운형이 그 자와 상종한다는 말이 들렸다. 의정원에서 여운형을 불러 따지는데 한 의원이 격분해서 "일본 밀정을 따라 다니고 있으니 당신도 일본 밀정이 아닌가?"고 힐난하자 그는 황공해서 "앞으로는 결코 위배하지 않겠다"고 맹세하였다.

이에 드디어 의정원 특별회의를 열어 그에게 엄정히 심문했다. 그는 숨기지 못하고 "내가 과연 누설했다. 내가 누설한 까닭은 그 것을 미끼로 삼아서 청목을 매수하여 일본 정부의 비밀을 얻어내기 위함이었다"고 하니 회의장이 크게 떠들썩했다. 모두 그를 일본 밀정이라고 타매하며, 심지어 책상을 들어 던지려는 사람까지 있었다. 그는 부리나케 달아나 버렸다. 이 때문에 상해에 있는 교포들은 누구나 그를 일본 밀정으로 지목하였다. 청년 몇 사람은 권총을 차고 그의 종적을 탐문했다. 그는 겁이 나 숨어서 나오지를 못하였다.

석오가 "그의 죄는 실로 용서하기 어려우나 일본 밀정으로 지목하여 죽인다면 지나칠 듯하다"고 하기에 나도 "그는 호사가이고 황잡하여 수단을 가리지 않는 사람이다. 나는 지금부터 맹세코 그와 일을 같이 하지 않을 것이지만, 그를 일본 밀정으로 지목하여 죽인다면 그는 비록 죽더라도 억울하다 할 것이다"고 하였다.

백범 역시 "죄는 용서하기 어려우나 죽이는 것은 옳지 않다. 저 청년들의 과격한 행동을 누가 중지시키겠는가?" 하기에, 석오가 백범에게 "당신이 아니면 중지시킬 사람이 없다"고 하자 백범은 그렇게 하겠다고 대답했다.

백범이 그 총 가진 청년들을 불러 혹시라도 망동하지 말 것을 엄히 타일러, 여운형이 드디어 무사하게 되었다.

당시 통일독립당(統一獨立黨)의 조직 규약이 통과되어 당원을 추천하는데 반드시 3명의 보증인을 세우고 그 자격을 엄격히 심사해서 가입을 허가하였다.

어떤 사람이 여운형을 추천하기에 "나는 일찍이 그가 일본 밀정이 아님은 보증하였다. 그러나 결코 이 사람과 함께 일하고 싶지는 않다. 만약 그가 들어오면 나는 탈퇴할 것이다"라고 말하였다. 이에 그를 추천한 사람이 감히 다시 말하지 못하였다.

12월, 나는 치질로 통증이 심하여 들것에 실려 공공조계에 있는 공제병원에 입원하였다. 영국 의사가 경영하는 병원이었다. 영국 의사의 수술을 받고 상처는 겨우 아물었으나 진물이 그치지 않았다. 정묘(丁卯; 1927)년 2월에 재차 수술을 받았으나 별 효과를 보지 못했다. 의사는 3차 수술을 해야겠다고 했는데, 당시 나는 원기가 워낙 떨어져서 몇 달 조섭한 뒤 수술을 받았다. 그런데 상처가 아직 아물기도 전에 다른 증세가 갑자기 발생했다.

의사는 "만성 맹장염이니 원기가 회복되기를 기다려 4차 수술을 해야겠다"고 하였다.

그때 국내의 통신을 들으니 큰아들 환기가 진작 왜경에게 체포되어 혹독한 고문을 받고 병이 중하여 출옥한 지 얼마 안 되어 죽었다 한다. 이 소식을 들은 뒤로 나의 병세가 더욱 악화하여 계속 입원해 있으면서 조섭하였다.

처음에 내가 입원한 병원이 공공조계에 있기 때문에 적의 밀정이 엿볼 염려가 없지 않아 극비에 부쳐, 석오·백범·김두봉·정세호(鄭世鎬)·김원봉(金元鳳) 같은 분들이 수시로 문병 오는 외에 아무도 아는 이가 없었다. 하루는 유세백(劉世伯)·박겸(朴謙) 두 사람이 문병을 왔다. 이들은 전에 광주에 있을 때 장필석(張弼錫)·김제민(金濟民) 등과 함께 중국어와 영어를 강습시켰고 그 후 상해에 있을 때도 함께 여러 달 지냈던 자들이다. 상해에 있는 교포들이 대개 그들을 일본 밀정으로 의심하였고 나도 그런 소문을 자주 들었다. 그러나 그 실증을 잡지 못했던 것이다. 그들이 손을 잡고 위문을 온 것이 극히 의심스럽고 두려워 그들이 가고 난 뒤에 생각 같아서는 즉시 퇴원하고 싶었지만 병원비 3백여 원을 청산하지 못한 것이 있어 형세가 그냥 퇴원해서 외국 사람에게 실신(失信)하기 어려웠다.

혼자 마음속으로 '설령 저들이 분명 일본 밀정이라도 저들은 나에게 은혜를 두터이 받았다 할 것이니 어찌 감히 나를 해치겠는가? 게다가 오늘은 날도 저물었으니 내일 날이 밝기를 기다려 병원비를 갚고 퇴원해도 늦지 않을 것이다' 하고 이 생각 저 생각에 밤이 깊도록 병상에서 뒤척이며 온갖 근심이 떠올라 잠을 이루지 못했다.

다음날 8시경 영국인 경장이 일본 총영사관 형사 6명을 데리고 나의 병실로 돌입했다. 영국 총영사가 서명한 체포장을 제시하더니 나를 끌어다가 바로 일본 영사관 내 감옥에 감금시켰다. 그때가 6월 중순, 음력으로 5월 1일이었다.

8일 동안 아무 심문도 않더니 일본 장기(長崎)로 압송하는 것이었다. 장기에서 다시 하관(下關)으로, 하관에서 다시 부산으로 압송되어 왔다. 부산 경북 경찰부 형사 최석현(崔錫鉉)·남학봉(南學鳳)·고창덕(高昌德) 및 일본 형사 강전(岡田)이란 자들이 기다리고 있었다.

상해에서 부산까지는 그러지 않더니 부산서부터는 수갑을 채웠다. 그날 밤으로 대구 경찰서에 감금되어 다음날 바로 심문을 개시

하는 것이었다. 형구를 야단스레 벌려놓고 혹독한 고문을 가했다.

나는 웃으며 "너희들이 고문을 해서 정보를 얻어내려느냐? 나는 비록 고문으로 죽는 한이 있더라도 결코 함부로 말하지 않을 것이다" 하고 종이와 붓을 달라 하여 시 일절을 써 주었다.

> 조국의 광복을 도모한지 십 년에
> 가정도 생명도 불고하였노라
> 뇌락(磊落)한 일생은 백일하에 분명하거늘
> 고문을 야단스럽게 할 필요가 무엇이뇨

> 籌謀光復十年間
> 性命身家摠不關
> 磊落平生如白日
> 何須刑訊苦多端

일인 고등과장 성부문오(成富文五)란 자는 한시를 이해하지 못하여 최석현에게 풀이시켜 보고 나에게 절을 하며 말했다.

"나는 비록 일본 사람이지만 선생의 대의에 절하지 않을 수 없습니다. 선생은 이미 생명과 가정을 돌보지 않기로 했으니 실로 고문으로는 지키는 바를 빼앗을 수 없는 줄 알겠습니다. 그러나 조사하자면 형벌을 쓰게 되는 것도 사세에 따라 간혹 면하기 어려울 것입니다."

그 후로 나를 선생이라 부르고 고문도 약간 완화되었다. 한 달 남짓하여 경찰부에서 검사국으로 이송되고 검사국에서 곧 대구 형무소로 이감하여 예심에 부쳤다.

그때 이봉노(李鳳魯)·정수기(鄭守基)가 전후해서 투옥되고 김한식

(金漢植)·김창근(金昌根)·장우원(張右遠)·김홍기(金鴻基)·이동흠(李棟欽) 등은 또한 체포되었다가 바로 풀려났다.

나는 상해에서 체포되어 감옥에 들어와 형을 받은 이후로 병세가 더욱 중해져서 감옥의 의사가 하루 간격으로 와서 진찰을 하고 투약하였지만 효험이 없을 뿐 아니라 거의 죽었다가 겨우 깨어난 경우가 여러 번이었다.

병감(病監)에 있은 지 한 해 남짓하여 예심이 비로소 끝났다. 그날 예심 판사 하세가와 히로시[長谷川宏]이란 자가 나를 보고 말했다.

"내가 한인 독립운동자를 많이 보았지만 선생처럼 굳세고 의연하여 흔들리지 않는 사람은 보지 못하였오 같이 한 번 조용히 정견을 논할 수 있겠오?"

"이미 예심에서 모두 진술했는데 거듭할 필요가 있겠는가?"

"선생이 독립운동을 한 것은 장하다면 장하다 하겠지만 조선이 무슨 힘이 있어 독립을 할 수 있겠습니까?"

"내가 보기에 일본 정치인은 눈구멍이 작아 천하의 대세를 바로 보지 못해 망동하고 있소 망동하는 자는 반드시 패망하는 법이오 고로 나는 우리 한국이 반드시 독립할 수 있을 것으로 아오 우리 한국이 무력하다고 말하지 마오."

"일본 사람의 눈구멍이 작아서 망동한다는 것은 무엇을 가리켜 하는 말이오?"

"나의 소견으로, 일본인은 섬나라에서 태어나 눈구멍이 조그마한데 국한되고 원대한 것엔 막혀서, 우리 한국을 삼키고 다시 중국을 삼키고자 하니 이는 곧 천하 대세를 알지 못하고 망동하는 것이오 일본에 오늘날 천하 대세를 아는 호걸이 정국을 담당하고 있다면 응당 먼저 우리 한국의 독립을 인정하고 또한 중국을 삼키려는 야심을 뉘우쳐서 옛날 한일·중일간에 맺었던 강제 조약을 취소하고 다시 평등 최호혜의 통상 신협약을 체결할 것이요 그러면 동양에 영원한 평화가 수립되고 일본은 그 맹주가 되고도 남겠지요 만약 이를 도모하지 않고 무한한 욕심을 채우고자 침략과 망동을 계속한다면 우리 한국과 중국이 힘을 합하여 일본에 대항할 뿐 아니라 이를 지원하는 천하 만국이 반드시 일본의 죄를 물어 군대를 동원할 것이오 고소성(姑蘇城)의 사슴이 일본 강호(江戸)의 들에서 놀지 않으리라고 어찌 믿겠오?"[25]

"선생은 감히 일본에 대정치가가 없어서 나라가 반드시 망한다고 말하는 거요?" 하며 그 자는 버럭 화를 냈다.

"나는 곧 천하 대세에 의거해서 말하는 것이오 일본이 죄를 뉘우쳐 동양이 평화롭기를 바란 것뿐인데 그대가 화를 내다니 나는 다시 말하고 싶지 않소"

옥중투쟁(獄中鬪爭)

무진(戊辰; 1928)년 7월에 예심이 이미 끝나서 처음으로 가족과의

---

25) 姑蘇城은 중국 고대 吳나라의 都城이고 江戸는 일본 東京의 옛 이름인데 姑蘇城의 사슴이 江戸에 논다는 말은 吳나라가 망해서 都城이 황폐되어 사슴이 놀고 있었던 것처럼 일본도 망하게 될 것이라는 의미.

면회가 허락되었다. 노처(老妻)가 울며 집안 일을 어떻게 할 것인가 묻기에 "나는 집안 일을 잊은 지 이미 10년이오 당신은 나에게 물을 것이 없소" 했다.

둘째 아이 찬기(燦基)를 보고 효도·우애하고 학업에 힘쓰라 일렀다.

변호사 김용무(金用茂)와 손치은(孫致殷) 두 사람이 나를 위해 변호하겠다면서 위임서에 승인해 달라고 요청하였다. 나는 곧 시 두 수를 써주고 거절하였다.

> 병든 이 몸은 구차히 살기를 구하지 않았는데,
> 어찌 알았으리 달성(達城)의 옥에 갇혀 해를 넘길 줄.
> 어머님은 돌아가시고 자식도 죽어 집이 망했으매,
> 노처와 자부의 울음소리 꿈결에도 소스라치네.
> 기구한 사방득(謝枋得)은 도피한들 즐거운 곳이 어디이며,
> 강개한 문천상(文天祥)은 죽어도 영광을 얻었도다.[26]
> 인간의 운명은 하늘에 매였으니,
> 병든 이 몸은 구차히 살기를 구하지 않노라.
>
> 병든 이 몸은 구차히 살기를 구하지 않았는데,
> 어찌 알았으리, 달성의 옥에 누워 신음하고 있을 줄.
> 풍진 세상 실컷 맛보아 이가 시린데,
> 야단법석 떠는 인심이 뼛골까지 오싹하게 하네.
> 포로 신세의 광태(狂態)를 어찌 욕되다 이르리오
> 바른 도리를 얻어야 죽음도 영광인 줄 알리라.
> 그대들의 구구한 변호를 사양하노니
> 병든 이 몸은 구차히 살기를 구하지 않노라.

---

26) 謝枋得과 文天祥은 중국 南宋 말기에 몽고와 싸워 패전을 거듭하면서도 끝까지 굴하지 않고 절개를 지킨 충신.

그 후로 가족 친지들이 매일 찾아 와서 꼭 변호사를 거부할 것이 아니라는 뜻으로 적극 권하였지만 나는 "내 이미 대의로 거절하였으니 남에게 움직여질 바 아니다"라고 대답하였다.

하루는 변호사 김완섭(金完燮)이 면회를 와서 위임해줄 것을 간청하기에 나는 "군은 내가 손·김 두 사람에게 써 준 시를 보지 못하였는가? 다시 번거롭게 하지 말라" 하였다.

김완섭이 두 번째 왔으나 또 거절하였다. 세 번째에는 만나주지도 않고 간수를 시켜 "전에 말한 일로 다시 번거롭게 할 것이 없다"고 전했다.

간수가 돌아와서 그가 만나보지 않고는 가지 않겠다고 서서 기다린다는 것이었다. 나는 또 만나고 싶지 않으니 그에게 속히 가라 한다고 전하게 했다. 간수가 왔다 갔다 하기를 세 번이나 해도 그는 기어이 면회하지 않으면 가지 않겠다고 해서 나는 부득이 나가 보았다.

"군은 무엇 때문에 자꾸 와서 사람을 괴롭히는가?"

"선생께서 거절하시는 본의를 듣고자 합니다."

"이미 손과 김에게 써준 시에서 다 말하였는데 하필 또 그 밖의 본의를 알려 하는가?"

"감히 그 진의의 소재를 듣고자 하오니 듣지 못하면 물러가지 않겠습니다."

"군이 꼭 듣고 싶은가? 군을 위해 다 말하겠다. 내가 변호를 거절하는 것은 엄중한 대의이다. 나는 대한 사람으로 일본 법률을 부인하는 사람이다. 일본 법률을 부인하면서 만약 일본 법률론자에게 변호를 위탁한다면 얼마나 대의에 모순되는 일인가? 군이나

▲ 독립기념관 경내 심산 선생 어록비—"······ 결코 내 지조를 바꾸어 남에게 변호를 위탁하여 살기를 구하지 않는다." (대구형무소 옥중투쟁에서, 1928년)

손과 김은 마찬가지로 일본 법률론자이다. 일본 법률로 대한인 김 창숙을 변호하려면 자격이 갖추어지지 않은 것이다. 자격이 갖추 어지지 않았으면서 억지로 변호하려는 것은 법률의 이론으로 또 한 성립될 수 없을 것이다. 군은 무슨 말로 나를 변호하겠는가? 나는 포로다. 포로로서 구차하게 살려고 하는 것은 치욕이다. 정말 내 지조를 바꾸어 남에게 변호를 위탁하여 살기를 구하고 싶지 않다. 내 말은 다 했으니 군은 돌아가라."

김은 낙심해서 말했다.

"선생께서 이같이 격렬한 논조를 펼 줄 미처 몰랐습니다. 지금 입회한 간수의 기록이 필시 조서에 들어가 앞으로 재판에 크게 불리할 것입니다. 선생의 일이 저으기 걱정됩니다."

"나는 생사를 일찍이 염두에도 두지 않았으니 군은 걱정할 것이 없다."

12월 검사가 무기징역을 구형하였는데 판사는 14년 징역을 선고하였다. 친척·친구들은 나에게 공소하라고 전했다. 나는 이미 변호도 거절한 사람인데 하물며 공소를 하겠느냐고 반대하였다.

징역을 집행하는 날 곧 대전 형무소로 이감되었다. 나는 고문을 받은 이래 병이 더욱 악화하여 두 다리의 마비로 진작부터 앉은뱅이가 되어 일어날 때 남의 부축을 받아야 했다. 옥의(獄醫)는 "이런 중환자를 이감시키기에 급급하니 너무도 가혹하다"고 하였다. 즉시 병감에 넣어 흰옷으로 갈아 입혔는데 중병임을 표시한 것이라 하였다.

기사(己巳; 1929)년 5월 병이 위중해서 집행정지라는 명목으로 출옥하였다. 대구 병원으로 옮겨오니 찾아온 일가 친구들은 누구나 살아나지 못할 것으로 여겨 서로 붙잡고 통곡하는 이도 많았다. 수십 일 지나자 위독함이 조석간에 달려 사월리(沙月里) 고향 마을로 실려 왔다. 왜경 서넛이 밤낮으로 나의 병실을 번갈아 지켰다.

한 달쯤 되었을 때 대구 지방법원 검사장이란 자가 의사 몇 사람을 대동하고 와서 진찰하더니 돌연 왜경 10여 인이 안아다가 교자에 태우고 가서 대구 감옥 속에 집어넣었다. 8월 하순이었다. 옥의는 깜짝 놀라 "이 조치는 검사장이 왕진하러 가서 지휘한 것인가? 이렇게 잔혹하단 말인가? 내 응당 검사장에게 말하여 다시 형집행을 정지시키도록 하리라" 했으나 그 다음날 대전옥으로 이감되었다. 대전의 옥의도 역시 놀라 검사장이 너무 잔인하다면서 즉시 병감에 넣어 흰옷으로 갈아 입혔다. 간병부 한 사람을 언제나 내 옆에 두어 눕고 일어나기며 용변이며를 모두 도와주었다. 몇 년을 지나자 병세가 조금 차도가 생겨 간신히 눕고 일어나기는 할 수 있었지만 대소변은 아직도 사람의 도움이 필요했다.

옥중의 규칙이 아주 까다로워 독서나 저서에 모두 자유가 없었다. 옥리와 오래 다투어 비로소 문방제구를 구입하게 되었다. 『자서종요(字書綜要)』[27]를 편찬하는 한편 육경(六經)·이정전서(二程全書)[28]·『이학종요(理學綜要)』[29] 등 책을 읽고 사색하며 천인성명(天人性命)의 심오한 이치를 궁구하니 마음에 깨달음이 있어 즐겁고 근심을 잊어 수명(壽命)의 부족을 알지 못하였다. 비로소 감옥 속의 세월도 또한 나쁘지 않음을 알게 되었다.

계유(癸酉; 1933)년 가을, 가끔 날씨가 좋으면 옥의가 간병부에게 명하여 나를 업고 정원으로 나가서 일광욕을 하게 하였다. 치료의 한 방법이었던 것이다. 잡범들은 나와 격리시켰는데 하루는 구연흠(具然欽)이라는 사람이 옆으로 와서 말을 걸었다. 그는 공산

---

27) 漢字사전 종류인 듯 하나 현재 남아있지 않는 것 같다.
28) 宋代 性理學者인 程明道와 程伊川의 문집.
29) 寒洲 李震相이 편찬한 성리학 관계 책.

당원으로 상해에 있을 적부터 아는 이였다. 마침 신임 전옥 미야야마 쿠스시[宮崎]라는 자가 병감을 순시하는데, 간수는 여러 죄수들로 하여금 일제히 일어나서 경례하도록 하였다. 전옥이 나와 구가 이야기하는 앞에 이르자 구는 황망히 일어나서 절하고 머리를 숙이고서 감히 쳐다보지도 못하였다. 나는 그들을 못 본 체하고 끄떡도 하지 않았다.

이윽고 전옥은 담당 간수를 불러 "죄수가 전옥을 보고 절도 않는 것은 간수의 단속이 엄하지 못한 때문이다. 지금부터는 반드시 절을 하도록 해야 한다"고 꾸짖었다.

간수는 전옥의 말을 전하면서, 죄수가 우리에게 절을 하는 것은 예의이니 다른 사람 하는 대로 절하는 것이 좋겠다고 한다. 내가 웃으면서 "내가 옥에 들어온 지 이미 6, 7년이 지났지만 옥리를 보고 머리 한 번 숙여본 일이 없다. 나는 위협한다고 굽힐 사람이 아니다"라고 했다.

그 후 전옥이 누차 간수를 시켜 나에게 절을 하도록 억압했으나 나는 더욱 완강히 거부하였다. 하루는 전옥이 간수 서넛을 데리고 내가 있는 곳으로 와서 큰 소리로 꾸짖어 말했다.

"죄수로서 옥리에게 절을 하지 않는 것은 매우 무례한 일이다. 얼른 일어나서 절을 하라."

"내가 너희를 대하여 절을 하지 않는 것은 곧 나의 독립운동의 정신을 고수함이다. 대저 절은 경의를 표하는 것인데 내가 너희들에게 경의를 표해야 할 것이 무엇인가?"

이에 전옥은 성을 내어 빨리 일어나 절을 하라기에 나도 "나는 단연코 너희가 성내고 꾸짖는다고 해서 절을 하진 않을 것이다"

하였다.

그들이 재삼 독촉하기에 나도 역시 큰 소리로 준엄하게 거절하였다. 조금 있자니 간수 몇이 내 병실에 와서 서책과 문방제구를 몰수해 갔다.

그날 오후 병감 담당 간수가 와서 말하기를 전옥이 지금 대노하여 옥리들을 불러 처벌 방법을 의논한다고 하였다. 다음날 간수가 또 말하기를, 중환자이기 때문에 형벌을 주기 어려워 우선 처벌은 정지한다면서 잡범들이 우글거리는 방으로 옮기게 하였다. 그 후로는 읽을 책이 한 권도 없어 번뇌를 이길 수가 없었다. 울분에 붙여 시 한 수를 지었다.

> 7년 세월 죄수로 몸져 누웠으나
> 나의 본 자세를 지킴은 나쁘지 않으리라
> 머리를 조아리고 무릎을 꿇으라니 어찌 차마 말하랴
> 분통의 눈물이 창자를 찢는구나.

> 病臥刑餘已七霜
> 行吾素位亦無傷
> 搶頭膜拜那堪說
> 憤淚難收欲裂腸.

전에 안도산 및 여운형이 모두 서대문 형무소에서 이곳으로 옮겨 왔었다. 여는 옥리를 보면 반드시 머리가 땅에 닿도록 절을 하고 안도 감방 규칙을 잘 지키는 것으로 소문이 나서, 여는 상표를 세 개 타고 안은 두 개 타서 모두 가출옥의 특전을 받았다. 간수는 내가 고통 받는 것을 딱하게 여겨 종종 안과 여의 일을 들어 회유하였으나, 나는 웃으며 "그는 그고 나는 나다" 라고 대답하였다.

전옥이 일찍이 일본 공산당 사노 마나부[佐野學]과 나베야마 사다치카[鍋山貞親]의 방향 전환 성명서를 나에게 던져 읽게 하더니, 얼마 후에 무정부주의자 박열(朴烈)[30]의 방향 전환 성명서를 보여 주고, 다시 10여 일 지나 간수 신중식(申仲植)이 소책자를 가지고 와서 이것은 전옥이 보낸 것이라고 하였다. 받아서 읽어보니 곧 최남선(崔南善)이 지은 「일선융화론(日鮮融和論)」으로 <매일신보>와 <경성일보>에서 공동 발행한 것이었다. 그 권두에 최남선의 이력을 약술하였는데 현재 중추원 참의·총독부 사료편찬회 위원·총독부 고적보존회 위원 등 직함을 나열했다. 그 논문은 제일 먼저 일본과 조선 양 민족의 기원 계통을 말하였는데 일본 민족은 시베리아 동부에서 처음 일어나 조선 반도를 거쳐 바다를 건너가 지금의 일본족이 되었고, 조선 민족 역시 시초에는 시베리아 동부에서 일어나 장백산을 중심으로 남쪽을 향해서 이주하여 지금의 조선족이 되었다는 것이다. 일·선 양 민족의 유래를 거슬러 올라가면 실로 동일한 혈통에 속한다 하였다. 다음으로 일·선 양 민족의 문화계통을 논하기를 "일본 문화는 신무천황(神武天皇)이 신도(神道)를 세움으로부터 시작하여 그 후 일본 문화는 모두 신무의 신도정신으로 말미암아 일어났고, 조선 문화는 또한 단군(檀君)이 신도를 세움으로부터 시작하여 그 후 조선 문화는 모두 단군의 신도정신에서 나왔다. 수천 년 이래 양 민족의 문화는 모두 양 민족의 신도정신이 교류하여 이루어진 것이다"라

---

30) 경북 문경 출신. 1923년 日皇 裕仁 암살미수사건을 일으킴(1902~?).

고 하였다. 내가 여기까지 읽었을 때에 신중식이 문에 기대 서 있다가 나를 향하여 재미있느냐고 묻는다. 나는 곧 그 소책자를 잡아 비틀어 단자처럼 만들어서 중식에게 홱 던져 버렸다.

"나는 일본에 붙은 반역자가 미친 소리로 시끄럽게 짖어 댄 흉서(凶書)를 읽고 싶지 않다. 기미 독립 선언서가 최남선의 손에서 나오지 않았는가? 이런 자가 도리어 일본에 붙은 역적이 되다니 만 번 죽여도 지은 죄가 남을 것이다."

신은 천천히 그 책자를 주워 펴면서 말했다.

"지금 말씀은 실로 의분에서 나온 줄 알겠습니다. 그러나 감옥에 있는 수인으로 말을 조심하지 않는 것은 도리가 아니니 앞으로는 그런 말씀 삼가해서 화를 부르지 마십시오."

다음날 한 간수가 지필묵을 던져주며 말했다.

"이것은 전옥이 보낸 것입니다. 최남선의 「일선융화론」에 대해서 감상을 써 주어야겠습니다."

"나는 글로 그 감상을 쓰고 싶지 않다. 이미 신중식에게 나의 감상을 다 말했으니 전옥에게 가서 신중식을 불러서 물어 보라고 전해라."

오후에 간수가 또 와서 재촉하였으나 나는 역시 거절하였다. 그 다음날 정오가 될 무렵 간수가 다시 와서 "전옥이 오늘 정오로 시한을 정해 주었다"고 하며 재촉이 급하였다. 나는 몹시 분해서 즉시 시 한 수를 써 주면서 가져가라고 하였다.

기미년 독립을 선언하던 날
의로운 외침이 육대주에 진동터니

굶주린 개 도리어 원식(元植)을 위해 짖는도다.
양의사(梁義士)의 비수를 들 사람 어찌 다시 없으랴.

在昔宣言獨立辰
義聲雷動六洲隣
餓狗還爲元植吠
梁家匕首豈無人

　간수가 시를 보고 자기는 나이가 어리고 아는 것이 없어 시의
뜻을 모르니 가르쳐 달라 하기에, 나는 양근환(梁槿煥)이 친일파 민
원식(閔元植)을 찔러 죽인 사실을 들어 설명해주었다.

　간수는 깜짝 놀라 "14년의 장기수로 이런 과격한 논조를 펴면
어떻게 살아서 옥문을 나가시겠습니까? 이걸 찢어 버리고 새로 종
이를 가져오겠으니 다시 순한 말로 써 주십시오 잘못 화를 자초
하지 마십시오" 하는데 그 말씨가 매우 간곡하였다.

　"군이 나를 위해 걱정해주는 것은 감사하나 나는 화를 겁내는
사람이 아니다. 군은 염려하지 말라."

　간수는 더욱 간곡히 말하며 찢어버리려 하므로 나는 급히 말리
고 "나의 신념은 군이 움직일 바 아니다" 하였다. 간수는 몇 번 더
애써 권해도 안 되자 수첩을 꺼내 그 시를 기록하고 탄식하며 돌
아갔다. 그날 오후에 간수 3, 40명이 연달아 와서 시의 뜻을 묻는
데 대개 젊은 간수들은 민원식을 죽인 양근환 의사의 사적을 알지
못해서 그런 것이었다.

　그 다음날도 또 물으러 오는 간수가 수십 명이나 되었다. 이에
수많은 간수의 수첩에 올라 퍼져서 죄수 가운데 한자를 약간 아는

이는 너나 없이 서로 읊고 외웠다고 한다.

가출옥(假出獄)

갑술(甲戌; 1934)년 9월, 병이 위독하므로 다시 형집행이 정지되어 출옥하였다. 대구 병원에 입원하였는데 김재명(金在明)·이호진(李浩珍)·김관제(金觀濟) 등이 교대로 치료하여 몇 개월 지나자 약간 살아날 가망이 있었다. 둘째 아들 찬기의 집이 대구 시내에 있어 그 집에서 조섭하였다.

을해(乙亥; 1935)년 봄 노처가 전 가족을 거느리고 와서 대구 남산동에 거처를 구하였다. 나의 병을 치료하기 위함이었다. 검사국 및 경찰부에서 관하의 경찰을 가끔 독찰하여 밤낮으로 감시하니 극히 가혹하여 일가 친지들이 문병하고 싶어도 화가 두려워 감히 찾아오지 못하였다. 저들 감시하는 자들도 또한 일 년이 넘도록 지리하고 괴로워서 나에게 어디 한적한 곳으로 가서 정양하라고 권하는 것이었다.

병자(丙子; 1936)년 3월 약물(藥物)을 가지고 울산 백양사(白陽寺)로 갔다. 문암 손후익(文岩 孫厚翼)과 석천 이재락(石川 李在洛)이 가까운 곳에 있어 서로 의지할 만하기 때문이었다. 백양사에 도착해서 조용한 방 하나를 구하여 차대운(車大運)군과 벽을 사이에 두고 같이 거처하였다.

차군은 익힌 음식을 안 먹고 술과 어육을 들지 않고 수련술을 배우는 사람이었다. 나와 함께 있게 되자 눕고 일어날 때는 부축해주고 대소변을 보면 치우고 하기를 5년을 하루 같이 하여, 보는 이들은 누구나 비록 아들이나 아우라도 더 잘 할 수 없다고 하였다.

기묘(己卯: 1939)년 7월, 나의 회갑이 되었다. 주연을 베풀지 말도록 금해서 가족들은 감히 어기지 못했으나 친지들 간에 많이 술두루미를 차고 와서 시나 지어 부르자고 졸랐다. 나는 오늘은 노래하고 즐기는 날이 아니라고 끝내 사양하였다.

경진(庚辰: 1940)년 4월, 항상 감시하던 한인 순경이 와서 조용히 말하였다.

"선생이 여기 오신 지도 이미 5년이 지났습니다. 우리는 늘 검사국 명령에 의해서 감시하고 있는데, 근해 검사국 명령이 자못 완화되었으니 집에 돌아가서 조양하셔도 괜찮겠습니다."

나는 드디어 5월 12일에 돌아가신 어머님의 묘 아래로 갔다. 글을 지어 해외에 망명하여 제때에 분상하지 못하였던 연유를 고하고, 바로 태복(稅服)을 입고 시묘를 살며 그립고 슬픈 정을 펴기로 했다. 이는 고례에 뚜렷한 근거가 없기 때문에 사람들이 더러 절도(節度)없는 행동이라고 비난도 했지만 세상에 혹 나의 비정상적인 사정을 안타깝게 여겨 본 뜻을 이해하고 허물을 용서해주는 분도 있을 것인가?

당시 총독 미나미 지로[南次郎]가 한국인에게 일본식으로 창씨(創氏)하라고 명하였다. 일본 사람은 씨(氏)만 있고 성(姓)이 없는데 한국 사람에게도 성을 버리고 씨를 짓게 하여 일본인과 동화시키려는 것이었다.[31] 유림에 명망이 높은 김모(金某)·송모(宋某) 같은 분들이 또한 어쩔 수 없이 창씨를 하자 무지한 서민들은 휩쓸려서 남보다 늦을까 걱정하는 판이었다. 하루는 왜경 하나가 내가 있는 곳으로 와서 창씨했느냐고 물었다. 안 했다고 하니 그 자는 "지금 전 조선인이 거의 모두 창씨하였는데 선생은 아직도 안 했단 말이오?"하고 따졌다.

"나는 한인이다. 우리는 본래 성이 있고 씨가 있는데 성이 씨보다 중하기 때문에 부를 때 반드시 성을 쓰고 씨는 쓰지 않는 것이다. 내가 창씨에 불응하는 것은 실로 나의 성이 소중하기 때문이다."

"일본인은 씨가 중하고 성을 중하게 여기지 않아서 한국 사람에게도 성을 버리고 씨를 만들게 하는 것이다. 이는 동화시키기 위한 특전이니 절대로 혼자만 동화를 외면하고 반대해서는 안 된다."

"내가 하고 싶지 않은 창씨를 강요하여 동화토록 몰아 부치면 이는 강권이다. 강권은 비록 겁나지만 나는 늙고 병들어 죽을 날이 멀지 않았다. 죽더라도 결코 응하지 않을 것이다."

"당신은 결사적으로 창씨를 마다 하는가. 아무리 망령된 생각을 고집해도 형세가 되지 않을 것이다."

"나의 고집하는 바는 대의이니 일시적인 협박으로 꺾지 못할 것이다."

---

31) 원래 '姓'은 血緣을 표시하고 '氏'는 지연(地緣)을 표시한 것인데 일본은 종래 '氏'와 이름만을 사용해왔으므로 우리나라 사람들에게 일본식 '氏'의 사용을 강요했던 것이다.

"내가 협박하는 것이 아니라 사리로 말하는 것이니 다시 깊이 생각해 보라" 하고 왜경은 웃으며 일어나 가면서 며칠 여유를 주겠다고 하였다.

5, 6일 후에 과연 그 왜경이 다시 와서 망령된 생각을 이제 돌렸느냐고 묻기에 나는 "나의 주장은 이미 다 말했으니 다시 장황하게 말할 필요가 없다"고 했다. 한참을 힐난하기에 또 준엄한 말로 거절해 보냈다. 얼마 후에 다시 와서 "기일이 박두했으니 늦출 수 없다"고 하기에 나는 "내 뜻을 이미 정했으니 쓸데없이 사람을 괴롭히지 말라"고 하였다.

"2천 만 조선인이 모두 즐겨 하는 일을 당신 혼자만 감히 거부한단 말인가?"

"옛 사람이 말하기를 '스스로 돌아보아 곧으면 비록 천만 사람이 쳐들어오더라도 마땅히 혼자 나가서 맞는다' 하였으니 이는 뭇사람을 따라서 불의에 빠지지 않음을 밝힌 것이다. 다시 많은 말을 허비하지 말라."

왜경은 하루 종일 성을 내기도 하고 웃기도 하고 위협하기도 하고 유혹하기도 하다가 돌아가더니 그 뒤엔 다시 오지 않았다.

자서전(自敍傳) · 하(下)

해방(解放)의 날

임오(壬午; 1942)년 8월, 어머님의 묘막에서 비로소 고향 사월리(沙月里)로 돌아왔다. 그 동안 망명했다가 투옥되고 병이 위독해서 방면되어 나온 사실을 모두 글로 엮어 가묘에 아뢰었다.

계미(癸未; 1943)년 겨울, 찬기를 해외로 보내 곧장 임시정부가 있는 중경으로 가도록 하였다. 찬기는 17세 때부터 혁명 사상을 품어 누차 투옥되었고 일본 경찰이 늘 미행하여 감시가 심하므로 국외로 망명시킨 것이다.

1945년 8월 7일 밤에 돌연히 성주 경찰서에 잡혀가서 왜관서(倭館署)로 옮겨 갇혔다. 그 전에 국내의 혁명 동지들이 비밀 운동 기관으로 건국동맹(建國同盟)을 결성하고 나를 남한 책임자로 추대하였는데 이 사실이 발각되어 여러 동지들이 선후하여 검거되었으며 나 역시 면치 못한 것이었다.

15일 정오경 한 한인 경관이 와서 "오늘 돌연히 정전되었다는 소문이 있다"고 한다. 나는 곧 큰 소리로 함께 갇혀 있던 사람들에게 "이는 필시 일본이 패망한 소식이다"라고 하니 모두들 "어떻게 압니까?"라고 묻는다. "정전을 자청한 것은 패망한 것이 아니고 무엇인가?"라고 했더니 이에 여러 사람들이 일본이 패망했다고 왁자지껄하였다. 한인 경찰은 금지하지도 않았다. 그래서 옆방에 갇혀 있던 사람들도 같이 떠들어서 감옥 안은 크게 술렁거렸다. 일본인 경찰이 몰려와서 제지하였지만 위세가 별로 대단치 않았다. 그날 밤 8시경에 문득 옥문이 활짝 열리고 정치범이 석방되었다. 비로소 그날 정오에 일본 천황 유인(裕仁)이란 자가 라디오 방송으로 연합군에 항복한 것을 밝힌 것과 조선이 독립국이 되고 만주와 대만은 모두 중국에 반환될 것이라는 것을 알았다.

이에 나는 함께 갇힌 사람들과 서로 손을 잡고 옥문을 나섰다. 남녀노소 할 것 없이 모두 부르짖어 만세 소리가 천지를 진동했다. 통쾌하고 통쾌하였다.

여관에 들어가니 사람들이 운집해서 술을 마시며 놀았다. 일제히 만세를 부르고 기뻐 잠을 자지 못하였다. 닭이 세 홰를 울 무렵 왜경 몇이 나와서 서장이 긴급히 만나 상의할 일이 있으니 모두 잠깐 경찰서로 들어오라고 하였다. 나만 혼자 끼지 않고 모두 왜경을 따라갔다. 한 시간 넘어 기다려도 돌아오지 않아 사람을 시켜 알아봤더니 다시 구금되었다는 것이었다. 나는 곧 한 소년의 등에 업혀서 경찰서로 찾아가 대노하여 꾸짖었다.

"너희들이 어찌 감히 우리를 다시 구금하느냐. 곧 석방하라."

저들이 "상사의 명령에 따른 일이요, 자기들은 모른다" 하므로 나는 더욱 화를 냈다.

"너희들의 이른바 상사는 이미 한인을 통치할 권리가 없어졌는데 어찌 감히 이럴 수가 있는가."

"선생은 제 발로 들어왔으니 구금하지 않을 수 없다" 하고 나 역시 붙들어 가두는 것이었다. 대체 우리가 기회를 봐서 폭동을 일으킬까 두려워했던 것이다.

다음날 아침 8시에 다시 옥문을 나섰다. 곧장 집으로 돌아가니 일가친지들이 길에서 만세를 부르며 환영하는데 근 천여 명이나 되었다. 그 다음날이 음력으로 7월 10일 나의 생일날이다. 일가 친지들이 많이 모여서 잔치를 열어 술잔을 들고 만세를 부르며 즐겼다. 내가 세상에 나와 67년 만에 처음 맞는 거룩한 일이었다.

나는 집에 돌아온 즉시 글을 지어 잘 걷는 사람 10여 명을 시켜 전 군의 동·서·남·북 각 면, 각 리에 돌렸다. 군민을 모두 사월리 청천서당(晴川書堂)에 모이게 하니 이날 밤에 모인 사람이 거의 천여 명이 되었다. 나는 그 석상에서 말하였다.

"일본이 패망했으니 우리나라는 완전 독립이 된 것입니다. 다만 창졸간에 일어난 일이라 정식 정부가 설립되는 것은 당장 시일을 기약하기 어렵습니다. 지방의 치안이 매우 우려되니 임시 치안유지회를 조직해서 정부가 성립될 때까지 치안을 책임지는 것이 좋겠습니다."

모두들 찬성해서 바로 임시 치안유지회를 조직했다. 장진영(張鎭永)을 회장으로 추대하고 정세호(鄭世鎬)·도재림(都在琳)을 부회장으로 삼았다. 그리고 따로 각 면 책임자를 정하여 상호 연락하고 회장의 지휘를 받도록 하였다.

그 다음날 상경하려고 집을 떠나 성주 군청 앞에서 잠시 쉬었다. 군내의 남녀노소 수만 명이 나의 행차를 전송하느라 큰 길 양쪽에 도열해서 있었다. 내가 차에 오르자 일제히 만세를 불러 떠나 보내는데 혹 감격해서 눈물을 흘리는 사람도 있었다.

그날 대구에 도착해서 시내의 치안 상황을 알아보니 아주 어지럽다는 것이었다. 서울 소식을 들으니 여운형·안재홍 등이 바야흐로 건국준비회(建國準備會)를 조직한다는 것이었고, 대구 건국준비회를 설립하는데 김관제(金觀濟)·서상일(徐相日) 등이 서로 영도권을 다투어서 분열될 우려가 있다고 한다. 나는 김·서 양 인을 초청하여 타일러 보았으나 둘 다 서로 양보하지 않으니 탄식할 노릇이었다.

이때 서울에 있는 동지들이 누차 사람을 보내서 나의 상경을 재촉하였다. 때마침 형기(炯基, 셋째 아들)가 진주에서 왔기에 드디어 손후익(孫厚翼)·배승환(裵升煥)·김기남(金基南)·이세호(李世鎬) 등 여러 사람과 함께 상경했다. 전동 여관에 거처를 정했다.

여운형(呂運亨)

여운형이 찾아와 건국준비회의 진행 형편을 들려주는데 각 파별로 정당이 난립해서 수가 60여 개에 이르고 공산당의 박헌영(朴憲永)·이관술(李觀述)·이영(李英)·최익한(崔益翰) 등도 역시 두 파로 대립되어 싸운다는 것이었다. 듣고 있자니 차라리 귀를 막고 싶었다.

영·호남의 먼저 상경한 친구들도 역시 정당을 하나 조직해서 민중당(民衆黨)이란 이름으로 부서를 정하고 나를 당수로 추대하여 취임할 것을 재촉하였다. 나는 그들에게 이 정당을 만들어서 장차 무엇하려느냐고 물었더니 장차 정권을 장악해서 국책을 정하겠다는 것이었다.

"정당이 60여 개나 된다니, 도대체 웬 정당이 이렇게 많이 생겼오? 국가와 강토는 아직 수복되지 못하고 정식 정부 성립을 보지 못한 이때에, 정당의 난투가 이처럼 치열하니 저 60여 개의 당이 만약 정권을 다투고 정책을 다툰다면 신흥 대한민국이 필경 저들 손에서 다시 망하고 말 것이오, 지금 여러분이 나를 당수로 추대하나 나는 허영에 움직여서 당수의 자리에 앉아 여러 정당과 싸움질을 하여 마침내 몸을 망치고 나라를 저버리는 사람이 되고 싶지는 않소"

나와 평소에 친교가 깊은 너덧 사람이 성을 내어 공박하였다.

"자네는 정당을 혐오하여 손잡기를 싫어하는데 그렇다면 무엇하러 서울에 있는가? 고향으로 돌아가서 문을 닫고 누워 있는 것이 좋겠다."

"내가 가고 머무는 일은 실로 그대들의 권고나 만류에 관계치 않는다. 일시 소견이 서로 맞지 않는다 하여 돌연 노기를 띠는 것은 좋지 못하다."

이에 그들은 더욱 성을 냈다,

"우리와 자네 사이에 정이 두터운 것은 세상이 모두 아는 일인데 자네가 지금 우리를 외면하고 저버린다면, 장차 어떻게 두터운 정의를 보존할 수 있겠는가?"

나는 다시 웃으며 말했다.

"자네들은 정이 두텁다고 억지로 나더러 일을 같이 하자고 조르지만 정과 일은 본래 서로 혼동할 성질이 아닐세. 정에 끌리어 일을 그르친다면 의가 용납 못할 것이다. 자네들이 아무리 나를 원망해서 절교한데도 나는 자네들과 그 일은 같이 할 수 없네. 그러나 정으로 말하면 전과 다를 것이 무엇인가."

그들은 벌컥 성을 내어 "자네가 말하는 의는 대체 무슨 의인가. 우리들은 알지 못하겠다" 하고 가버렸다.

그리고 내집 문앞을 지나면서도 들리지 않는 것이 달포가 되었다. 나는 사람을 시켜 "그대들이 내집 문앞을 지나면서도 들리지 않는다니 나와 절교하려는가? 그러나 나는 그 일 때문에 절교하지 않겠다"고 말을 전하였다.

그 후 얼마 지나서 그 친구들도 정당을 탈퇴했다. 그리고 나를 찾아와 정말 내 말이 맞다고 실토하는 것이었다.

이때 우리 강토 안에 있던 일인들이 아직껏 무장하고 설쳐서 그 위세는 실로 가공할 만하였다.

미·소 양국이 힘을 공동으로 일본군의 무장을 해제시키는데 38도선을 경계로 삼아서 이남은 미군이 담당하고 이북은 소련군이 한다는 소문이 들렸다. 또 담당 미군은 불일내에 인천으로 상륙할 것이라고도 했다. 해외통신도 두절된 지 이미 오래여서 중경에 있는 임시 정부의 여러 인사들이 귀국한다는 소식도 막연해서 이 때문에 인심이 동요하여 측량 못할 변이 조석간에 일어날 것만 같았다.

9월 7일 이른 아침 들리는 말이 지난 6일 밤중에 여운형·박헌영·허헌 등이 공산당원 10여 명과 어떤 곳에서 비밀 회의를 하여 조선인민공화국(朝鮮人民共和國)을 창립하고, 주석 이하 모든 부서를 결정하였으며 그들의 추종자 및 일반 시민 6, 7백 명을 경기여고(京畿女高) 교정에 모아 놓고 선포했다고 한다. 아! 신흥 국가와 정식 정부를 세우는 일이 이 얼마나 중대한데 저 여·박 등 몇 사람이 하루밤 사이 창졸간에 비밀히 모여서 저희끼리 서로 추천하여 부서를 정하고 천 명도 안 되는 무지한 시민을 모아 놓고서 이게 '조선인민공화국 정식 정부'라고 선포했다니, 저들은 정권을 잡기 위해 국민을 기만한 것이다. 그 죄는 죽임을 당해도 쌀 것이다.

8일 미군이 인천항에 상륙해서 서울로 들어왔다. 일본군의 무장을 해제시키자 시민들은 연도에 나와서 만세를 부르며 환영했다. 그때 나는 금화장에서 휴양하느라 두문불출하고 있었다.

이승만 박사가 미국으로부터 돌아왔다. 만나려는 사람이 너무 많아 이 박사는 괴로워서 단체의 대표증을 가지고 오는 경우에만 만나겠다고 공고했다. 이에 이 박사를 만나기 위하여 갑자기 단체를 만들어, 5, 6인이 한 단체를 만드는가 하면 3, 4인이 한 단체를 만들기도 했고 심지어는 한 사람이 혼자 한 단체를 만들기도 했다. 단체가 무려 430여 개나 생겨났다. 어떤 사람이 나에게 이 박사를 만났느냐고 묻기에 단체 대표의 이름이 없어서 못 만나 봤다고 하니 그는 또 어째서 단체를 하나 만들지 않느냐고 물었다. 나는 허영무실한 것을 싫어하기 때문에 박사를 굳이 만나 보려고 않는다고 답하였다.

하루는 신문에 미 국무성 극동 국장이 발표한 담화에 "장차 조선에 신탁통치를 실시한다"는 보도가 있었다. 그때 자리에 같이 앉았던 사람들이 놀라서 말했다.

"이는 반드시 무근한 말이 아닐 것이다. 이 박사가 미국으로부터 막 왔으니 그에게 한 번 그 내막을 알아보아야겠소. 당신은 단체 대표의 이름은 없더라도 그가 필시 다른 사람의 예와는 달리 거절하지 않을 터이니 한 번 가서 물어 보십시오"

나는 곧 이 박사가 거처하는 집으로 가서 명함을 내밀고 만나기를 청했다. 문 밖에서 두 시간 남짓 기다리니 변영태(卞榮泰)가 나와서 안내했다. 이 박사와 만나 인사를 끝마치고 나서 미주통신의 신탁통치 기사에 대해 물었다.

그는 웃으며 "내가 미주에 있을 때 이미 그런 말이 있었지요. 그러나 그것은 미국정부의 확정한 정책이 아니니 깊이 우려할 것은 못됩니다"고 말했다.

나는 재삼 캐어 물었으나 우스개로 받아넘기더니 딴 말을 꺼냈다.

"지금 건국 사업에 가장 긴요한 것은 재정이오. 당신은 필요할 때 재력을 동원할 수 있습니까?"

"나는 본래 집이 가난해서 그럴 능력이 없소"

"자신은 재력이 없더라도 유력한 자를 움직일 수는 있지 않겠소? 내가 미주에 있을 적에 이미 큰 돈을 준비해 둔 것이 있어 틀

림없이 곧 부쳐올 것이오 당신도 친한 사람들과 의논하여 두루
모금을 해서 대비하도록 하십시오"

"지금 수많은 정당이 난립하여 서로 다투고 있는 실정입니다.
현재 시급한 일은 전 민족의 단결이요, 소위 자금의 마련은 제2에
속한 문제입니다."

"금력만 있다면 단결되지 않는 것이야 무어 걱정할 것이 있겠
소?"

"단결하지 않고 한갓 금력에만 의지한다면 싸움을 더하게 만들
어 결국 건국사업에 도움이 없을 것으로 봅니다."

나는 돌아와 여러 사람들에게 신탁 문제에 대해서만 대화한 내
용을 전했을 뿐, 자금에 대한 논란은 덮어두고 말하지 않았다. 대
개 당시 민중들이 이 박사에 대한 바람이 워낙 컸기 때문이었다.

하루는 홍명희(洪命熹)가 찾아 왔다. 그는 지난 경술(庚戌: 1910)년
에 순국한 금산 군수 홍범식(洪範植)의 아들인데 문학자로서 명성
이 있었다. 비록 초면이었지만 서로 반갑게 대면했다. 이야기가 국
민사상이 분열되고 정당이 난립해서 서로 싸우며, 소위 '인민공화
국'이 국민을 기만하여 정권을 차지하려는 등의 일에 미치자 서로
근심하며 탄식하였다. 그는 내가 정당에 들어가지 않는 것을 더없
이 찬성하여 자기도 나를 따라서 맹세코 정당에 들지 않겠노라 하
였다. 그 후 얼마 안 있어 그도 민주 통일당(民主 統一黨)을 창립해
서 자신이 당수가 되어 다른 정당과 싸움을 벌였다. 사람의 마음
은 실로 알기 어려운 것이었다.

2월 중순 임시정부 인사들이 귀국한다는 보도가 있어 환영 절
차를 준비하는데 나는 환영회의 부회장으로 추대되었다. 그날 하

순에 임정 인사들이 중경에서 서울로 돌아왔다. 나는 그때 병석에 있어 셋째 형기를 보내 백범·성재 등 여러 분에게 문안드리도록 했다. 그때 둘째 아들 찬기(燦基)가 지난 10월 11일 중경에서 병사하여 화장을 해서 유골이 머지 않아 도착한다는 소식을 들었다. 살아 돌아올 것을 고대한 끝에 이런 흉보를 들으니 비통한 마음을 가눌 수 없었다. 그 이튿날 임시정부 주석 백범 김구, 부주석 우사 김규식, 국무위원 성재 이시영, 청사 조성환(晴簑 曹成煥), 소해 장건상(宵海 張建相), 만호 황학수(晩湖 黃學秀), 단주 유림(旦洲 柳林), 백강 조경한(白江 趙擎韓), 의정원 의장 홍진(洪震), 참모총장 유동열(柳東說), 외교부장 조소앙(趙素昻), 재무부장 조완구(趙琓九), 내무부장 신익희(申翼熙), 군무부장 김원봉(金元鳳), 선전부장 엄항섭(嚴恒燮), 문화부장 김상덕(金尙德) 등 여러 분이 전후하여 나를 찾아와 문병을 하고 겸해서 아들을 잃은 슬픔을 위로하고 갔다.

　임정 인사들이 환국한 후로 우익·좌익의 각당 각사(各社)의 정객들이 매일 나의 집에 모여들어 나의 정견을 물었다. 나는 새로 아들의 상을 당해서 정계의 일을 들어볼 경황이 없다고 완곡하게 거절했다. 하루는 서울신문사 기자 서병곤(徐炳坤)이란 사람이 와서 나의 정견 발표를 요청했다. 나는 마음이 아프고 몸도 좋지 않아 정치문제를 염두에 두지 못했다고 사양했다. 다음날 그 기자가 다시 와서 졸라댔다. 그때 홍명희가 자리에 있었는데 나에게 간략히 소견을 말해주라고 권했다. 나는 "그대 역시 내가 싫어하는 일을 굳이 조르는가?" 하고 준절히 거절했다. 그 이튿날 그 기자가 또 와서 간청하기를 내 정견을 듣지 않고는 물러가지 않겠다고 버텼다. 좌중에 있던 10여 명의 친구들도 그다지 사양할 것이 무어냐

고 권하기로 나는 부득이 젊은이를 시켜 내가 입으로 부르는 것을
받아쓰게 했다. 그 요지는 대강 이러했다.

민족의 단결이 현재 가장 급선무인데 단결 방법은 반드시 먼저 인민공화국
을 해산한 다음 좌익·우익의 구별을 타파하고 대한민국 임시정부의 기치 아
래 모이는 것이다. 그래서 임정이 발표한 당면정책 14개 조항을 받아들여 실
행하게 되면 국가 민족의 큰 다행일 것이다. 운운.

이 원고 한 통을 기자에게 주었다. 그날 저녁 서울신문에 실린
것을 보니 나의 본 취지와 반대로 인민공화국의 육성과 좌우익 구
별의 타파를 민족 단결의 급선무로 삼는다 운운한 것으로 되어 있
었다. 이에 사람들이 모두 크게 놀라 내가 변했는가 의심하고 떠
들썩하게 공격을 하였다. 나는 결코 밝히지 않고 그냥 둘 수 없다
고 생각하여 곧 신현상(申鉉商)·최석영(崔錫榮)·김기남(金基南) 등
을 서울신문사로 보내서 편집국장 홍기문(洪起文)과 그의 동생 정
치부장 기무(起武)를 만나 원고를 변조해서 국로(國老)를 모함한 사
실을 크게 문책하여 다시 원고대로 게재하되 사과문도 발표하도
록 했다.

이때 서울신문사는 오세창(吳世昌)이 사장이고 홍명희가 고문으
로 있었다. 신현상 군은 오와 홍에 대해, 사장과 고문으로서 공산
당을 사내에 끌어들여 언론계에 해괴한 일을 꾸몄음을 나에게 사
과하고 사임할 것을 촉구했다. 며칠 후에 오는 책임을 지고 사퇴
했으나 홍은 그럭저럭 물러나지 않았다. 홍기문과 기무는 홍명희
의 아들로, 이들 부자가 은근히 관련된 형적은 실로 감추기 어려
운 것이다.

전에 난립하여 서로 다투던 정당들이 혹은 공산당에 흡수되고 혹은 한민당에 흡수되었다. 그중 악질 친일부호(親日富豪)들은 많이 한민당에 따라 붙어서 한민당은 좌우익 모두 미워하는 바 되었다. 송진우(宋鎭禹)가 그 당수인데 그는 식견과 역량으로 명성이 높아 나도 평소 그 인물을 중히 여겼다. 어느 날 그를 서신으로 집에 초대했다. 서로 술잔을 권하며 정당 난투의 폐단과 시국 수습의 책임에 대해 토론을 하였다. 송은 무릎을 꿇고 앉아 탄식을 하더니, "선생은 무슨 방안이 있으십니까?" 하고 물어 나 역시 탄식하고 말했다.

"옛사람이 이르기를 사귐이 얕은데 말을 깊이 하면 잘못이라 하였는데 그대는 나의 말이 깊다고 책하지 않겠는가. 그대는 한민당 당수로 있는데, 그대의 권위가 전 당을 통솔하고 국민을 이끌어 나갈 수 있겠는가? 그대의 뜻은 장하지만 국민들이 호응하지 않는 것은 무엇 때문인가? 내 듣건대 국민이 한민당을 공격하는 것은 날로 더해 간다는데 그대는 공격의 표적이 되어 장차 어떻게 막아낼 것인가. 이 늙은이는 저으기 그대의 일이 걱정되노라."

"외람되이 당수가 되었으니 본래 영도력도 모자라 당내에 멋대로 떠드는 말이 분분하고 국민들의 누적된 비방이 그치지 않습니다. 선생이 저를 버리지 않고 진로를 제시해 주신다면 삼가 받들어 시행하겠습니다."

"이 늙은이는 귀당에 상관이 없지만 그대가 허심탄회하게 물으니 나 역시 충심으로 대하지 않을 수 없다. 그대가 오늘날 취할 길은 적극적 방법과 소극적 방법의 두 가지 길이 있다고 생각된다. 당내의 악질 친일분자를 숙청하려면 반드시 당의 해산을 선언한

다음 개조해야 할 것이니 이는 그 적극적인 방법이요, 해산하여 개조할 힘이 없으면 탈퇴를 선언하고 당분간 물러나 그대 자신의 위신을 세울 것이니 이는 소극적인 방법이다. 그대는 이 두 방법 중에서 하나를 택해서 결정해야 할 것이다."

그는 일어나 절을 하고 "이처럼 좋은 가르침을 주시니 감사하옵니다. 마땅히 동지들과 방침을 결정해서 국민들에게 태도를 밝히겠습니다" 하고 돌아갔다.

그 후 얼마 안 되어 송은 암살을 당했다. 일할 만한 인물 하나를 잃었다. 애석하도다.

찬탁(贊託) · 반탁(反託)

12월 28일 모스크바의 라디오 방송을 들으니, 미·영·소 3국 외상회의 결정으로 미·영·소·중의 4국이 한국에 신탁 통치를 실시하는데 최고 5년으로 기한을 잡는다는 것이었다. 이에 전 국민이 듣고 통곡하지 않는 자 없었다. 임정 인사들은 탁치 반대를 맨 먼저 결의하여 라디오 방송으로 전국에 호소하니 국내가 물끓듯하였다. 임정의 명령으로 미군정청의 한인 관리들은 일제히 사퇴하였고 드디어 '탁치반대 국민대회'를 결성하매 공산당 등 좌익 각 파도 모두 휩쓸려 호응하였다.

30일 서울 운동장에서 대회를 개최하였는데 이날 단상에 올라

연설한 이들은 모두 큰 소리로 통곡을 했고, 공산당 등 좌익 거두들도 역시 많이 등단하여 통곡을 했다. 모여든 3,40만의 곡성이 땅을 흔들었으니, 그 비통해 함은 경술년의 나라 망하던 날과 다름이 없었다.

31일 공산당에게 먼저 1월 3일에 제2회 반탁 국민 대회를 열기로 결의해서 라디오 방송을 통해 밤낮으로 전 국민에게 호소하니 미 주둔군 사령관 하지와 군정장관 아놀드 역시 놀라서 어찌할 바를 알지 못했다. 세계 만국이 이 보도를 듣고 누구나 한국민이 기운이 죽지 않았음을 격찬했던 것이다.

병술(丙戌; 1946)년 1월 2일 저녁 때 들으니 박헌영이 평양으로부터 돌아와서 당 간부를 소집하여 비밀 회의가 있었다는데 그 상세한 내용은 듣지 못했다. 3일 아침 일찍 반탁대회장에 나가려다가 마침 공산당의 기관지를 보니, 공산당은 탁치를 지지한다는 성명서가 크게 게재되어 있었다. 그것을 읽고 나는 분통을 이기지 못해 형기(炯基)를 시켜 젊은이들에게 대회장에 가지 말게 하고, 공산당을 경고하는 글 한 통을 급히 초했다. 공산당이 나라를 파는 죄를 성토하여 그 글 내용이 썩 결렬했다. 젊은이들에게 주어 옮겨써서 각 신문사에 돌리라 하니 그들은 모두 깜짝 놀라 그만 두라고 권하였다.

"너희들은 내가 화를 겁내는 줄 아느냐?"

그래도 젊은이들은 군이 중지하려고 한다.

"너희들은 이처럼 비겁해 가지고 어떻게 세상에 자립할 것인가?"

"이 경고문이 한 번 나가면 저들은 필시 선생을 해치려 들 것이니 저으기 걱정됩니다."

나는 성을 내어 "너희들이 기어코 옮겨 쓰지 않으려느냐?"고 호통하고 지팡이로 때리려 하니 젊은이들은 공손히 사과하며 "명을 따르겠습니다. 그러나 꼭 이 글을 발표하려면 어디 비밀 처소를 예비해서 화를 피할 도리를 차리는 것이 옳습니다"라고 말했다. 나는 소리를 질렀다.

"나는 구차히 탁치 아래서 숨어 살기를 바라지 않으니 화가 두려워 숨는 일은 나는 않겠다."

그제서야 젊은이들은 옮겨 써서 각 신문사에 나누어주었다.

그날 저녁 신문을 사서 보니 어느 신문에도 그 경고문이 실리지 않았다. 4, 5일 지나도 역시 마찬가지였다. 6일 후에 나는 젊은이 3, 4명을 각 신문사로 보내서 그 글을 싣지 않은 이유를 따졌다. 각 신문사는 모두 화가 두려워 감히 싣지 못했다는 뜻으로 답변했고, 동아일보사의 편집인은 애초에 원고도 보지 못했다는 것이었다. 대개 기자 중에 붉은 물이 든 자가 숨겨 버렸던 것이다. 그래서 직접 가지고 간 원고를 주었더니 그 이튿날 특별히 전문(全文)을 게재하여 전국에 전파되었다. 많은 사람들이 나를 위험하다 생각하여 숨으라고 권했다.

"나는 화를 겁내서 피해 숨을 사람이 아니다. 장차 공산당 지도자들을 불러 직접 죄를 따지겠다."

하루는 젊은이 몇을 시켜 박헌영·이관술·이영·최익한·이승엽·홍남표·이우적(李友狄) 등 여러 사람을 불렀다. 박·최·홍 및 양 이는 오지 않았고, 오직 공산당 조직부장 이승엽과 <해방일보(解放日報)> 주필(主筆) 이우적 두 사람만 같이 왔다. 내가 두 사람만 부른 것이 아닌데 다른 사람은 어찌 오지 않았는가 물으니, 다른 사람들은 모두 급한 일로 움직이기 어려워 자기들 둘이 대표로 왔다는 것이었다.

"군 등은 나의 경고문을 본 감상이 어떤가?"

"선생은 우리 공산당을 나라를 파는 반역으로 배척하다니 너무 과격한 말이 아니겠습니까. 우리들은 결단코 용납할 수 없습니다."

"사국(四國)의 탁치를 환영한다니 나라를 파는 반역이 아니고 무엇인가?"

"지금 우리나라의 정세를 본다면 최고 5개년의 탁치를 불가불 받아야 합니다. 오늘날의 정세를 알지 못하고 공연히 반탁만 외치는 것은 실로 국가의 앞날에 해로운 일이지요. 또한 신탁통치 운운한 것도 각국 말의 해석이 달라서 소련말·일본말로 해석하면 곧 후견(後見)의 뜻이 됩니다. 우리나라 현 정세가 실로 자립할 힘이 없으니 최고 5개년의 후견은 받지 않을 수 없습니다."

"군 등이 소위 후견이라 함은 일본 민법의 술어에서 나온 것이 아닌가?"

"그렇습니다."

"소위 후견이라 하는 것은 미성년자 및 정신이상자에게 적용되는 것이 아닌가?"

"그렇습니다."

나는 이에 크게 화를 내어 꾸짖었다.

"군 등이 탁치를 후견으로 해석하는 것은 탁치보다 더 위험한 것이다. 저 미·영·소·중 4국이 우리 한국을 3, 4세의 어린애로 보아 후견한다면 16, 7년은 걸릴 것이요, 우리 한국을 정신이상자로 본다면 정신이상은 종신 불치의 병이니 후견은 필시 무기한이 될 것이다. 그대들이 후견을 달게 받고 싶어하는 것은 나라를 파는 반역이 아니고 무엇이냐?"

그들은 말이 막히고 딸려서 답변이 궤변과 거짓으로 전혀 조리에 맞지 아니했다.

"군 등은 황잡 부당한 말로 나를 속이고 꺾으려 하나, 나는 나대로 주견이 있어 군 등에게 움직여질 바 아니다. 내 이미 글을 지어 경고한 바이거니와 다시 군들을 불러 말하는 것은 군 등에 반성할 길을 열어주려는 뜻이다. 내 들건대 공산당의 이번 행동은 최고 간부 몇 사람이 북한 주둔 소련군 사령관의 지시를 받아 태도를 돌변해서 찬탁하게 된 것이라니 통곡할 노릇이다. 내가 그대들에게 바라는 바는 모름지기 지금부터 찬탁이 국가 민족에게 대죄를 짓는 것임을 깨달아 급히 당 전체 대회를 개최해서 찬탁을 부르짖는 자들의 매국 행위를 성토하고 모든 간부들을 교체해서 새 출발을 하여 함께 반탁 진영으로 돌아온다면 국가 민족을 위해 이 얼마나 다행한 일이겠는가."

그들은 그래도 '후견'을 역설하고 반탁이 잘못이라고 배척하는 것이었다. 내가 다시 '후견'을 주장하는 죄는 찬탁하는 죄보다 더 크다고 했더니 저들은 "선생의 고집은 한때 주고받는 말로 풀 수 없소이다. 탁치와 후견문제에 대한 각종 해석 문자를 가지고 다시 오겠습니다" 하고 돌아갔는데 그 후 다시 오지 아니하였다.

10여 일이 지나 이관술이 찾아 왔다.

"군은 혹 내가 이승엽·이우적과 문답한 말을 들었소?"

"진작 들어서 알고 있습니다. 선생이 공산당을 지적하여 매국

반역이라 함은 옳지 않았습니다."

"군 역시 탁치를 후견으로 해석하는가?"

"그렇습니다."

"내가 군에게 건 기대가 적지 않았는데 이제 매국 역당에 들어 갔으니 애석하구려."

"선생이 나를 사랑하면서도 역당이라 욕을 하니 다른 이에 대해서야 무엇을 바라겠습니까."

"군은 제1차 반탁 대회 때에 통곡을 하며 연설한 사람이 아닌 가. 그 후 며칠 못 가서 태도를 돌변하여 찬탁을 주장하니 소련군 사령관의 지시에 팔린 것이 아니고 무엇인가. 이처럼 주견이 없단 말인가?"

"소련군이 조선에 주둔하는 것은 미군의 침략을 제지하려는 것 입니다. 소련군의 지구적인 주둔은 필시 조선인의 복리가 될 터인 데 어찌 그 지시를 안 받을 수 있겠습니까?"

"군의 말은 당 전체의 의사인가?"

"그렇습니다."

나는 드디어 화가 나서 꾸짖었다.

"지금 공산당이 소련의 지구적인 주둔을 원한다면 이는 이리[狼] 를 방안에 끌어들이는 격이다. 저 미군들도 반드시 이를 빙자하여, 철수하지 않을 것이니 나는 미·소간의 틈이 반드시 이로 인해 벌 어질 것을 걱정한다. 우리 한국은 필시 미·소의 각축장이 되어 나라는 독립할 날이 없어질 것이니, 군 등의 매국의 죄는 이에 더 욱 더 클 것이다."

"미국이 바로 이리지요. 저 이리를 견제하려면 소련이 아니면 불가능하기 때문에 우리들은 소련군이 오래 주둔할 것을 바라는 것입니다" 하고 관술이 응수하는 것이었다.

"군의 말을 빌릴 것 같으면 저도 역시 이리요, 이도 역시 이리다. 군 등은 한 이리를 견제하려고 다른 한 이리를 끌어들이는 격이니, 나는 우리 한인이 두 이리의 이빨에 종자도 없어질 것을 두려워한다. 그 마당에 이르면 군들은 반드시 매국의 죄를 변명할 도리가 없을 것이 아닌가."

이관술은 성이 난 기색이었으나 변명할 말이 없어 벌떡 일어나서 가버렸다. 얼마 후에 또 최익한이 왔기에 그의 견해를 타진해 보니 역시 이승엽·이관술과 대체로 별 차가 없었다. 그래서 다시 기록하지 않는다.

김구(金九)

이때에 전국 유림 중 서울에 모인 이들이 유도회(儒道會)를 조직하고 규약과 부서를 정하여 나를 회장으로 추대하고 본부를 성균관(成均館) 안에 두었는데, 또 유교회(儒教會)·대동회(大同會)·연정회(研政會) 등 세 단체가 따로 있어 모두 사무소를 성균관 안에 두고 서로 영도권을 다투어 양보하지 않았다. 나는 유도회로부터 수차 취임하도록 권유를 받았으나 불응하였다. 이윽고 네 파의 사람들이 번갈아 찾아와서 대립하여 다투는 형편을 낱낱이 말하고 나에게 보합할 계책을 강구하라고 청하였다. 나는 그들에게 이렇게 말했다.

"그대들은 동일한 유교 사상을 가지고 함께 유교의 발전을 도모하면서 지금 각각 회 하나씩을 세우고 저마다 부서를 설치하여 서로 영도권을 다투고 있으니 이는 전국 유림이 같이 부끄러워해야할 일입니다. 그대들이 만약 모두 보합에 노력하지 않고 싸움을 계속하면 유교는 곧 망하고 말 것이오 그대들이 참으로 보합을 실행하고자 한다면 4파의 인사들이 모름지기 날짜를 잡아 성균관에 다함께 모여서 이미 만든 회의 이름과 부서를 취소할 것을 선언하고곧 전국대회를 조직해서 대회의 공론에 따라 다시 회명을 정하고또 부서를 설치해야 합니다. 그리고 총본부는 성균관 내에 두되, 별도로 지부를 각도 각군에 설치하여 총본부에서 이를 통괄하게 합니다. 이렇게 해서 전국 유림을 연합하고 또 유도의 발전을 강구한다면 이 어찌 오늘날 유림 여러분들이 같이 힘 쓸 바 아니겠소"

이에 모두 고개를 숙이고 그대로 따르겠다고 하였다. 각파가 모두 성균관에 모여서 과거의 회명과 조직을 취소할 것을 선언하고곧 합동대회를 결성했다. 회명은 유도회 총본부(儒道會 總本部)로다시 정하고, 부서도 새로 설치한 다음 나를 추대해서 유도회 총본부 위원장을 삼고 이기원(李基元)·이재억(李在億)·김성규(金成圭)·정인보(鄭寅普)를 부위원장으로 뽑았다. 나는 취임하는 석상에서 다음과 같이 고했다.

"우리나라는 곧 유교국이다. 국가의 성쇠는 반드시 유교의 성쇠에 의해 판가름된다. 수 천년의 역사를 상고해 보면 증명할 수 있으니, 가까운 한말의 역사를 들어 말하더라도 더욱 분명한 것이다.지금 국가의 신흥에 당해서 유교 또한 부흥되니 한편 국가를 위하여 경하고 다른 한편 유교를 위하여 경하할 일이다. 이 어찌 거룩하지 않은가. 여러분은 이미 유도회 총본부를 중앙에 창립하였고 이어 지부를 각 지방에 설립해서 이로써 전국 유림을 통일하고, 이로써 크게 유교 문화를 천명하며, 나아가 우리의 유교 문화를 세계 만방에 선양해야 할 것이다. 우리의 신흥 국가와 신흥 유교가 길이 천하 만대에 빛이 나면 이보다 큰 다행이 또 있겠는가, 바라건대 여러분 모두 함께 힘써야 할 바이다."

백범 김구는 환국한 후로 우남 이승만 박사와 정부를 수립할 방안을 강구하였다. 국민은 대부분 백범에게 마음이 돌아갔는데, 오직 한민당 일파가 이 박사의 심복이 되어서 뚜렷이 백범과 각축의 형세를 이루고 있었다. 고하 송진우가 죽은 후로 인촌 김성수(仁村 金性洙)가 한민당 당수가 되고, 백남훈(白南薰)·장덕수(張德秀)·김준연(金俊淵) 등이 보좌하여 미군사령관 및 군정장관과 서로 깊이 결탁, 정계를 농락하였는데, 실은 이 박사가 모든 것을 조종했던 것이다.

국민당의 안재홍이나 신한민족당(新韓民族黨)의 오세창 등은 모두 관망하면서 백범과 우남 사이를 왕래하며 기회를 타서 진취할 의도였고, 기타 군소 정당들은 틈을 엿보아 어부지리를 얻으려고 서로 아웅다웅, 추태가 갖가지였다. 따로 공산당은 북에 주둔한 소련군 사령관의 사주를 받아 매국의 흉계를 꾸몄는데, 김일성·김두봉 등은 평양에서 북조선 노동당을 조직했고, 박헌영·허헌 등은 서울에서 남조선 노동당을 조직하였다. 그리고 여운형 등은 스스로 일파를 이루어 근로인민당(勤勞人民黨)이라 일컫고 김일성·박헌영 등과 더불어 음으로 양으로 화합하여 그 기세가 치열해서

곧 전국을 휩쓸 지경이었다. 나라의 덕망과 식견이 있는 이들은
누구나 건국의 앞길을 깊이 우려했다.

한독당(韓獨黨)은 임정 요인인 백범·성재·청사·조소앙·조완
구·엄항섭 등이 중경에 있을 적에 조직한 것으로 백범이 당수이
고 조소앙이 부당수였다. 이때 와서 양 조(趙)와 엄(嚴) 등이 백범을
종용해서 당세를 확장하여 각 정당을 하나로 통합하고 정계를 호
령하려 했다. 백범도 이 계획을 옳게 여겨서 조·엄 등 여러 사람
에게 부탁해서 각 정당에 교섭하여 통합 문제를 의논케 했다. 하
루는 백범이 나를 초대해서 같이 술을 들었다. 백범이 나에게 함
께 손잡고 일하자고 청하기에 나는 이렇게 말했다.

"선생은 해외에 30여 년 있다가 귀국한 지 얼마 되지 않아서 국
내 정세를 잘 모르고 이런 일을 도모하는 듯합니다. 저 잘났다고
서로 다투는 많은 정당들이 머리를 숙이고 선생의 영향권 밑으로
들어오려 하겠습니까? 설사 한때 합쳐진다 하더라도 저들은 오직
이익만 좇는 정객이므로 아침에 합했다가 저녁에 흩어지지 않으
리라 어떻게 보장하겠오? 항차 한민당은 지금 이 박사의 심복이
되어 군정과 결탁해서 형세를 확장하고 있으니 결코 한독당에 의
해 움직여지지 않을 것이오 한민당을 끌어들이지 못할 뿐 아니라,
우남과의 사이가 이 때문에 벌어질 것이니 걱정됩니다. 설사 당세
를 확대해서 전국의 제1당이 되어 정계에 군림하더라도 한 정당의
영도자가 되는 것과 전국 3천만이 추대하는 대 영도자가 되는 것
과 어떻습니까? 내 비록 어리석고 식견이 없지만 지난 8·15 직후
상경하던 날 여러 친구들이 정당을 조직하고 나에게 당수로 취임
할 것을 권유했으나 당을 세워 서로 다투는 것은 필시 나라의 전

도에 큰 화근이 될까 우려해서 맹세코 그 와중에 들지 않으려고 완강히 거부했습니다. 선생의 식견으로 이를 살피지 못하십니까? 나는 선생을 위해 찬동하지 못하겠습니다."

백범은 탄식하며 나의 말이 실로 이치가 있으니 다시 숙고해서 처리하겠노라 했다. 그 후 필경 조·엄의 말에 기울어져 각 당의 통합 공작을 진행했으나 과연 한민당은 그 보루를 고수하고 움직이지 않았고, 국민당과 신한민족당도 잠깐 합류했으나 주도권이 손에 돌아오지 않자 모두 이탈해 버렸다. 얼마 후에 조소앙도 백범에게 등을 돌려 따로 기치를 세워 사회당이라 하고 자신이 당수가 되어서 한독당과 맞섰다. 이에 이르러 백범은 비로소 당세 확장이 잘못된 계획이었음을 깨닫고 나의 선견(先見)을 인정하였다.

병술(丙戌: 1946)년, 1월 임시정부의 당면 정책 14개 조 중의 제6조에 의거해서 비상정치회의를 소집하기로 했다. 국중의 혁명운동에 유공한 인사를 망라해서 구성하여, 정부수립 방안을 토론하기로 했는데, 갑자기 범위를 좁혀서 비상국민회의(非常國民會議)로 개칭되었다. 따로 저명한 민중 지도자 8인을 추대하여 특별 의원으로 삼았다. 이승만·김구·김규식·김창숙·권동진·오세창·조만식·홍명희 등은 특별위원이었고, 그 나머지 좌우익을 불문하고 각 정당, 각 사회단체, 각 종교단체에서 대표자 270여 명이 나왔다.

비상국민대회의(非常國民大會議)

2월 1일 드디어 비상국민대회의(非常國民大會議)가 서울 종현(鍾峴)의 천주교당(天主教堂)에서 열렸다. 출석한 사람은 240여 명이었는데, 좌익계열의 박헌영·여운형·허헌 등은 이 회의의 주도권이 임시정부 우익 영도자의 손에 있다고 크게 불만을 품어 참석하지 않았다. 개회를 하고 진행방안을 토론하는데, 모두 의견이 좌익계열 지도자들이 많이 불참해서 실로 국민의 대동단결에 곤란하다고 격론이 벌어져 시간이 지체되었다.

어떤 사람이 "저들 좌익 인사들은 이미 국민 고유의 권리를 스스로 포기한 것이오 무리한 주장을 하는 자들이 불참했다고 해서 당연히 개최해야 할 우리 비상대회를 하지 않아서 되겠소?"라고 제안하자 모두들 찬성하였다.

또 어떤 사람은 제의하기를 "미·소 주둔군이 군정을 실시한 지도 이미 다섯 달이 넘었소 국민이 정식 정부가 서기를 바라는 것이 큰 가뭄에 비를 기다리듯 하니 마땅히 오늘 이 모임에서 먼저 정부를 수립할 방침을 정합시다" 하여 모두들 찬성하였다.

다른 사람이 제의하기를 "정부 수립은 극히 중대한 일이니 마땅히 먼저 정부를 수립할 모체기관을 먼저 설치하도록 합시다" 하여 역시 모두들 찬성했다.

어떤 사람이 이에 모체기관을 탁치하려면 최고 정무위원 28인을 뽑아서 정부를 조직할 권한을 위임하여 책임지고 성사시키도록 하자고 제안해서 모두들 찬성했다. 그래서 최고위원을 추천하여 뽑는 방법을 논의하는데, 어떤 사람이 전형위원을 먼저 선정해서 전형하도록 하자는 제의를 했으나 전형의 방법으로 하면 꼭 적절한 사람을 얻지 못할 것이라고 찬성하지 않았다. 또 무기명 투표로 선정하자는 주장도 있었으나 역시 적절한 사람을 얻을 것으로 기필할 수 없다고 해서 통과되지 않았다. 어떤 사람이 먼저 최고 영도자 이승만·김구 두 분을 추대해서 최고 정무위원을 뽑을 권한을 일임하자고 제의하니 모두들 환호하며 만장일치로 찬성하였다. 이날 나는 회의 장소에서 요통과 설사 증세로 폐회를 기다리지 못하고 중간에 나왔다. 그 후에도 병이 심해서 문을 닫고 손님을 사절하고 세상 일도 묻지 못했다.

13일 정인보가 백범과 같이 있다가 와서 나의 이름이 최고 정무위원회의 한 사람으로 들어 있다고 말했다. 이윽고 백범이 비서 신현상 군을 보내서 최고정무위원에 당선되었음과 다음날인 14일에 당선자 28인을 덕수궁 석조전에 소집해서 발표할 것이며 회장 광경을 활동 사진으로 찍어 널리 선전할 것임을 알렸다. 이날 신문에 항간의 유언으로 이번 이승만·김구 두 분이 선정한 최고 정무위원은 정부 수립을 위한 모체기관이 아니고, 미 주둔군사령관 하지 장군의 자문기관이 될 것이라 하였다.

나는 정군과 신군에게 "신문에 보도된 것이 유언 같으나 만약 헛소문이 아닐진대, 이는 이와 김 두 사람이 전 국민의 의사를 저버리고 사사로이 하지에게 아부하여 민족을 판 죄인이 될 것이오"라 하니 정군은 필시 그럴 리는 없을 것이라 하고, 신군은 백범을 가까이 모시기는 자기만한 사람이 없지만 그런 말을 듣지 못했노라 하였다.

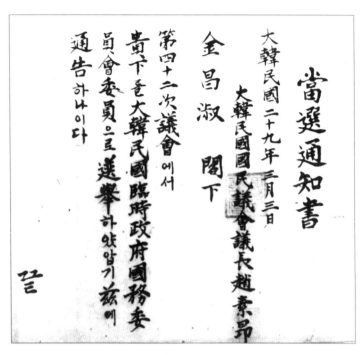

▲ 국회의장으로부터 대한민국 29년 통고된 당선통지서

"나도 역시 풍문이라 의심하지만 정말 사실이라면 나는 하지의 자문에 응하지 않을 뿐 아니라, 단연코 이와 김 두 사람을 민족을 판 죄로서 성토할 것이오"

정군도 말하기를 "신문의 불확실한 말로 깊이 우려할 것은 없습니다. 그러나 만일 와전이 아니고 사실이라면 마땅히 선생과 거취를 같이 하겠습니다" 하고 다음날 아침 일찍이 다시 오기로 약속하고 돌아갔다. 14일 이른 아침 집사람이 신문을 병상에 넣어주기에 베개에 엎드려서 읽어보니 이승만·김구 두 사람이 주한 미군사령관 하지 장군의 자문기관인 민주의원(民主議院)을 28인으로 조직해서 이승만이 의장, 김규식이 부의장, 김구가 총리가 되며 오늘 14일 오전 10시에 전 의원이 미군정청 제1회의실에 모여 발표한다고 크게 보도하고 있었다. 나는 신문을 던지고 화가 나서 부르짖었다.

"이승만·김구 두 사람은 이제 민족을 파는 반역이 되었구나."

집사람이 아침상을 들이기에 물리쳤다. 마침 신현상 군이 와서 "선생께서는 아직 아침 진지도 안 드셨습니까?" 하기에 나는 "새로 세워질 우리나라가 장차 이·김 두 사람의 손에서 다시 망하게 되는데 어찌 밥을 먹고 구차히 살겠는가?" 하니 신군은 깜짝 놀라며 무슨 말이냐고 물었다.

"군은 김구의 비서로 있으면서 김구가 하지의 자문기관으로 민주의원을 조직한 일을 모른단 말이오?"

"다만 최고정무위원 28인을 선정한 것과 그 발표 장소가 임시 변경되어 군정청 제1회의실로 정해진 것만 듣고, 지금 김구 선생의 명에 따라 선생을 모시고 발표장소로 직접 가려고 왔습니다."

"군은 김구에게 듣지 못했다고 핑계대는데, 신문에 크게 난 것도 보지 못했소?"

책상 위에 놓인 신문을 던져주니 신군은 그 제목을 보고는 찢어버리며 말했다.

"김·이 두 사람이 함께 민족반역의 죄를 범할 줄 어찌 생각했으리오"

"군은 돌아가서 김구에게 이렇게 말하시오 '김창숙은 결코 민족을 파는 자문기관에 응하지 않겠다. 지금 김구를 위한 계책은 마땅히 군정청의 발표하는 자리에 참석하지 말고 곧 민주의원 조직의 경위를 전국민에게 성명서로 밝혀, 비상국민회의의 위임 사항을 실천치 못한 죄를 사과하고, 하지의 자문에 응하지 않을 것을 맹세해서 국민의 판단을 기다리는 것뿐'이라고"

신군이 돌아가는데 정군이 따라 들어왔다.

"선생은 어찌 아직 일어나지 않고 노한 소리로 신군에게 말씀하고 계십니까?"

"어제 보도된 자문기관 운운하는 말이 과연 헛소문이 아니었구려. 신군이 모르는 일이라 하기에 나도 모르게 화가 난 것이오"

정군은 깜짝 놀라며 장차 어떻게 대처하겠느냐고 물었다. 나는 신군에게 일러준 대로 말했다.

정군은 일어나 절하며 "선생이 의에 처하심은 나약한 사람을 바로 서게 합니다. 내 비록 둔한 사람이지만 어찌 감히 선생의 뒤를 따르지 않겠습니까?"라고 말하는 것이었다.

이승만(李承晩)

조금 있자 괘종시계가 10시를 치기에 탁상의 라디오를 틀었다. 군정청 제1회의실로부터 민주의원 발표절차를 방송하는데, 사회자가 주둔군 사령관 하지장군 이하 의장 이승만, 부의장 김규식, 총리 김구 등 23인이 차례로 참석했으며, 김창숙·정인보·조소앙·

여운형·황진남(黃鎭南) 등 5인은 결석했다고 보고한다. 하지가 먼저 개회식사를 하는데 그 요지는 미 주둔군의 사명은 한국 정부의 수립을 원조하는 데 있으며 민주의원을 특별히 설치한 까닭은 본관의 자문기관을 삼겠다라는 것이었다. 그 다음 이승만이 식사를 하는데, 먼저 미군이 한국 독립을 원조함이 극히 감사하다 하고 이어 한국의 현 정세로 보아 정부 수립의 제반 절차는 마땅히 미군의 지휘를 전적으로 받아야 하며, 때문에 민주의원을 특별히 설치해서 하지장군의 자문기관으로 대비하는 것 등을 운운하였고 정작 2월 1일의 비상국민대회 결의가 위탁한 사항에 이르러는 일언반구도 언급하지 않았다. 그 다음 김규식의 식사는 이승만이 한 말과 한 꼬치에서 나온 듯 똑 같이 하지장군의 개회사를 예찬하는 내용이다. 그야말로 손님을 불러서 주인을 만든 격이다. 저 이와 김 두 사람은 하지의 부림을 받아 민족을 파는 기관을 조직하였으니 통탄할 일이다.

그 다음 김구의 차례였다. 그는 2월 1일의 비상 국민회의에서 결의한 사항을 상세히 설명한 다음, 대회의 위탁 결의에 의거해서 최고 정무위원 28인을 선정, 정부수립을 위한 모체기관을 갖추려 한 것이라고 하여 하지·이승만·김규식 세 사람의 연설 내용을 하나 하나 180도로 전환시킨 것이었다.

나는 한숨을 쉬며 정군에게 말했다.

"이 방송을 들으니 이승만이 홀로 하지에게 아부해서 민족을 파는 것을 하게 된 것을 가히 알 수 있소 백범은 주장을 달리해서 저와 대립하였지만 오직 나라를 배반하는 첫 계획을 거부하지 못하고 필경 제멋대로 하도록 맡겼으니 백범도 실상 그 책임을 면치

못할 것이오 슬프다!' 저 이승만이란 자는 미국에 아첨하여 정권을
장악하여 독재정치를 하려는 수법의 징조를 여기서 보겠구려. 국
가의 앞날이 참으로 걱정이니 통탄할 노릇이오"

18일 이른 아침에 신현상이 와서 "오늘 민주의원의 정무회의
를 덕수궁 석조전에서 여는데 백범 선생이 전용차로 선생님을
모셔오라셔서 문밖에 대기시켰습니다" 하였다. 나는 정색을 하고
신군에게 "군은 이 늙은이를 민족을 파는 자들의 그늘 밑으로 끌
어들이려는가?" 하니 신군은 "지금 국제정세를 돌아보건대 제약
을 받지 않을 수 없으니 선생님께서는 다시 숙고하시기 바랍니
다" 하였다.

"글 읽은 선비의 소중한 바는 의리의 구분을 흐리지 않는 데 있
소. 군은 나를 따른 지 이미 오래인데 아직도 의리가 무언지 모른
단 말이오?"

"선생님은 평소 의리의 구분에 엄정함으로 사람들이 모두 우러
러 보거니와 이번 김구 선생이 선생님과 꼭 손을 잡으려는 것도
실은 선생님의 의리를 밝게 보고 확고히 서서 흔들리지 않음을 흠
모하시는 때문입니다. 행여 선생님은 김구 선생의 고충을 널리 양
해하시고 고난과 위험을 같이 헤쳐나가도록 생각해주십시오"

"나도 백범의 마음 쓰는 것이 이승만과 다름을 알지 못하는 바
아니오. 그러나 금번 민주의원, 이 한 문제는 백범 역시 이승만에
게 우롱당함을 면치 못하였으니 이 때문에 나는 그 속에 끼어 들
고 싶지 않은 것이오"

"선생님은 백범 선생의 마음 씀이 이승만과 다름을 이미 아셨
으면 건국의 앞날에 어렵고 위험한 사업을 백범 선생을 버리고 누

구와 상의하시렵니까? 청컨대 지금 먼저 경교장으로 가서 백범 선생과 손을 잡고 일해 나갈 방도를 강구하시지요”

“나는 이왕 하지의 자문에 응하지 않기로 맹세했으니 결코 덕수궁 회의에는 나가지 않겠으나 백범을 한 번 보고 민주의원을 조직한 전말을 따지고 거기에 대한 성명서 한 통을 내서 국민에게 사과하도록 촉구할 것이다.”

신군과 같이 경교장으로 갔더니 김규식·조소앙·안재홍·정인보 등 민주의원 수십 명이 모두 모여 있었다.

백범은 반갑게 악수를 하며 “왜 이제사 오시오. 우리들이 지금 곧 덕수궁으로 가야하니 같이 갑시다” 하였다.

나는 소리를 질러 백범에게 말했다.

“백범, 이승만과 함께 우리 민족을 팔고자 하오? 어찌 성명서를 발표해서 국민에게 사과하지 않소. 나는 이승만 등과 같이 자문기관에 가지 않을 줄 여러분도 모두 잘 아는 바요. 오늘 여기 온 것은 결코 여러분과 함께 회의에 나가려는 것이 아니오. 다만 백범을 한 번 만나, 하나는 외국에 아첨하여 국사를 그르치는 큰 과오를 밝히고, 또 하나는 함께 바른 의리를 세워 위험한 국면을 붙잡자는 뜻이니 민주의원 여러분도 모두 이 뜻을 꼭 알아야 할 것이오”

“그 심산의 말은 응당 국민의 경종인데 누가 감히 복종치 않겠소”

백범은 이렇게 말하며 손을 잡아끌고 차에 같이 타자고 했다. 김규식·조소앙·안재홍·정인보·신현상 등 여러 사람들도 모두 나에게 같이 갈 것을 권하였으며 백범도 나의 손을 꼭 잡고 놓지를 않았다. 나는 분연히 뿌리치고 "여러분들은 내가 하고 싶지 않은 바를 강요하려 하오?" 했으나, 이때 사람이 앞에서 끌고 뒤에서 밀어서 드디어 붙들려 차에 올랐다. 나는 이내 탄식을 하며 "여러분들이 비록 나를 떠밀어 차에 태웠으나 나의 고집은 결단코 움직이지 못하리라" 하였다.

회의장에 당도해 보니 개회 벽두부터 나라를 저버린 이승만의 죄상을 성토하려고 벼르고 있었다.

그날 이승만이 의장으로 임석했다. 조완구가 맨 먼저 발언권을 얻어서 민주의원 조직의 경위를 질문하는데 자못 조리가 있고 절절이 내가 질문하려는 바와 서로 부합하였다. 나는 연방 잘한다고 박수를 쳤다.

이승만은 이 공격의 화살을 감당치 못하고, 질문을 중지할 것을 청하며 회의 사항이 극히 많은 것을 빙자해서 답변할 겨를이 없다고 했다. 조완구의 질문은 더욱 거세게 나오고 이승만은 기어이 중지시키려 든다. 조완구가 더욱 급히 몰아붙이자 이승만은 시간이 없다고 완강히 답변을 거부했다.

나는 이에 큰 소리로 의장을 서너 번 부르고 조완구를 돌아보며 "그대는 잠깐 중지하시오. 내가 이어 하리다" 하니 조완구도 허락해서 드디어 이승만을 크게 불러 질문을 시작했다.

"내가 오늘 이 회의장에 나온 것은 결코 외국에 붙은 기관인 민주의원을 승인해서가 아니고, 다만 이 박사를 대해서 나라를 저버린 죄를 한 번 성토코자 함이오 아까 조완구가 질의한 대강은 내가 말하려는 바와 서로 부합되니, 천하 사람이 의를 인식함이 대략 같음을 알 수 있는 것이오 당신은 지난 2월 1일 비상 국민대회의 석상에서 김구와 함께 최고 정무위원의 선출을 위임받아 놓고 당신 마음대로 민주의원을 조직해서 발표하고 이는 하지장군의 자문기관이라 했지요. 또한 김구의 식사와 당신의 개회사가 일체 서로 상반되니 이 일은 전적으로 당신 한 사람 수중의 농간으로 이루어진 것임을 알 수 있소. 당신은 국민대회의가 위임한 일은 어디에 두고 감히 이처럼 기만해서 나라를 저버리는 행위를 한단 말이오. 당신의 속을 나라 사람이 환히 보고 있거늘 당신은 무슨 면목으로 국민 앞에 민주의원 의장을 자칭하고 감히 국사를 논하는가! 당신은 오늘 이미 민족을 팔았거니와 어찌 다른 날에 국가를 팔지 않는다 보장하겠소?"

이때 나의 책상을 치고 호통하는 소리가 회의 장소를 진동하였다. 이승만은 급히 제지하여 말하기를 "아까 이미 조완구에게도 답변하지 않았으니 당신이 아무리 강요해도 결단코 응답하지 않겠소" 한다.

나는 더욱 큰 소리로 "당신은 답변할 말이 없으니까 불법 수단을 써서 사람을 제지하려 드느냐?"고 했다.

이승만도 소리를 지르며 "결코 응답하지 못하겠다" 했다.

나는 회의 석상의 사람들을 돌아보며 "오늘 이승만의 답변을 듣지 않고는 나는 해가 질 때까지 질문을 멈추지 않겠다" 했다.

이승만은 이내 성내어 부르짖으며 일어나서 "나는 결코 당신의 질문에 응하지 않겠오" 하며 퇴장을 선언하였다.

나 역시 책상을 치며 "당신이 내 질문에 응하지 않고 퇴장한다니 어찌 그리 비겁한가!" 하고 꾸짖었다.

이승만은 그 비서와 함께 허겁지겁 퇴장하고, 나 역시 그 자리

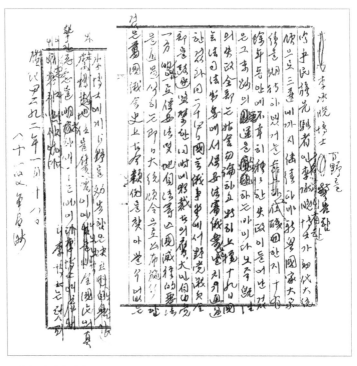

▲ 「이승만 박사 하야를 경고함」 친필 원고

에 오래 있고 싶지 않아 곧 자리를 떴다. 그 후로 다시는 민주의원 일을 묻지 아니했다.

3월에 미국 정부와 소련 정부는 전날 모스크바의 미·영·소 3국 외상회의의 결정 조항에 의거해서 남한에 주둔한 미군사령관 하지와 북한에 주둔한 소련사령관 스티코프에게 위촉, 미·소 공동위원회를 서울의 덕수궁에 설치하였다. 개회 첫날 양군 사령관의 이름으로 공위의 취지서가 발표됐다. 그 내용은 "모스크바 3상회의 결정에 따라 한국독립을 원조하는데, 먼저 미·소 양군은 남북한 사람들의 정부 수립을 감시하고 다음에 미·영·소·중 4개국이 최고 5개년의 신탁 통치를 실시하며 한인 중에서 탁치를 지지하고 미소공위에 협력하는 사람은 정부를 수립하는 기관에 참여토록 한다"는 것이었다. 이에 탁치를 지지하는 공산주의자들은 국제정세의 불리함에 크게 의구심을 품어 공위를 공격하고 배척하였다. 좌우익의 알력은 날이 갈수록 더욱 심해져서 흡사 원수가 만난 것 같았다.

4월 초 미군사령관 하지는 민족주의자들이 공위를 배격하는 것을 우려한 나머지 여러 차례 민주의원인 이승만·김규식·김구 등을 만나서, 민족진영이 공위를 배격하면 정부를 수립하는 전도에 크게 방해된다고 역설하고 공위에 협력해서 정부를 세우는 기회를 놓치지 말라고 권고하였다. 이승만·김규식 두 사람은 차츰 하지의 말에 기울어지고 오직 백범만은 굳게 반대하여 조금도 굽히지 않았다. 민주의원에서는 매일 회합을 갖고 공위 참가 여부를 토론하였다. 백범은 공위에 협력하여 정부를 수립하려는 것은 탁치에의 굴복이며, 탁치에 굴복해서 정권을 잡으려는 것은 나라를 파는 일이라고 주장하였다. 조소앙·조완구·정인보 등 3, 4인이 백범의 주장에 동조하였다. 이승만·김규식은 하지의 움직임을 받아 점점 태도가 애매모호하게 변했는데, 권동진·오세창·장면·안재홍 및 김준연·백남훈·원세훈·김도연·백관수 등 한민당 일파는 오직 이승만의 동향을 따라서 달라지고 있었다. 백범 일파는 약세로 자못 고립된 형세여서 나라 사람들은 공위의 전도가 민족진영에 불리함을 걱정하였다.

나는 그때 비록 민주의원의 일은 상관하지 않았으나 백범과는 종종 만나서 탁치를 거부하고 공위를 배격할 대책을 의논하였다. 견해에 사소한 차이는 없지 않았으나 의리를 고수함에 있어서는 확고하여 서로 의지가 되었다. 그 후로 정의가 서로 간에 더욱 친밀해졌다.

미·소공위(美·蘇共委)

이때에 동지들이 매일 내 집에 모였다. 미·소 공동 위원회의 전도와 백범 일파가 고립되어 견디기 어려운 형세임을 우려하여 나에게 민주의원에 나가서 백범과 손을 잡고 민주 진영의 정기를 북돋아 저들 좌익 계열의 음모를 꺾고, 미·소공위로 하여금 그 침략의 기도를 달성하지 못하도록 함이 옳지, 자기 몸만 잘 지키고 돌아보지 않는 것은 좋지 않다고들 이야기했다.

"나는 일찍이 미군정의 자문 기관에 나가지 않기로 맹세하였오 지금 만약 민주의원에 출석한다면 스스로 식언하는 일이라, 나는 반복 무상한 사람이 되지 않겠는가. 대의에 모순됨을 어찌할 것이오?"

"그건 전혀 그렇지 않지요. 우리들이 당신을 민주의원에 출석하라고 권하는 것은 결코 당신더러 변절해서 자문에 응하라는 뜻이 아니고, 당신이 출석하는 날 탁치 반대와 공위 반대를 역설하여 저들의 음흉한 기도를 달성하지 못하게 한다면 당신이 자문에 응하지 않는 대의가 더욱 만천하에 뚜렷이 나타날 것 아니겠오 원컨대 당신은 깊이 생각해 보십시오"

"한 자를 굽혀 여덟 자를 곧게 편다 해도 군자는 하지 않는다 했는데 더구나 한 자를 굽힌대도 여덟 자를 꼭 펼 수 있을지 모르지 않소?"

여러 사람들이 며칠을 두고 한사코 권해도 나는 응하지 않았다. 백범이 이 말을 듣고 와서 나에게 말했다.

"나를 그대와 비교하면 실로 땅벌레와 고니라고나 할 것이오 그러나 내가 애써서 민주의원에 나가는 것은 자문에 응하려는 것이 아니고 그것이 부당하다고 배격하려는 것입니다. 그대가 만약 나의 고충을 양해해준다면 거취를 같이 할 수 있지 않겠오? 이 어려운 중대 국면에 당하여 그대 혼자만 자기 몸만 잘 지키려는 것은 좋지 않소 어찌 일시 굽혀서 길이 바로 펼 것을 생각지 않으시오?"

나 역시 한숨을 쉬며 말했다.

"내 듣건대 민주의원의 대세는 이미 이승만 일파로 기울어졌다니 나와 그대의 힘으로 대적할 수 없을 것이오 내가 한 번 나간다 하더라도 몸만 욕되게 할 뿐 나라를 바로 세움에 아무런 도움이 없으리다."

"지금 내가 그대와 함께 일하고자 함은 다만 정도를 밝히려는 것이오, 성패 이둔(利鈍)은 미리 내다볼 것이 없소"

"그대가 하려는 일은 권모에 가까운데 권모로 정도를 해치지 않는 경우가 드물 것이오"

"내가 지금 정도로 나아가기 위해 노력하는 것은 바로 그대를 철석처럼 믿기 때문이오 그대가 비록 이승만과는 일은 같이 하지 않겠거니와 나와도 일을 같이 않을 테요?"

"그대가 지금 고충을 다 말했고 나에게 정도로서 책하니 나도 응당 다시 생각해 보겠오"

다음날 백범과 함께 창덕궁의 인정전으로 나갔다. 민주의원이 덕수궁으로부터 이곳으로 옮겼던 것이다. 이날 이승만은 의장으로 임석했다. 개회 첫머리에 나는 의장을 불러서 말했다.

"내가 민주의원에 간여하지 않은 것은 여러분 모두 아는 바요 지금 내가 여기 나온 것은 결코 내 주장을 바꾸어 자문에 응하려는 것이 아니고 실로 여러분이 자문에 응하여 나라를 저버린 죄를 따지고자 함이요. 내 듣건대 저 미소 공위란 모스크바 삼상 회의의 결의에 의거하여 독립을 원조한다는 미명을 내세워 탁치를 실시하려는 음흉한 계책일 뿐이오 공동 위원회의 개회 선언만 보아도 이미 분명합니다. 저 미군 사령관이란 자가 수차 여러분들을 만나 감언으로 유혹도 하고 겁주는 말로 엄포도 놓고 하여, 모두들 거기에 넘어가 이제 서로 공위에 참가하겠다니 여러분들이 자문에 응하여 국가의 독립을 꾀하는 것은 필경 나라를 저버리고 영화만 구하는 꼴이 되고 말 것입니다. 여러분들이 평소 반탁을 절규하였던 것은 국민이 모두 아는 터인데, 문득 오늘날 정권을 노려서 좌익 계열의 찬탁의 뒤를 따르다니 이 웬 말입니까? 대저 찬탁하는 자들을 매국이라고 통매하던 여러분들이 지금 도리어 미소 공동 위원회에 고개를 숙이고 꼬리를 흔드니 여러분들은 장차 무슨 말로 능히 찬탁을 않고 매국을 안 했다 변명할 것이오?"

이때 나의 어조는 대단히 준열하였으므로 좌중이 모두 송구하게 듣고 감히 논박하는 자도 없었다. 김규식 등 몇 사람이 천천히 나에게 말을 꺼냈다.

"우리들 모두 누가 반탁을 절규하지 않겠습니까? 그러나 현재 국제 정세가 극히 우익에 불리하여 우리들이 만약 공위에 협력을 하지 않는다면 정부 수립 기관에 참여하지 못하여 소위 정권이 장차 온통 좌익에게 돌아가고 우익은 필시 몰락을 면치 못할 것입니다. 또한 탁치의 실시는 정부 수립 이후의 일이지요. 우리들이 공위에 참여하는 것은 우리가 정부 수립에 협력코자 함이니, 탁치를 실시하는 날에는 국민들을 이끌고 결사 반대하여 저들 미·영·소·중 네 나라로 하여금 감히 강제로 실시하지 못하게 할 것입니다. 이는 임기응변책이니 그대는 이 점을 생각해서 너무 고집하지 마십시오."

이에 내가 다시 말했다.

"여러분들의 소위 임기응변이란 곧 공리에 급급하여 도리를 거역하는 줄 알지 못한 것입니다. 저 미소 공위의 개최 선언에서 '오직 찬탁하는 자만 정부 수립에 참여하도록 한다' 하지 않았오? 지금 정부를 수립할 권리는 오로지 공위의 조종 하에 나온 것이니 바로 공위의 예속 기관이 되는 것입니다. 여러분이 공위에 협력하여 정부를 수립한다면 이는 이미 공위에 무릎 꿇고 찬탁의 대열에 참여한 셈입니다. 비록 정부를 수립하여 여러분이 요행히 정부의 고관의 자리를 얻게 되더라도 탁치를 실시하는 날을 당해서 자기 자리를 잃을 것도 불구하고 죽음으로 반대할 수 있을까 나는 믿지 못하겠습니다."

김규식 등은 성을 내어 소리쳤다.

"그대는 반탁을 내세워 우리들을 찬탁으로 몰아붙여 매도하다니 어찌 그리 무례하오"

나는 웃으며 대답했다.

"여러분은 노기를 거두시오 내가 고의로 사람을 욕하는 것이 아니고 행적을 잡아서 심리를 논했을 뿐이오 내 말이 만약 어긋나 증명이 안 된다면 더 할 수 없는 다행이겠습니다."

짐짓 이마에 따끔한 일침을 주고 기다렸다. 그 후로 나는 매일 출석하여 완강히 공위에 불참할 것을 주장하였다. 백범·조소앙과 나는 함께 가장 강경하였고, 조완구·정인보 두 사람은 그 다음이었다. 그리고 이승만·김규식 이하 20여 인은 공위 참가를 강력히 주장하였다. 격렬한 논쟁이 10여 일 계속되었으나 결론을 얻지 못했다.

이때, 미군 사령관 하지가 이승만·김규식 등과 자주 회견하여 공위를 진행할 방안을 절충하더니, 하루는 하지의 성명서 한 통이 발표되었다. 내용은 민주의원들이 공위에 불참하는 것은 득책이 아니라고 역설하고 공위에 협력하여 정부를 수립할 것을 강요하면서 만약 정부 수립을 급무로 여기지 않고 한갓 반탁만 주장하는 것은 공론이다. 공위와 협력해서 정부를 수립한 연후에라도 반탁할 자유는 있지 않겠느냐는 것이었다. 이에 민주의원들은 모두 날뛰며 기뻐했다.

"지금 하지 장군의 성명이 이같이 명쾌하니 우리들은 공위에 의심을 품어 나가기를 주장할 것이 없다" 하고 드디어 토론 종결의 동의가 나오자 연달아 재청 삼청소리가 터지며 공위에 참가할 가부를 정하게 되었다. 나는 급히 이의를 제기했다.

"여러분들은 하지의 성명을 좋은 점괘나 얻은 듯이 믿고 따르려는데 저 소군 사령관 스티코프의 선언은 오직 찬탁하는 자에게만 공위에 참여하도록 할 방침이라 했으니 만약 제가 자기 말을 고집해서 하지의 성명을 배격한다면 미·소공위는 반드시 결렬되고 말 것이오 여러분들은 하지에게 붙어서 정부를 수립하려 하나 하지 혼자 마음대로 될 일이 아닙니다. 여러분들이 만약 정부 수립에 급급하여 공위에 협력한다면 저 스티코프는 필시 천하에 우익 전체가 찬탁 산하에 투항의 깃발을 내밀었다고 소리칠 것이오 그렇게 되면 국민들도 여러분을 나라 팔아먹은 자들이라고 욕할 것이니 여러분은 장차 어떻게 국민 앞에 나서서 스티코프에게 항복하지 않았다고 변명할 것입니까?"

다음에 백범이 말했다.

"우리들이 만약 하지의 성명만 믿고 공위에 나갔다가 나중에 스티코프의 반대를 받는다면 우리들의 진퇴는 낭패가 안 되겠오? 결국 자승자박이지요. 애초부터 공위에 들어가지 않음으로써 영구히 대의에 떳떳한 말을 남기는 것이 옳지 않겠습니까?"

이때 여럿이 떠들썩하니 백범과 나를 공격하였다.

"두 분이 반탁의 대의를 고집하지만 지금 우리들 누구가 반탁을 하지 않겠오 다만 국제 정세가 극히 험악한 이때에 하지의 성명을 믿지 않는다면 장차 누구를 믿겠습니까? 한갓 반탁의 대의만 지키고 임기응변할 바를 생각지 않는다면 그릇된 생각이요, 오활한 이론이지요. 정세를 헤아려서 중론이 하나로 귀착되었는데 유독 두 분만 이의를 견지하니 이는 중론을 무시한 것입니다. 어찌 두 사람의 이의에 걸려 결단 못하리오"

누군가 긴급 동의를 제출하여 토론을 종결하고 곧 가부를 묻기로 했다. 이날 조소앙은 출석하지 않았고, 조완구·정인보 역시 임기응변론으로 넘어갔다. 백범은 대세가 이미 기울어 상대하기 어렵게 된 줄 깨닫고 큰 소리로 의장을 불러 "내가 민주의원의 총리직을 맡아 오늘까지 힘써 온 것은 실로 반탁의 처음 뜻을 관철코자 함이었오. 지금 여러분이 서로 이끌고 공위에 투항해 들어가려 하니, 구차히 여러분과 함께 나라를 저버린 사람이 될 수 없소이다. 지금 내가 취할 길은 단지 총리직을 사임하고 내 한 몸을 욕되게 하지 않는 길뿐이라 심경을 밝히는 것이오" 하고 분연히 퇴장했다. 이에 장내는 크게 술렁여 사람들이 잇달아 흩어졌다.

그 다음날 백범은 다시 사직 의사를 역설했다. 여러 사람들이 일제히 백범을 향해서 공격하기를 "그대는 민주의원을 처음 자기 손으로 조직해 놓고 지금 스스로 파괴하다니 전후 양단(兩斷)하는 사람 아니오 그대는 마땅히 대세를 생각해서 사직하겠다는 말을 철회하시오"

"내가 사직하려는 것은 대세가 이미 기울어 만회할 방법이 없기 때문이오"

백범은 여러 사람의 공격으로 매우 곤경에 빠져 있었다. 내가 백범에게 말했다.

"그대가 사직하고 나가면 반탁 진영은 필시 무너지고 말 것이오 그대는 사직을 철회하고 반탁의 기치를 굳게 세워 민주의원들을 모두 그대의 기치 아래로 모이게 할 수는 없겠소?"

"비록 나의 사직을 말리기는 하지만 어찌 여러 사람들이 나의 기치 아래로 모이리라 보장하겠소?" 하고 백범은 한숨을 쉬며 눈물을 흘렸다. 이에 여러 사람이 모두 감격해서 "후일 정부를 수립하고 만약 탁치를 실시할 경우 백범이 민족 진영의 선두에 우뚝 서서 반탁의 기치를 들고 나와 큰 소리로 외친다면 우리들 누가 감히 백범의 기치 아래로 달려가지 않겠소?" 하고 외치며 사직 의사를 철회해줄 것을 간청하였다.

이와 같은 격론이 한 나절이나 계속 된 끝에 백범은 비장한 어조로 여러 사람에게 말했다.

"우리들이 만약 공위에 들어갈 것 같으면 천하의 귀달린 사람은 누구나 찬탁에 떨어졌다고 욕할 것이니 국가와 민족에 치욕됨이 대체 어떻겠습니까? 후일 탁치가 실시될 때 여러분은 오늘 말을 잊지 않고 탁치의 반대에 사생을 걸어 이 씻기 어려운 치욕을 꼭 씻기로 기약할 수 있겠소?"

이때에 모두들 백범의 어조가 좀 누그러진 것을 느끼고 소리를 합쳐 사의를 번복하라고 재촉하며 "그대가 사생을 걸겠느냐고 말했는데 우리들 중 누가 감히 오늘 말을 잊고 사생을 걸지 않겠소?" 하니, 백범은 한 동안 조용히 생각하다가 드디어 사의를 철회할 것을 표하였다.

모두들 박수 환호하는데 나 혼자 침통해서 말을 잃었다. 김규식이 이때 의장으로서 토론의 종결을 선언하고 공위에 참석할 여부를 표결에 붙이기로 했다. 출석 인원 23명 중에 오직 나만 홀로 부표를 던졌다.

슬프다! 내가 민주의원에 마지못해 나간 것은 오직 백범과 협조함에 있었는데, 지금 백범도 시속의 논조로 기울어졌으니 말해 무엇하겠는가. 나는 드디어 개연히 여러 사람에게 말했다.

"내가 홀로 부표를 던진 것은 단지 나의 심경을 밝히고자 한 따름이었오 바라건대 여러분은 오늘 생사를 걸어 맹세한 말을 잊지 말고 잘들 분투해 주십시오 한 가지 두려운 것은 이 자리에 있는 사람 중 이해득실만 생각하는 기회주의자도 없지 않을 것이오 그들이 정권을 얻은 후 잃을까 걱정하여 자리를 지키려는 꾀를 쓰지 않는다고 어떻게 보장하겠오? 이 자리에서 반탁 선서식을 거행하여 우리 민족진영의 정기를 떨침이 좋겠소"

백범은 찬성하여 즉시 선서식을 하자고 청했다. 김규식은 얼굴을 붉히고 공박했다.

"우리들은 오늘 이미 생사를 걸었는데 다시 선서식을 할 것이 무엇 있소?"

조완구 역시 공박하여 "김창숙의 말은 곧 화사첨족(畵蛇添足)과 같구려" 하며 냉소했다. 나는 분통이 터져서 반박하려 했으나 김규식이 급히 폐회를 선언했다. 나의 발언을 중지시키기 위해서였다.

다음날 개회 벽두에 나는 급히 김규식을 불러 말했다.

"어제 회의에서 그대들이 이미 공위에 투항하기로 결의하는데, 나 혼자 부표를 던졌오 이어 선서식을 거행하자고 요구한 것은 우리의 반탁의 초지를 관철시키고자 하는 뜻에서 나온 것이었오 그런데 여러분들은 떼로 일어나 나를 공박하고 심지어 화사첨족이란 식으로 조소를 했습니다. 대저 반탁 선서식을 거행하는 것이 무슨 국가의 대계에 방해가 되며, 무슨 민족의 정의에 손상이 되기에 여러분들은 꼭 배격하고 저지하려 든단 말이오? 이 좌중에 이해득실만 생각하는 기회주의자도 없지 않을 듯한데 오늘 사생을 걸겠다는 맹세를 잊지 않고 과연 반탁에 목숨을 바치게 될지 나로서는 믿어지지 않소 기어이 선서식을 거행하지 않겠다면 그 속셈을 실로 측량할 수 없으니 나는 그대들이 후일 나라를 저버리는 사람이 될 것으로 단정하는 바이오”

나의 말씨는 극히 엄정해서 모두들 숙연히 듣고 감히 반박하는 사람이 없었다.

김규식은 내게 의분의 기색이 나타남을 보고 웃으며 “그대의 말이 매우 정당하니 누가 감히 감복하지 않을 수 있겠습니까” 하고 이어 일동에게 선서식을 거행하자고 했다.

이에 민주의원들은 모두 정당 사회 단체의 대표 명의로 공위에 참가했다. 이승만은 재미 한족회 대표로, 김규식은 기독 청년회 대표로, 김구는 한독당 대표로 했으며, 그밖에 여러 사람들도 유명무실한 단체 대표증을 급조해 공위에 앞을 다투어 제출했다.

정인보는 이때 유도회 부위원장으로 스스로 대표가 되어 공위에 참가하려 했다. 나는 “내가 유도회 위원장으로 부표를 던졌으니 의로 보아 허락할 수 없소” 하니, 다른 이들이 나서서 “당신이 부표를 던졌으면 던졌지 정군의 나갈 길까지 막을 것은 무엇이오” 하고 공박하였다.

나는 “내 이미 부표를 던지고 대표를 파견하면 대의에 모순되는 걸 어찌 하겠오 정군이 정 공위에 참여할 뜻이라면 마음대로 하시오 내 상관 않겠오”라고 했다. 정군은 자기 자신이 서명하여 제출했다. 또 부위원장 김성규(金成圭) 역시 자칭 대표라 하고 제출했다. 정권 획득에 열중하는 것을 보면 가히 우스울 뿐이었다.

얼마 후 스티코프가 성명서 한 통을 발표하였는데 지난 날 하지 장군의 성명서 중에 "공의에 참여하여 정부를 수립하고 난 연후에도 반탁의 자유는 없지 않다"는 발언을 들어서, 이는 모스크바의 삼상 회의에서 결정한 원칙에 위배된다면서 통렬히 반박하였다. 또한 우익 진영의 반탁자들은 결코 공위의 정부 수립에 참여할 자격이 없다 하여 강력히 배척하였다. 그래서 미소 공위는 곧 결렬되었고 스티코프는 평양으로 철수해 돌아갔다. 이에 비로소 민주의원이 공위에 참여하는 것을 극렬 주장하던 여러 사람들은 비로소 내가 홀로 부표를 던진 것은 선견지명이 있었다고 수긍하였다.

성균관대학교(成均館大學校) 설립(設立)

5월 유도회 총본부에서 총회를 성균관에 소집하고 유교 부흥을 위한 각종 사업 진행 방안을 토의하였다.

첫째는 성균관의 숙청 및 유지 문제였다. 성균관은 원래 역대 국가가 경영한 국학(國學)이었다. 왜정 때 경학원(經學院)으로 개칭하여 대제학·부제학·사성 등 직책을 두고, 친일파 중에서 유림의 이름을 훔친 자들로 채워 놓았었다. 8. 15이후 미군정청에서 신앙의 자유를 선언하여, 경학원은 마땅히 유교인의 자치기관이요 군정이 상관할 바 아니라 하였다. 친일파들은 이에 성균관을 자기들 소굴로 만들어 날뛰었다. 나는 회의에서 이렇게 말하였다.

"성균관은 오랫동안 친일 유림이 발호하는 곳이었는데 지금 미군정청에서는 신앙의 자유가 있으니 상관할 바 아니라고 선언하였습니다. 이제 숙청 방안과 유지 방법을 강구하는 것이 시급한 문제가 되어 있습니다. 숙청을 하려면 마땅히 먼저 경학원이란 이름을 고쳐 다시 성균관으로 칭하고, 유림 중에서 최고 영도자를 뽑아 기구를 정비하도록 해야겠습니다. 유지를 위해서는 마땅히 먼저 재정을 확충해서 재단법인을 설치 운영해야 할 것입니다."

모두들 좋다고 찬성하며 "그 일은 유도회 총본부가 책임져야 할 일인데 그대가 위원장의 직에 있으니 맡아서 추진해 보라"고 했다. 나는 "내 비록 부족한 사람이나 힘을 다하지 않으리오. 여러분들도 다 함께 힘써 봅시다"고 했다.

다른 하나는 향교 재산을 되찾는 문제였다. 대개 향교 소속 재산은 일제 때 유림 탄압 정책으로 향교 재산 관리 규정을 특설하여 부윤이나 군수에게 그 처리권을 주고 유림들은 관여하지 못하게 했다. 이제 일제가 망했으나 아직 군정청의 문교부에서 관리하고 각 향교에 반환되지 않아 유림들의 부끄러운 바였다.

나는 회의에서 "유림 부흥의 기회를 맞아 마땅히 교육·문화 등 제반 사업에 진력해야 할 터인데 향교 재산을 도로 찾는 일은 시급하여 늦출 수 없으니, 여러분들은 그 방법을 잘 강구해 보시오"라고 말했다.

모두들 "이는 유림 전체의 중대 문제니 반드시 학덕과 신망이 있는 인사를 뽑아 책임지워, 군정 당국을 움직이도록 해야 할 것이오 그대가 위원장으로 있고, 그대가 아니고는 교섭을 맡을 사람이 없으니 다른 이에게 밀지 마시오"라고 했다.

또 하나는 성균관대학 설립 문제이다. 대개 성균관은 본래 국학(國學) 또는 태학(太學)이라고 불렀다. 고려에서 이조에 이르기까지 생원·진사를 선발해서 거재(居齋)¹⁾시키고, 양현고(養賢庫)²⁾를 설치하여 육영 재원을 대었으니 이는 국가에서 유학을 장려한 최고 학부였던 것이다. 한말에 이르러 유교가 크게 쇠퇴하자 나라에서도 역시 국학을 돌보지 않았다. 왜정 때 명륜전문학교(明倫專門學校)를 설치하여 황도유림(皇道儒林)³⁾의 양성기관을 삼았는데 각군 향교 재산의 일부를 쪼개어 재단법인을 설립해서 그 유지비로 충당했다. 왜정 말기에는 전문학교를 해산하고 학생은 병적에 편입시켰으며 재단법인을 명륜연성소(明倫練成所)로 바꾸고 명목 없이 잡비를 뜯어내었다. 해방 후로 학생들 중에 이은홍(李殷弘)·김익환(金翊煥) 등 여러 사람이 자기네들 스스로 모여 명륜전문학원(明倫專門學院)을 설립하고 변영만(卞榮晚)을 맞아다가 교장을 삼고 운영해 보았지만 유지할 재정이 나올 곳이 없어서, 몇 번이나 유도회 총본부에 와서 실정을 호소하였다. 그러나 유림 중에 책임 맡을 만큼 역량 있는 사람이 나오지 않고 있었다. 나는 이 문제에 대해 말했다.

"성균관은 곧 우리나라의 유학을 숭상 장려하던 곳이오 유교가

---

1) 成均館이나 四學·鄕校에 학생이 숙식하며 수학하는 것. 성균관 내에 설치된 것임.
2) 성균관 학생에 대한 재정적 기관.
3) 일본 천황의 통치체제를 儒道이론으로 합리화시킨 친일 유림.

쇠퇴하면 나라도 따라서 망하고, 나라가 망하면 국학 역시 폐지될 것이오 지금 몇몇 학생이 강개해서 유학을 부흥할 뜻을 가지고 명륜전문학원을 저희들끼리 세웠으나, 재정이 곤란하여 지탱할 방법이 없어 길에서 호소하다가 곧 해산될 지경이니 어찌 우리 유교인의 치욕이 아니겠소? 대범 우리 유교인이 건국의 대업에 헌신하고자 하면 마땅히 우리 유교 문화의 확장부터 시작해야 할 것인데, 우리 유교 문화를 확장하려면 마땅히 성균관대학 창립을 급무로 생각해야 할 것이며 성균관대학의 창립은 마땅히 우리 전국 유교인의 합력으로 이루어 나가야 할 것입니다. 장차 전국 유교인이 합력하느냐 못하느냐의 여부는 성균관대학이 서느냐 못 서느냐를

▲ 1949년 3월 유도교도원(儒道教導員) 제1기 개강 기념
—맨 앞 줄에 오른쪽에서 여섯 번째 김창숙, 김구, 정인보가 보인다.

점칠 수 있는 것이요, 장차 성균관대학이 서느냐 못 서느냐의 여부는 건국대업이 빨리 이루어지느냐 늦느냐를 점칠 수 있는 것입니다."

모두들 "전국 유교인이 합력하느냐 못하느냐의 여부로 성균관대학이 서느냐 못 서느냐를 점칠 수 있다는 그대의 말은 실로 정확한 말이다. 저 기독교나 불교인들은 진작 대학을 설립하였는데, 모두 합력해서 이루어진 일이다. 우리 유교인으로서는 저들에게 부끄럽지 않은가. 합력해서 세울 방도를 생각하지 않으리오" 하였다.

제반 추진 방법을 토의하여 수천 가지가 나왔으나 범위가 너무 넓고 재정의 마련이 곤란해서 필경 하나도 성안하지 못하고 폐회했다.

6월 향교 재산을 도로 찾는 문제로 문교부장 유억겸(兪億兼)과 차장 오천석(吳天錫), 과장 윤세구(尹世九)를 금화장으로 초청했다. 백범도 마침 왔었다. 술이 몇 순배 돈 후에 나는 유와 오 등에게 말했다.

"경술(庚戌; 1910)년 이후 왜놈들이 유림 압박 정책을 써서 향교 재산 관리 규정이라는 것을 특설하여 부윤이나 군수에게 귀속시켜 그 재산을 관리하게 하고 자기네 임의로 명목이 없는 잡비에 날려버리고 유림들은 관여하지 못하게 했습니다. 이는 사십 년의 원한이 쌓인 바입니다. 이제 왜정 때의 모든 악법이 폐지되었는데 오직 향교 재산만 아직 군정청에서 관리하고 각 향교에 환부해주지 않으니 무슨 까닭이오? 마땅히 문교 당국에서는 왜정 때의 관리 규정을 철폐하고 각 향교에 즉시 돌려주어 유림들의 쌓인 원한을 풀어주기 바라오"

백범 역시 내 말을 극찬해서 유억겸에게 조속히 실행해줄 것을 촉구했다. 이에 유억겸은 다음과 같이 대답했다.

"향교 재산이 왜정 관리에게 넘어가 유림들이 감히 관여하지 못해서 원한이 쌓인 것은 실로 말씀하신 바와 같습니다. 지금 왜정이 이미 망하였으니 그 악법을 철폐하고 유림에게 반환해서 쌓인 원한을 풀어주어야 마땅할 것입니다. 그런데 그 반환하는 방법은 반드시 신중한 검토 후에 실행할 필요가 있습니다. 나는 기독교인이라 유교에는 무관하지만 우리 일상 생활의 본원을 찾자면 향교를 떠나서 다른 데서 구하지 못할 것입니다. 향교가 교화에 관계됨이 이같이 중한데, 저 한말에 유교가 크게 쇠퇴해서 갓 쓰고 도포 입고 향교에 출입하는 자들은 부질없이 향사(享祀)·조두(俎豆)의 허식만 익히고 문화 사업이 무엇인지 아랑곳도 않아서 필경 향교는 시골 잡패들의 싸우고 술 먹는 장소로 변했으니, 저 왜정 때 향교 재산 관리 규정을 만들어 묶는 것도 가만히 그 원인을 따져보면 유교인 스스로 그런 치욕을 자초한 것이 아니겠소? 그것을 반환하는 마당에 만약 적절한 방안을 강구하지 않고 너절한 저 사이비 유자 부류들의 손에 넘어가 다시 잡패들의 술 먹고 노는 장소로 되지 않을지 어찌 알겠습니까?"

"유교인의 부패와 폐단을 지적한 그대의 말은 옳다 뿐이겠오 허나 국가의 신흥에 당해서 유교도 또한 부흥할 것이니 그대는 빨리 왜정 때의 악법을 폐지하고 유림에게 반환해서 교육 문화의 제반 사업을 일으키도록 한다면 다행이겠소이다."

"소위 일정 때 향교의 직원(直員)이니 장의(掌議)⁴⁾니 하는 것들은

부윤이나 군수에 예속되어 명령대로 따른 자들인데 해방 이후에
도 저들은 아직도 향교 주인을 자처하고 재산 처리의 권한을 잡아
서 농간하려 하니 저들 사이비 유자들은 실로 향교 주인 될 자격
이 없을 뿐 아니라 사리에 어둡고 고루하여 교육 문화가 무엇인지
도 모릅니다. 그러니 막중한 향교 재산을 저들에게 주어서 멋대로
소비하도록 맡길 수 있겠습니까?"

"참으로 옳은 말씀이요 내 생각도 또한 저들 사리에 어둡고 고
루한 자들에게 경솔히 주어 멋대로 소비하도록 하려는 것이 아니
지요. 먼저 각 향교에 나아가 저들 사이비 유자들을 몰아내고 유
능 유위(有爲) 한 사람을 모아서 향교의 면목을 쇄신시키고 교육
문화의 제반 사업에 전력할 터이니 그대는 걱정 말고 빨리 실행해
주기 바라오."

"선생께서 사이비 유자들을 몰아내고 유능 유위한 인재를 모아
서 향교를 쇄신시킨다는 말씀은 그다지 용이한 일이 아닙니다. 저
사리에 어둡고 고루한 사이비 유자들이 모두 선생의 영향력에 굴
복할지 걱정됩니다."

"내 실로 부덕해서 저들을 두루 깨우쳐 따르게 하지 못할까 걱
정되지만 열집 사는 조그만 마을에도 같이 일할 수 있는 미더운
사람이 있는 법이라 했는데 그대가 유림을 대하는 것이 너무 박한
것 같구려."

"제가 어찌 감히 유림을 박하게 대접하겠습니까? 다만 과거와
현재의 실정에 근거해서 논해 본 것이지요 저 일제 악법은 단연

---

4) 이조시대 이래 鄕校에 있던 직임.

코 빨리 폐지해야겠지만 각 향교 재산 반환은 결코 명을 받들지 못하겠습니다. 지금 선생은 유도회 총본부 위원장으로 전체 유림을 영도할 지위에 처해 계시면서 어찌 전국 향교 재산을 하나로 통합해서 일대 재단법인을 설립하여 유교 문화를 일으킬 기본 방침을 삼을 생각을 못하십니까? 성균관은 유교의 최고 기관이니 최고 기관에서 재단법인을 감독하고 교육 문화 각 방면의 사업을 확장해 나가면 됩니다. 절호의 기회가 아닙니까?"

"그대가 이미 유림의 적폐를 잘 알아서 폐단을 구할 묘안을 안 출해주시니 매우 좋은 일입니다. 나도 일찍이 동지들과 이 문제를 의논한 바 있는데 범위가 너무 넓어 성취하기 어려움을 걱정하였소. 대개 전국 향교 재산은 큰 고기 덩어리라 이익만 좇는 저 사이비 유자들이 반드시 떼로 달려들어 고기 한 점을 다툴 것이니 누가 능히 막아낼 것이오? 때문에 우리는 주저하고 감히 추진하지 못했던 것입니다."

"선생께서 범위가 너무 넓어 성취하기 어려움을 걱정하시는데 그렇다면 다음 방법을 생각해 볼까요? 지금 38선 이북은 어느 때 서로 통할 수 있을지 모르니 우선 이남 9도에 각각 재단법인을 설치하고 성균관에서 통할 감독하여 유교 문화의 각종 사업을 일으켜 나가면 어떻겠습니까?"

"그 안이 매우 좋군요. 다만 문화사업에 관심이 없는 저 사이비 유자들이 들고 일어나 반대하지 않을까 걱정됩니다. 그대가 제시한 두 안은 아주 좋으니 나는 찬성과 감탄을 표합니다. 다만 지금 내가 단안을 내려 취택하지 못함은 장차 널리 유림들에게 물어보고 다시 그대와 상의하려는 것인데 어떻겠소?"

유억겸은 좋다 하였고 오천석과 윤세구도 모두 찬성했다.

백범 역시 유의 안이 묘하다면서 나에게 농담으로 말하기를 "내가 보기에 유교인들은 나약[懦]한 기운이 많은데, 혹시 선비 유(儒) 자가 나약할 유(懦) 자와 비슷하게 생겨서 그런 것이 아닐지? 오늘은 유교 부흥의 좋은 기회이니 그대는 유교인의 나약한 기운을 진작시켜 용진하기 바랍니다" 하여서 서로 유쾌히 놀다 파했다. (이하는 마치지 못함)

부록

심산(心山) 김창숙(金昌淑)의 생애와 사상

心山思想研究會

1. 심산(心山)의 생애(生涯)

1879년 7월 10일 경상북도 성주군(星州郡) 사월리(沙月里)에서 출생하여 1962년 5월 10일 서울 중앙 의료원에서 84세를 일기(一期)로 세상을 떠난 심산(心山) 김창숙(金昌淑) 선생은 민족과 국가의 불행한 운명 속에 투쟁과 희생으로 일생을 마친 분이다. 심산은 원래 영남의 문벌 사족(門閥 士族)인 의성(義城) 김씨, 그 중에서도 이조 중엽의 명현인 동강(東岡) 김우옹(金宇顒)의 13대 종손으로 남다른 지위와 명망을 지니고 있었다. 당시에 이러한 가문의 출신으로 일제의 온존(溫存) 속에 안일한 삶을 누리고 있던 양반 지주들이 많았건만, 심산은 젊은 시절부터 모든 것을 뿌리치고 구국 활동에 투신하여 스스로 기구한 행로를 택하게 되었다. 한 때 일제 감시 하에 칩거(蟄居)하면서 본명인 창숙을 우(愚)라고 개칭한 것이나, 일제의 혹독한 고문으로 지체(肢體)의 자유를 잃어, '심산'이란 아호 대신에 '벽옹(躄翁)'이란 별호(別號)를 사용했던 사실만으로서도 우선 그의 생애를 짐작할 수 있을 것이다.

심산의 생애에 관하여서는 이미 『기려수필(騎驢隨筆)』(韓國史料叢書 제2집, 國史編纂委員會)과 같은 고전적 문헌을 위시하여 『한국독립운동사』의 제 자료 및 기타 학자들의 기술,[1] 그리고 『동아일보』 등 당시 신문들의 보도에[2] 비교적 상세하게 되어 있거니와 심산 자신의 기록인 자서전, 즉 그의 「벽옹 73년 회상기」가 가장 기본적인 것이다. 이제 여기 그 대강을 추려 심산의 생애를 다섯 시기로 구분하고 시기별로 줄거리를 적어보기로 한다.

제1기(1905년~1910년) 이 시기는 성주 지방에서 구한말의 망국(亡國)을 앞두고 활동을 시작한 심산의 초년기이다. 을사조약(乙巳條約) 때 스승인 대계(大溪) 이승희(李承熙)와 함께 상경하여 「청참오적소(請斬五賊疏)」를 올렸고 그 뒤 일진회(一進會) 매국도당들이

---

1) 朴殷植의 『韓國獨立運動之血史』 제16장, 「儒教徒呈巴黎和會書」에도 심산의 활동을 簡明하게 그려놓았다.
2) 심산에 관한 신문보도는 주로 1927년 이후 즉 심산이 일경에게 잡혀 국내로 호송되어 온 이후의 것이지만, 그때 그때의 공판 및 기소내용을 자세히 실어 심산의 대담하고도 적극적인 독립운동의 경과가 잘 나타나 있다. 심산이 한 때 北京에서 丹齋 申采浩와 함께 불매운동을 전개한 바 있었던 『동아일보』에서 심산의 豫審 및 公判에 관한 기사를 잘 다루어 놓았다. 『동아일보』는 1927년 7월 15일자 지면을 위시하여 1928년 10월 30일자 지면에 이르기까지 전후 무려 7차에 걸쳐 공판과정과 함께 심산의 주동사건들을 대대적으로 보도하였다.

한일합병론을 제창할 때에 다시 동지를 규합하여 중추원(中樞院)에 성토의 글을 보냈다. 한편 대한협회(大韓協會)에 가담, 성주 지부를 조직하여 계급 타파를 부르짖고 단연회(斷烟會) 기금으로 사립 성명학교(星明學校)를 세워 신교육을 고취하였다.

제2기(1910년~1918년) 경술국치(庚戌國恥) 후에 통분한 심정을 이기지 못하여 음주와 양광(佯狂)으로 날을 보내다가 모친의 따뜻한 교훈에 격려되어 집안에 들어박혀 독서로 유학에 정진하였다. 심산의 학문적 축적과 한문 문장의 창달은 모두 이 시기에 이루어진 것이다.

제3기(1919년~1927년) 이 시기는 심산이 항일 독립운동가로 우리나라 독립운동사에 일정한 위치를 확보하게 된 시기이다. 1919년 3·1운동 직후에 전국 유림을 규합하여 파리 평화 회의에 제출할 130여 인의 연명(聯名)으로 된 장서를 휴대하고 출국한 것과 1925년 내몽고(內蒙古) 중부 지대에 새로운 독립운동 기지 건설을 위한 자금조달 관계로 국내에 잠입 활동하다가 다시 출국하는 등 이른바 「제1차 유림단사건」 및 「제2차 유림단사건」과 1925년 동척(東拓)과 식은(殖銀)에 폭탄을 던지고 일인들을 사살한 「나석주(羅錫疇)사건」 등은 모두 심산의 주동에 의한 것이다. 한편 이 기간에 심산은 중국에서 대한민국 임시정부의 수립과 그 후의 내부 파쟁에 대한 조정에 항상 앞장서서 노력하였고, 유학과 한문학의 교양을 바탕으로 손문(孫文)을 비롯한 중국 국민당 인사들과 교제를 벌여, 그들로 하여금 「한국독립후원회」(廣東)와 「중한호조회(中韓互助會)」(上海)3)를 만들게 하였다.

제4기(1927년~1945년) 1927년 상해 공공조계(公共租界)의 영국인 병원에서 일경에게 체포되어 본국으로 압송된 이후 대구 경찰서에서 1년여의 갖은 고문을 치르고 마침내 14년형의 언도를 받았다. 그간 심산은 불굴의 옥중 투쟁과 그에 대한 일제의 남다른 지독한 형신(刑訊) 때문에 두 다리가 마비되고 몇 차례의 사경을 헤매게 되어 마침내 형집행 정지로 대구·울산 백양사(白楊寺) 등지에서 요양을 하다가 몇 해 후에 불구의 몸이 된 채 성주 옛집으로 돌아왔다. 이 기간에도 심산은 일제의 강요에 의한 창씨개명에 적극 반대하고 민족주의적 절조를 한치도 굽히지 않았다.

제5기(1945년~1962년) 이 시기는 8·15 해방으로부터 심산이 서거하기까지의 기간이다. 일제 말기의 비밀결사인 「건국동맹(建國同盟)」의 남한 책임자로 추대되었던 심산은 일제 패망 직전에 그 조직이 탄로, 일경에 구금되어 성주에서 서울로 호송되던 도중 왜관 경찰서에서 해방을 맞이하였다. 심산은 곧 상경하여 건국사업에 이바지하려 했으나, 정당의 난립과 신탁 통치의 찬반 및 미소공위(美蘇共委)의 참가 여부 문제로 좌익 정당과는 물론, 한민당을 위시한 이승만·김규식 등 우익 인사들과도 의견이 맞지 않아 항상 고립을 면할 수 없었다. 이로부터 심산은 대체로 정계에 깊이 관여하지 않았고 유림의 재조직과 그것을 발판으로 한 성균

---

3) 1946년경 출판된 李某의 『呂運亨鬪爭史』에는 中韓互助會가 여씨의 주선에 의해 성립된 것으로 말하면서 매우 간단히 다루고 말았다. 이에 비해 心山의 自敍傳에는 앞뒤 사정이 자세히 언급되어 있으며 여씨에 관한 언급도 없다. 당시 중국측 주동 인물인 吳山·徐謙 등과 심산과의 특별한 친분으로 미루어 보아 심산의 기록을 그대로 따라야 할 것 같다. 다만 심산에 의해 발의·합의된 中韓互助會의 결성 과정에서 여씨의 활약이 있을 수 있었음은 생각될 만하다.

관·성균관대학의 설립으로 유교이념에 입각한 교육의 실시에 힘을 기울였다.[4] 그러나 심산은 민족 분열의 항구화를 걱정하여 백범(白凡) 김구(金九)와 함께 남한 단독 선거를 반대하였고, 나아가 이승만 정권의 부패 독재화에 대하여 정면 투쟁을 일삼았다. 「경고 이대통령 하야문」과 「국제 구락부 사건」은 그 한 예이다. 마침내 성균관·성균관대학에서도 물러나게 된 심산은 서울에서 집 한칸도 없이 궁핍한 생활 속에 여관과 병원으로 전전하다가 드디어 온 국민의 애도 속에 숨을 거두게 되었다.

2 · 심산(心山)의 문고(文藁)와 그 내용

심산의 문고를 말하려면 국사편찬위원회에서 간행한 한국사료총서(韓國史料叢書) 제18집 『심산유고(心山遺稿)』에 대하여 편차 순으로 그 내용을 소개해야겠지만 여기서는 우선 이 책에 수록된 것만을 가지고 간략하게 살펴보기로 한다.

첫째 사(詞)·시(詩) 등 운문 부분을 보면 「반귀거래사」(反歸去來辭)라는 색다른 제목이 눈에 띈다. 이 「반귀거래사」는 도연명(陶淵明)의 「귀거래사(歸去來辭)」를 구절마다 그 운을 따서 지은 것으로, "돌아갈꺼나! 그러나 전원 이미 황폐하니, 어디로 돌아가리?[歸去來

---

4) 이 이하는 심산의 自敍傳에 의한 것이 아니고 필자의 聞見 그대로 적은 것이다. 自敍傳은 1946년 6월로써 끝나고 있다.

兮 田園已蕪將安歸]"의 첫 구절부터 도연명의 것과 다르게 시작한 이 글은 끝까지 도연명과는 반대의 입장을 읊은 것이다. 팽택령(彭澤令)을 버리고 귀가한 도연명에게는 '삼경취황(三逕就荒)'이나 '송국유존(松菊猶存)'이었는데 심산은 독립운동에서 모사아망(母死兒亡)한 후 불구의 몸으로 옛집에 돌아왔을 때 '쑥밭된 집안(室盧蕩殘)'에 '남은 것이라곤 없는(舊物無存)' 형편이었다. 다시 "슬퍼라, 삼팔선이 나라의 허리를 끊었구나[哀三八之斷腰]"라 하여 해방 후의 민족 분단을 뼈아프게 여긴 심산은 "남북을 몰아치는 흑풍 사나와 화평을 이룩할 기약 없도다[南北黑風惡 和平未易期]"라 하여 도연명의 '부귀비오원 제향불가기(富貴非吾願 帝鄕不可期)'라는 유장한 생각과는 너무나 거리가 멀었다.

그러나 불의와 반동에 대한 심산의 일관된 투지는 "길에서 죽기로서니 무슨 한이야[死道路兮亦何恨]"이라 하고 이어서 "귀신에게 물어봐도 떳떳하도다[質諸鬼神可無疑]"라 하여 신념에 찬 자기 생애의 증언으로 끝을 맺었다. 도연명의 '낙부천명부해의(樂夫天命復奚疑)'라는 초연주의(超然主義)에 비하여 현실과 대결하는 심산의 적극적 인간형이 얼마나 인류 역사에 보탬이 될 것인가를 알 수 있을 것이다. 또한 심산은 사객(詞客)이 아니지만 자기의 처지와 소회를 있는 그대로 표백함으로써 독자를 감동시킬 뿐 아니라 한 편의 사(辭)로서도 훌륭히 성공한 드문 명작이라고 할 것이다.

심산의 시의 대부분은 「반귀거래사」와 같은 취지의 것이다. 따라서 종래 일반 문집에서 보는 음풍농월식 시구는 심산의 그 많은 시에서 거의 하나도 볼 수 없다. 모두 시국을 분개하고 민족 장래에 대한 우려로 가득찬 것이지만, 그것도 추상적인 것이 아니고 하나하나 구체적인 문제를 다룬 것이다. 심산의 시의 한 수 한 수는 곧 우리나라 현대사의 단편들이다.

다음 서간집 중에서 우리는 심산의 사우(師友) 친척간에 주고 받은 참다운 정의(情誼)와 자기의 적심(赤心)을 피력한 것을 볼 수 있으며 민족에 대한 끊임없는 근심과 선비로서의 삶의 자세를 다짐한 것을 읽을 수 있다. 그 중에서도 창씨 문제에 대한 철저한 반대 주장과 일반 유림계 인사의 소극적 반응에 대한 맹렬한 비판을 가한 것, 그리고 지난 날 「파리장서(巴里長書)」를 추진할 당시에 영남과 호남 유림의 동향 및 태도, 특히 현재 전간재(田艮齋) 계통에 속한 호남 인사들의 심산에 대한 오해를 석명하는 동시에 심산은 어디까지나 민족 국가를 위하여 재래의 당파성·지역성을 극복하고 있음을 강조한 것들이다.

다음 제문(祭文) 중에서 「어머님 무덤 앞에 고하는 글」과 「둘째 누이동생 성산이실(星山李室) 영전에」는 심산의 사가(私家)에 있어서 일생의 가장 비통한 심경을 고백한 글로서, 지정(至情)에 무문(無文)이라 했지만 그의 꾸밈없는 충정의 하소연은 자연히 명문으로 이루어지게 된 것이다. 전자는 만년에 일경의 감시가 완화되고 귀향이 허용되자 심산은 곧 그의 모친의 무덤으로 가서 이 글을 지어 고한 뒤 그 곳에 초막을 짓고 3년상을 추복(追服)한 것으로, 해외 풍상 속에 모친에 대하여 임종도 거상(居喪)도 못하고[5] 마침내 체

---

5) 이때의 사정은 자서전 속에 잘 나타나 있다. 1920년 4월 만주에서 상해로 온 한 친구가 『滿洲日報』에 보도된 모친의 별세 소식을 알려주어 심산은 곧 奔喪할 생각을 가졌으나 石吾·白巖 등 동지들의 위로와 만류로 드디어 奔喪을 포기하였다.

포·압송·구금·폐질의 갖은 고비를 거쳐 이제 무덤 앞에 와서 통곡한다는 사실을 설명한 것이다.

그 중에서 맨 처음 극비밀리에 「파리장서」를 휴대하고 집을 하직할 때에 모친의 의연한 전송 모습과 심산 자신의 십보구고(十步九顧)의 아픈 간장을 서술한 대목은 독자의 눈시울을 뜨겁게 하는 것이다. 그러나 이에 비하여 후자는 남매 간의 정곡을 더욱 박진하게 그린 것이다. 24세에 남편을 잃은 그 누이의 일생의 정백순열(貞白純烈)한 지조를 남매간의 본의 아닌 충돌을 통하여 그려 나간 전반부와 심산을 대신하여 모친상을 치른 누이의 고독과 슬픔, 그리고 심산이 대구 감옥에서 대전 감옥으로 이감될 때에 심산의 사후에 입힐 옷을 마련하여 매일 옥문 앞에 지키고 섰던 누이의 모습을 그려 놓은 후반부[6]는 정말 눈물 없이 읽을 수 없는 글이다. 심산의 이 누이동생에 대한 제문은 한퇴지(韓退之)의 「제십이랑문(祭十二郎文)」과 함께 천고의 쌍벽을 이루는 것이며 위의 「반귀거래사」와 아울러 우리나라 한문학사에 귀중한 유산으로 받아들여야 할 것이다.

다음 비명 등 금석 문자는 주로 일제하의 의사·열사들의 행적을 다루어 놓은 것으로, 심산의 병필가(秉筆家)로서의 조사(措辭)는 사엄의정(辭嚴義正) 그대로이다. 특히 「면우(俛宇) 곽 선생 신도비명(神道碑銘)」은 심산이 존경하는 스승으로서뿐 아니라 당시 영남 유림의 정신적 지주인 이 석학에 대하여 그 심법(心法), 그 풍모를 잘 알게 해주는 것이며 동시에 심산 자신의 학문적·사상적 원류를

---

6) 심산이 그린 이때의 정경은 『동아일보』 1927년 7월 15일자 2면에 대구 검사국으로 송치될 당시의 심산 남매간의 작별을 그린 장면과 흡사하다.

이해시켜 주기도 하는 글이다.

끝으로, 그의 문고에서 큰 비중을 차지하는 것이 「자서전」이다. 이 자서전은 심산의 생애에 관한 성실한 자기 고백인 동시에 해내·해외에 있어서의 우리나라 항일 독립운동의 이면사(裏面史)이다. 모두 상·중·하 3편으로 나누어진 것인데, 상편은 위에서 말한 심산의 생애의 제1기·제2기와 제3기의 전반을, 중편은 제3기의 후반과 제4기의 기간을, 그리고 하편은 제5기의 초기 기간을 각각 서술한 것이다.

이 자서전은 심산 자신의 의리관(義理觀)에 기준을 두고 사실의 곡직(曲直)과 인물의 현사(賢邪)에 대하여 추호의 가차없이 그야말로 춘추필법(春秋筆法)으로 적어 내려간 것이다. 특히 1·2차 유림단 사건의 내막은 물론 상해 임시 정부를 중심으로 한 독립운동의 저변의 상황과 새로운 사상의 도입에 따른 노소·좌우간의 대립 마찰 등 당시의 분위기를 생생하게 알려주는 다시없는 자료이기도 한 것이다.

3· 심산(心山)의 진보적(進步的) 유학정신(儒學精神)과 민족주의(民族主義)

심산은 일생을 통하여 유학의 전통적 정신과 규범을 생활 신조로 지키고 나아가 행동 지침으로 삼아 왔다. 그러나 심산은 초년부터 보수적이고 완고한 유림들과 뜻이 맞지 않았다. 대한 협회 성주 지부를 결성하여 계급 타파를 제창했을 때, 그리고 청천서당(晴川書堂)을 비워 성명(星明)학교에 제공했을 때 이미 많은 유림들의 비난을 들었지만, 심의대대(深衣大帶)를 벗어 던지고 독립운동에 투신한 것은 결코 일반 시세의 소치만이 아니었다. 심산은 1916년에 동향의 명사(名士)인 공산 송준필(恭山 宋浚弼)에게 보낸 서간에서 유림의 진정한 문로(門路)와 '진정한 사업'을 설명하면서 "현실에 대처하기 위한 실유소사(實有所事)에 힘을 써서 진부한 옛 생각에 빠지지 말 것과 오늘의 상황 속에 살면서 종래의 편견 체식(滯識)에 고식하지 말 것, 그리고 성리(性理)의 공담(空談)에 급급하지 말고 강상(綱常)을 부식하는 일과 도의를 밝히고 바로잡는 일을 앞세워야 한다"고 역설하였다. 심산의 초년의 이러한 사고 방식이 심산으로 하여금 후일의 유림의 '진정사업'을 성취할 중심인물이 되게 했던 것이다.

심산은 민족주의자로 자명(自命)하였다. 민족의 독립을 위해 전 생애를 바친 것과 일제에 대하여 철저한 비타협·불복종은 말할 필요도 없고 해방 후에는 민족 분열을 방지하기 위하여 독자적인 노선을 천명하였고, 그 뒤 계속 분단에 대한 통한과 통일에의 염원을 잠시도 잊지 못해, 숨을 거두는 순간까지 장우단탄(長吁短歎)을 그치지 않았다. 특히 남북 양쪽의 평화적 통일의 추진을 오매간(寤寐間) 호소한 것은 허다한 그의 시편에 잘 나타나 있다. 이것이 심산의 민족주의의 본령이다.

심산의 민족주의는 유학(儒學)의 대의명분론(大義名分論)에 깊이 뿌리박은 것이다. 민족의 원수인 일제에게 타협 복종할 수 없다는 것도, 민족과 국토가 두 개의 정권으로 분열 대립을 해서는 안 된다는 것도 심산에게서는 모두 대의명분론에 속한 지상의 원칙이며 도덕률이다. 여기에는 어떤 조그만 양보도 또 어떤 다른 방편도 있을 수 없다. 처음부터 비정치적(非政治的)인 것이다.

이러한 심산의 민족주의는 근대시민적 '내셔널리즘'과는 다소 체질을 달리한 것일지도 모르지만, '정치'를 한다는 소위 지도자들 가운데는 '정치적'이기 때문에 변화무상하여 배신과 실절(失節)을 밥먹듯 하는 것이 풍토화되어 있음이 오늘의 실정이다. 이런 점을 생각할 때에 심산의 그 정신은 다음날 우리나라 역사의 변혁과 창조 속에 중요한 하나의 힘의 줄기로 작용하게 될 것을 믿어 의심치 않는다.

김창숙 연보

1879	경북 성주군 대가면 칠봉동 사월리에서 출생(음력 7월 10일).
1884	한학 공부 시작.
1888	정은석 선생에게 한학 수업.
1892	四書 통독.
1894	한학 공부, 특히 여름에는 夏課. 부친으로부터 받은 감화가 컸음.
1896	부친상.
1898	李鐘杞·郭鐘錫·李承熙·張錫英 등 대학자들의 문하를 편력. 경서의 뜻을 깨우침.
1900	李裕寅의 出仕유혹을 거절.
1905	이승희 선생과 함께 대궐 앞에 나아가 을사 5적을 성토
1908	대한협회 성주지부 설립 동지부 총무. 장남 煥基 출생.
1909	일진회 성토 건의문 작성 배포로 연행되어 왜경으로부터 심문받음.
1910	전국 단연동맹회 성주군대표. 사립성명학교 창설. 경술국치로 매일 음주, 통곡하면서 타락생활.
1913	방탕생활 끝에 귀가, 독서에 전념.
1915	차남 燦基 출생.
1918	3남 炯基 출생.
1919	제1차 유림단사건(파리장서) 주동, 상해로 망명. 대한민국 임시정부의정원 의원 피선. 중국 국민당의 실력자 孫文과 회견, 독립운동지원을 약속받음. 광주에서 중국국민당 유지들로 하여금 한국독립후원회를 조직, 의연금을 모집토록 함. 한국유학생 50여 명을 장학생으로 선발 공부시킴.
1920	모친상. 한국독립후원회에서 모은 의연금, 李文治의 횡령도주

로 접수실패. 林福成을 설득 『四民日報』 창간. 한국독립운동 지원을 위한 中·韓互助會 결성. 신채호를 도와 『天鼓』를 편찬.

1921	군사통일회(신숙·박용만)의 협력 요청을 거절.
1923	치질로 입원, 수술받음. 국민회의 대의원 피선.
1924	李會榮에게 경제적 지원. 장남 환기 북경에 옴.
1925	중국군벌 馮玉祥에게 부탁 浚遠·包頭 지방 3만 정보의 땅을 독립운동기지로 차용하는 데 성공. 자금 마련차 국내에 잠입.
1926	다시 상해로 탈출. 마련해온 자금이 황무지 개간비로는 태부족하여 이것을 의열단 결사대의 비용으로 활용. 나석주의사를 국내에 잠입시켜 식민지 수탈기관을 폭파하게 함. 장남 환기가 병이 나서 국내로 보냄. 상해임시 의정원 부의장에 피선.
1927	장남 환기 왜경의 고문을 받고 출옥한 지 얼마 못가서 사망. 병환으로 입원치료 중 왜경에 피체, 국내로 압송됨. 대구경찰서에서 심한 고문을 당함. 대구형무소로 이감, 예심에 붙여짐.
1928	예심이 끝난 뒤 가족면회가 허용되어 부인과 아들 찬기 면회. 몇몇 변호사의 변호 자청을 거절. 살인미수 등 죄목으로 무기징역을 구형당했다가 14년 징역형이 선고되어 대전형무소로 이감.
1929	병이 위독, 형집행정지로 출감. 감시 속에 고향 사월리로 옮김. 대구감옥에 재수감, 다시 대전형무소로 이감.
1934	일본인 전옥에게 절하지 않는다는 이유로 보던 서적 몰수당함. 최남선의 '日鮮融和論'으로 회유했지만 이를 단호히 거절.
1934	병 위독, 다시 행집행정지로 출감. 대구의 차남 찬기 집에서 일시 조리.
1935	대구 남산동에 거처를 구해 부인이 간호를 전담.
1936	울산 백양사로 들어가 요양.

1939	백양사 요양중 회갑을 맞음.
1940	감시 완화로 귀가가 가능해짐. 先妣 산소에 성묘하고 계속 시묘
1941	일본식 이름으로 개명을 강요받았으나 끝내 거부.
1942	선비 묘막으로부터 고향 사월리로 귀환.
1943	왜경의 미행을 당하고 있던 차남 환기를 중국 중경으로 망명시킴.
1945	건국 동맹 남한 총책. 건국동맹사건으로 체포되어 왜관경찰서에 수감. 8·15광복으로 석방됨. 민중당 당수로 추대되었으나 거절. 차남 찬기 중경에서 병사. 상해임시정부 요인 귀국환영준비위원회 부회장. 좌우익 구별을 타파하고 대한민국 임시정부가 발표한 당면정책 14개 조항을 실천에 옮겨야 한다고 역설.
1946	신탁통치 반대를 강력히 주장. 『동아일보』에 「조선공산당에 대한 경고문」 발표. 儒道會총본부 위원장. 비상국민회의 특별위원(모두 8인). 민주위원 최고정무위원(모두 28인). 미·소 공동위원회 참여를 강력히 반대. 성균관 관장. 성균관대학 초대학장.
1948	남북 직접협상에 관한 성명서 발표. 남북 단독정부수립반대를 위한 7인 거두성명서 발표.
1950	서울에서 인민공화국의 사상전환 요구를 거절.
1951	喪配 1·4후퇴로 부산으로 피난. 이승만 대통령 하야 경고문 발표. 이로 말미암아 부산형무소에 수감.
1952	부산 국제구락부사건을 주도(의장)하다가 40일간 옥고를 치름. 8인 공동성명을 통해 제2대 대통령 후보로 이시영을 추대.
1953	성균관대학교 초대총장
1956	성균관대학교 총장사임. 효창공원 7열사묘소 이장반대 투쟁위원회 위원장. 유도회에 대한 자유당의 정치탄압에 항의하는

성명서 「국민 앞에 읍고함」 발표. 「대통령 3선 취임에 일언을 進함」을 이승만 박사에게 보냄. 병환으로 일시 귀향.

1958 2·4파동소식을 전해듣고 여생을 국민주권 옹호에 바칠 것임을 선언.

1959 국가보안법개악 반대 전국국민대회 지도위원. 신국가보안법 발효에 즈음하여 비난담화문 발표.

1960 공명선거 추진위원회 지도위원. 백범 김구 선생 기념사업회 회장. 일성 이준 열사 기념사업회 회장. 안중근 의사 기념사업회 회장. 김구 선생 살해 진상규명 투쟁위원회 위원장. 허정과도 정부의 국민각계비상대책위원회 지도위원. 장면국무총리를 방문, 시국수습책 건의.

1961 「김구 선생 살해 내막」이란 성명서 발표.

1962 3·1절에 건국공로훈장 중장을 받음. 5월 10일 서울 국립중앙 의료원에서 노환으로 운명. 5월 18일 서울운동장에서 사회장 으로 장례식 거행. 서울 도봉구 수유동 국가 선열묘소에 안장.

인명 찾아보기